1857 के प्रथम स्वतंत्रता संग्राम की पत्रकारिता

1857 के प्रथम स्वतंत्रता संग्राम की पत्रकारिता

संपादक

प्रो. नीरज कर्ण सिंह

यासिर अरफात

प्रभात पेपरबैक्स

www.prabhatbooks.com

प्रकाशक
प्रभात पेपरबैक्स
प्रभात प्रकाशन प्रा. लि. का उपक्रम
4/19 आसफ अली रोड, नई दिल्ली–110002
फोन : 23289777 • हेल्पलाइन नं. : 7827007777
इ–मेल : prabhatbooks@gmail.com ❖ वेब ठिकाना : www.prabhatbooks.com

संस्करण
प्रथम, 2022

मूल्य
दो सौ पचास रुपए

मुद्रक
आर–टेक ऑफसेट प्रिंटर्स, दिल्ली

———— ★ ————

1857 KE PRATHAM SWATANTRATA SANGRAM KI PATRAKARITA
Ed. Prof. Neeraj Karna Singh • Yasir Arfat

Published by **PRABHAT PAPERBACKS**
An imprint of Prabhat Prakashan Pvt. Ltd.
4/19 Asaf Ali Road, New Delhi-110002

ISBN 978-93-5521-385-3

₹ 250.00

प्राक्कथन

यह भारत की धरती है, यह संस्कारों तथा प्रेरणाओं की पावन स्थली है। यदि इसके रजकण में लोक-संस्कृति का माधुर्य है तो वीरत्व का शौर्य भी समाहित है। मेरा सौभाग्य है कि मेरा जन्म हिंदुस्तान की पावन मिट्टी में हुआ है, जो मनीषियों, ऋषियों, संतों एवं देवों की भूमि है, जहाँ के रणबाँकुरे त्याग तथा आत्मोत्सर्ग कर स्वर्णिम इतिहास की रचना करते हैं। विश्व चकित हो जाता है चितौड़ के जौहर की गाथा को सुनकर। विश्वास नहीं होता कि हल्दी घाटी के मैदान में कोई महाराणा प्रताप केवल तीन हजार आदिवासियों की अप्रशिक्षित सेना लेकर मुगल साम्राज्य की एक लाख की सेना से भिड़ गया था। विषय जय-पराजय का नहीं, विषय उस भाव की प्रचंडता का है, जो प्रत्येक परिस्थिति में मातृभूमि के लिए कुछ भी करने को अभिप्रेरित करती है। पुस्तकों को पढ़कर देशभक्ति का संचार तो होता ही है बल्कि हमारी संस्कृति भी कुछ ऐसी है, जो मातृभूमि, मातृसंस्कृति, मातृधर्म तथा मातृसंकल्प के प्रति बलिदान देने को सदा तत्पर रखती है। जब मेरा कार्यक्षेत्र मेरठ बना, जो ऐतिहासिक मयराष्ट्र है, जिसको वर्तमान में मेरठ कहा जाता है, भारतीय इतिहास का गौरवशाली नगर, जो कभी रामायण काल में रावण की शिक्षा-स्थली से लेकर ससुराल बनता है तो महाभारत काल में वह तपमय, ज्ञानमय, त्यागमय और ध्येयमय महान् मनीषियों की साधना स्थली। जहाँ किसी युग में वैदिक मंत्र चहुँदिश गुंजित होते थे और भारत को विश्वगुरु के आसन पर प्रतिष्ठित करते थे, उस धरा से सन् 1857 की क्रांति की उद्घोषणा होती है और आजादी की हुंकार कर्णभेदी गर्जना करती है। जिस साम्राज्य का सूर्य कभी अस्त नहीं होता था, वह कथित महान् साम्राज्य मेरठ की क्रांति की इस ज्वाला में आच्छादित हो गया। ब्रिटिश अहंकार को भारतीय वीरों ने अपनी पादुकाओं के नीचे कुचल दिया। अंग्रेजी

सेना की गोलियाँ कम पड़ गईं, लेकिन वीरों के सीने कम नहीं पड़े।

मेरे मन में बहुत पहले से यह भाव था कि इस क्रांतिधरा के इतिहास का समग्र सिंहावलोकन किया जाना चाहिए, सन् 1857 की क्रांति का विशुद्ध शोधात्मक, तार्किक तथा वैज्ञानिक दृष्टि से भावावलोकन। इस पर अध्ययन आवश्यक है। मेरी इस कामना को पूर्ण करने में सहयोग मिला हिंदुस्तानी अकेडमी, प्रयागराज का। साथ ही स्वामी विवेकानंद सुभारती विश्वविद्यालय के सलाहकार तथा संस्थापक डॉ. अतुल कृष्ण का मार्गदर्शन और शुभाशीष भी प्राप्त हुआ। अतः 21 सितंबर, 2019 को 'प्रथम स्वतंत्रता संग्राम और समकालीन पत्रकारिता' विषय पर एक संगोष्ठी का आयोजन किया गया। आयोजन स्थल गणेशशंकर विद्यार्थी सुभारती पत्रकारिता एवं जनसंचार महाविद्यालय परिसर ही रहा। मेरी दृष्टि में यह एक विशिष्ट प्रयोग था। स्वतंत्रता आंदोलन पर बौद्धिक विमर्श की कमी भारत में कभी नहीं रही। पर ऐसा शायद ही हुआ हो कि जब क्रांतिधरा पर ही बैठकर क्रांति के कारणों, परिणामों के साथ समकालीन पत्रकारिता पर मंथन और अनुशीलन किया गया हो। भारत भर के विद्वान् इस संगोष्ठी में आए, ऐसा लगा, जैसे कि क्रांतिधरा पर महान् बलिदानियों को समर्पित करते हुए विचार-कुंभ का आयोजन किया गया है। सबसे महत्त्वपूर्ण बात यह रही कि विद्वान् सहभागियों ने सूक्ष्मग्राही तथा उच्चस्तरीय विवेचक विवेक का प्रयोग करते हुए अपने शोध-पत्रों को प्रस्तुत किया या वाचन किया। हम यह दावा भी नहीं करते कि हमारी शोधात्मक संगोष्ठी के पश्चात् प्रथम स्वतंत्रता संग्राम और तत्कालीन पत्रकारिता पर हम समग्र तथ्यों को उद्घाटित करने में पूर्ण सफल रहे हैं। हमने केवल एक दिशा की ओर संकेत किया है कि अभी इस विषय पर बहुत काम होना शेष है। विश्वास है कि हमने जिस वैचारिक अभियान की आधारशिला रखी है, उस पर इतिहासकारों, साहित्यकारों, शोधार्थियों, गवेषक-विवेचकों को प्रेरणा मिलेगी और एक प्रेरणादायक इतिहास हमारे सामने आएगा।

ऐसा नहीं है कि प्रथम स्वतंत्रता संग्राम की गौरव-गाथाओं को विस्मृत कर दिया गया है। लेकिन वे दंतकथाओं में प्रचलित हैं, उनका तथ्यात्मक तथा वैज्ञानिक विवेचन अनिवार्य है। कुछ पृष्ठों पर समय की धुंध आज भी जमी हुई है, उसको हटाना भी हमारा ध्येय रहा है। जिन गाँवों ने इस क्रांति में सर्वाधिक बलिदान दिए, उनकी पहचान अनिवार्य है; मेरा मानना है कि उन्हें 'वीर प्रसूता ग्राम' की उपाधि मिलनी चाहिए। मेरठ की क्रांति तत्कालीन आवेश का परिणाम भर नहीं थी बल्कि

वह एक सुविचारित और सुप्रज्वलित जनाक्रोश था, जो काफी समय पहले से पनप रहा था। 10 मई की घटनाओं ने उसको प्रकट होने का अवसर प्रदान किया। देश की जनता 'कूका विद्रोह' को जानती और समझती थी, उसे पता था कि ब्रिटिश साम्राज्य को देश से बाहर करने के लिए बंगाल की धरती पर किस प्रकार 'संन्यासी क्रांति' हुई थी। देश क्रांति के लिए तैयार था, बस उसे उचित समय तथा कुशल नायक की आवश्यकता थी। 'मेरठ क्रांति' ने समय तथा नायक भी प्रदान कर दिए।

भले ही यह क्रांति राजनीतिक सफलता नहीं दिला पाई हो, परंतु इसने संस्कृति के विविध आयामों को चैतन्य किया। पहली बार राष्ट्रवाद की भावना भारतीय मन में पैदा हुई। भारत को राष्ट्र के रूप में परिभाषित करने का कार्य भी आरंभ किया गया। इससे पहले देश और राष्ट्र को समानार्थी शब्दों के रूप में प्रयोग किया जाता था। राष्ट्र एक अमूर्त भावना है, जो परस्पर समान आस्था, संस्कृति, आध्यात्मिक मूल्य, जीवन-दृष्टि, समान गौरवशाली अतीत और समान श्रद्धा केंद्रों पर आधारित होती है। राष्ट्रीयता की भावना किसी राष्ट्र के सदस्यों में पाई जानेवाली सामुदायिक भावना है, जो उनका संगठन सुदृढ़ करती है।

भारत में 1857 की क्रांति ने सम्राट् हर्षवर्धन के पश्चात् सुप्त हुई राष्ट्रीयता तथा उसके सामुदायिक स्वरूप को आकार देने का प्रयास किया। यही कारण था कि स्वामी दयानंद सरस्वती ने राष्ट्रवाद की व्याख्या करते हुए कहा था—'अपना राज कैसा भी हो, वह सबसे उत्तम है।' उनके कहने का उद्‌देश्य सांस्कृतिक राष्ट्र भारत के प्रति आस्थावान शक्ति के सत्तासीन होने से था।

हमारे महाविद्यालय में आयोजित संगोष्ठी में विचारकों के जो निष्कर्ष निकले, उसमें एक यह भी है कि सन् 1857 की क्रांति की पृष्ठभूमि में सांस्कृतिक राष्ट्रवाद के तत्त्व भी उत्प्रेरक की भूमिका में काम कर रहे थे, भले ही वे उतने ऊर्जावान न हों, जितना उनको होना चाहिए था, लेकिन परतंत्रता के कालखंड में भारत राष्ट्र कहीं-न-कहीं देशभक्तों के संस्कारों को निर्धारित तथा नियंत्रित कर रहा था। वस्तुतः भारत की राष्ट्रीय चेतना वैदिक काल से अस्तित्वमान है। अथर्ववेद के 'पृथ्वी सूक्त' में धरती माता का यशोगान किया गया है। 'माता भूमिः पुत्रोऽहं पृथिव्याः', यानी भूमि माता है और मैं पृथ्वी का पुत्र हूँ। यह भारत की विशेषता है कि हम अपने देश से केवल भावनात्मक रिश्ते ही नहीं बनाते, बल्कि मातृभूमि के प्रति परम आस्था रखते हुए उसमें माता के वात्सल्य तथा ममत्व के दर्शन करते हैं।

इसी भाव-चेतना को विस्तार देने के लिए प्रथम स्वतंत्रता संग्राम की भूमिका को हम नमन करते हैं और सुविज्ञ जनों से यह आशा करते हैं कि देश के क्रांतिकारी इतिहास तथा राष्ट्रवादी चेतना पर शोधपरक बौद्धिक प्रयासों की आवश्यकता है, वे इस पर कार्य करें और नई पीढ़ी को यह अवगत कराएँ कि आजादी केवल चरखे से नहीं, माँ भारती के सपूतों के रक्त से मिली है। संगोष्ठी के द्वारा इस अनुभव को सार्थक करने का प्रयास एक पहल है। इस पहल को सफल बनाने में हमें वैचारिक, व्यवस्थागत तथा अन्य सहयोग हिंदुस्तानी अकादमी से प्राप्त हुआ। अकादमी के अध्यक्ष डॉ. उदय प्रताप सिंह के स्नेहिल सहयोग तथा मार्गदर्शन से यह विशिष्ट कार्य संपन्न हो सका। इसके लिए मैं उनका आभारी हूँ। धन्यवाद शब्द का प्रयोग उनके सहयोग के सामने अति तुच्छ है, इसलिए धन्यवाद न कहकर मैं अपने अंतः-जगत् की गहराइयों से विनम्र आभार प्रकट करता हूँ। इस पवित्र कार्य को सिद्ध करने के लिए प्रो. अरुण कुमार भगत एक सेतु के रूप में सामने आए। यह उनका महान् सहयोग था, जिसका आभार प्रकट करना मेरा दायित्व है।

इस महान् कार्य को अधिक लोक संप्रेषण मिले, इसके लिए स्वामी विवेकानंद सुभारती विश्वविद्यालय के संस्थापक, प्रखर राष्ट्रवादी विचारक, कुशल शिक्षाविद्, समाज परिमार्जन के नायक तथा मैं उन्हें नेताजी सुभाष चंद्र बोस की जीवंतात्मा मानता हूँ, ऐसे डॉ. अतुल कृष्ण की प्रेरणा, प्रोत्साहन और प्रबलता इस सारस्वत कार्य में प्राप्त हुई। मुख्य कार्यकारी अधिकारी डॉ. शल्या राज का स्नेह, सहयोग तथा सद्भाव मुझे पुस्तक के संपादन के लिए सबलता प्रदान करता रहा, जो मेरे लिए अद्वितीय है। उन भावों को मैं शब्दों में व्यक्त करने का सामर्थ्य नहीं रखता, केवल अनुभूत कर सकता हूँ। विश्वविद्यालय के कुलपति ब्रिगेडियर (सेवानिवृत्त) प्रो. वी.पी. सिंह तथा पूर्व कुलपति प्रो. एन.के. आहूजा का सहयोग एक दिव्य ऊर्जा बनकर मेरे साथ रहा। राष्ट्रीय विषयों पर सोच, समझ, भाव, कार्यशीलता विकसित करने में मेरे परम श्रद्धेय गुरुदेव प्रो. प्रेमचंद्र पातंजलि, प्रो. बिजेंद्र कुमार, प्रो. के.जी. सुरेश, डॉ. शशि रानी का मैं पूर्ण मनोभाव से आभार प्रकट करता हूँ। मेरा सौभाग्य है कि मेरे मित्रों का सहयोग भी मुझे भरपूर मिला। ऐसे भातृतुल्य वरुण वागीश, भरत शर्मा, रोहित गुप्ता, नरेंद्र नारी, चिराग गोठी, अतुल भाटिया, सागर, श्याम सुंदर कुमार रस्तोगी, पुनित मित्तल और दीप्ति खुराना को धन्यवाद प्रकट करता हूँ, जो मेरे जीवन का अमिट हिस्सा हैं और मेरे निर्माण में इनका अहम योगदान है। अकादमिक

जीवन में डॉ. दिलीप कुमार मेरे अग्रज के रूप में मेरे कंधे पर हाथ रखे रहे हैं और उनका सखा भाव भी मुझे ऊर्जा प्रदान करता रहा। डॉ. मुदस्सिर सुल्तान महर्षि कश्यप की साधना भूमि और विश्व की केसर-क्यारी कश्मीर के रहने वाले हैं। इस पुस्तक की प्रस्तुति में उनका भावनात्मक सहयोग रहा। मेरे संकाय में डॉ. गुंजन शर्मा, प्रीति सिंह, प्रिंस चौहान, संजय जुगरान, कर्ण सिंह सहित सभी का विशेष सहयोग रहा और इस कार्य को पूर्ण कराने में मेरी शक्ति बने रहे। विशेष तौर पर प्रो. अशोकजी त्यागी मेरी भावचेतना को हवा देते रहे हैं। हम दोनों घंटों राष्ट्र-चेतना पर विमर्श करते हैं और फिर रिक्त स्थान तलाशकर कार्य करते हैं। मैं आभारी हूँ प्रो. अशोकजी का।

पुस्तक प्रकाशन के इस महती कार्य को अस्तित्व में लाने के लिए मेरे छात्र-छात्राओं का भी सहयोग रहा है, जिनमें विशेष रूप से जोया अंसारी का योगदान है, जिन्होंने सुंदर और मनोहारी मुख पृष्ठ की परिकल्पना एवं संरचना की। अंजु यादव, नेहा पाठक, यश शर्मा, अलिशा जैकब, शारिक देशवाल, शिकेब मजीद, लवी शर्मा और अंजु टोंगर ने पुस्तक में शोध-कार्य सहित हर छोटे-बड़े कार्यों को मूर्त रूप दिया है। मैं इस पुस्तक के वर्तनी-शोधन के लिए डॉ. सीमा शर्मा का आभार प्रकट करता हूँ। उनके कारण ही पुस्तक को दोषरहित बनाया जा सका है। इसके साथ-साथ पुस्तक के सह-संपादक श्री यासिर अरफात को आभार प्रकट करना अनिवार्य समझता हूँ। वैसे वे मेरे विद्यार्थी रहने के साथ-साथ ऊर्जावान सहयोगी भी रहे हैं। यासिर पुस्तक संपादन में मेरी अति व्यस्तता के मध्य मेरी शक्ति बने रहे। इस पुस्तक को आकर्षक आकार देने में भी उनकी विशेष भूमिका है। उनको आभार प्रकट करने के साथ ही आशीष भी प्रदान करता हूँ, क्योंकि उनके और मेरे मध्य गुरु-शिष्य का संबंध रहा है। अंत में माता-पिता और बाबा स्वर्गीय चौधरी कर्ण सिंहजी के श्रीचरणों में मेरा भाल।

—प्रो. नीरज कर्ण सिंह

—यासिर अरफात

अनुक्रम

1

स्वाधीनता संग्राम में पत्रकारिता की भूमिका

—प्रो. अरुण कुमार भगत

भारत के स्वाधीनता संग्राम में भाषायी पत्रकारिता की महत्त्वपूर्ण भूमिका थी। 1857 की क्रांति से पूर्व की पत्र-पत्रिकाओं को देखें तो यह बात स्पष्ट हो जाती है कि पराधीन भारत के पत्रकारों ने देश की स्वतंत्रता के लिए संघर्ष शुरू कर दिया था। यह लिखना कोई अतिशयोक्तिपूर्ण नहीं होगा कि प्रथम स्वाधीनता संग्राम के रूप में ख्यात 'सिपाही विद्रोह' की चिनगारी वस्तुतः पत्र-पत्रिकाओं द्वारा जगानेवाली राष्ट्रीय चेतना के कारण ही फूटी थी। उस समय प्रकाशित अनेक भाषायी पत्र-पत्रिकाओं के माध्यम से स्वाधीनता संग्राम की लड़ाई लड़ी गई। स्वाधीनता-संग्राम की ज्वाला को न केवल प्रस्फुटित करने, बल्कि उसे गति देने में भी भाषायी पत्रकारिता ने अपनी भूमिका का निर्वहन किया।

सन् सत्तावन की क्रांति से लेकर 1947 के स्वाधीनता आंदोलन को देखें तो उसमें पत्रकारिता की महत्त्वपूर्ण भूमिका दृष्टिगोचर होती है। बाल गंगाधर तिलक, महात्मा गांधी, पं. माखनलाल चतुर्वेदी, माधवराव सप्रे जैसे स्वाधीनता संग्राम के अनेक सेनानियों ने पत्रकारिता को अस्त्र-शस्त्र के रूप में इस्तेमाल किया। लोकचेतना जगाकर समाज को स्वाधीनता संग्राम के लिए प्रेरित करने में भाषायी पत्रकारिता की महत्त्वपूर्ण भूमिका रही। संघर्ष के उस दौर की पत्रकारिता का इतिहास गौरवपूर्ण है और स्वर्णाक्षरों में अंकित है। उस समय के पत्रकार स्वाधीनता के मूल्य को समझते थे, इसलिए जेल की यातना भोगने में भी कभी हिचकिचाहट महसूस नहीं की। यहाँ तक कि स्वाधीनता संग्राम की ज्वाला प्रज्वलित करने के लिए अपने प्राणों की बलि देने से भी नहीं चूके। स्वाधीनता-संग्राम की पत्रकारिता को निम्नलिखित भागों में बाँटकर अध्ययन किया जा सकता है—

1. प्रथम स्वतंत्रता संग्राम (1857) के पूर्व की पत्रकारिता,
2. भारतेंदु युगीन पत्रकारिता और स्वदेशी स्वराज की चेतना,
3. तिलक युगीन पत्रकारिता और स्वाधीनता संग्राम,

4. गांधी युगीन पत्रकारिता और स्वाधीनता संग्राम।

स्वाधीनता संग्राम के सेनानी पत्रकारों की स्पष्ट धारणा थी कि पराधीनता मानव जीवन का सबसे बड़ा पाप है। इसके कारण जीवन की सारी विकास संभावनाएँ अवरुद्ध हो जाती हैं, इसलिए स्वाधीनताप्राप्ति हेतु उस समय के योद्धा पत्रकारों ने प्राणों की बाजी लगा दी। स्वाधीनता संग्राम के प्रसिद्ध पत्रकार बाल गंगाधर तिलक ने ठीक ही कहा था कि स्वाधीनता हमारा जन्मसिद्ध अधिकार है। 'समाचार सुधावर्षण', 'केसरी', 'मराठा', 'पयाम-ए-आजादी' इत्यादि समाचार-पत्रों ने जन-जीवन में स्वदेशी और स्वराज की चेतना जगाई। स्वाधीनता के प्रहरी पत्रकारों की संघर्ष-गाथा मन-प्राणों को उद्वेलित करती है।

1. स्वाधीनता संग्राम (1857) के पूर्व की पत्रकारिता (1826-1857 ई. तक)

भारत का प्रथम स्वतंत्रता संग्राम 'सिपाही विद्रोह' के रूप में 10 मई, 1857 ई. को मेरठ से प्रारंभ हुआ। शीघ्र ही इस क्रांति की ज्वाला में कानपुर, लखनऊ, बरेली, झाँसी, इलाहाबाद, बनारस, अवध, बिहार आदि भी शामिल हो गए। अंग्रेजों के विरुद्ध यह विद्रोह अचानक ही नहीं भड़का था। वीर सावरकर के अनुसार, "यह विद्रोह राष्ट्रीय स्वतंत्रता के लिए सुनियोजित युद्ध था।" भारत के इस प्रथम स्वतंत्रता संग्राम में जहाँ एक ओर अंग्रेजों की सेना के भारतीय सिपाही ने विद्रोह कर प्रत्यक्ष रूप से इस लड़ाई में भाग लिया था, वहीं कलम के सिपाही 'पत्रकार' अपनी सम्यक् भूमिका का निर्वहन करने में सफल रहे। प्रथम स्वतंत्रता संग्राम की पृष्ठभूमि तैयार करने का श्रेय पत्रकारों को ही दिया जाता है।

सन् 1857 की क्रांति के समय लॉर्ड केनिंग भारत के गवर्नर जनरल थे। उन्होंने स्वीकार किया कि प्रथम स्वतंत्रता संग्राम भारतीयों द्वारा संचालित भाषायी समाचार-पत्र के माध्यम से प्रचारित विचारों का प्रतिफल है। 'भारतीय स्वतंत्रता और हिंदी पत्रकारिता' नामक शोध प्रबंध में डॉ. वंशीधर लाल ने लिखा है कि बौद्धिक स्तर पर स्वतंत्रता आंदोलन के मुख्य नेता पत्रकार थे। उस आंदोलन की सफलता में पत्रकारों के सामयिक लेख, उनकी विचारोत्तेजक संपादकीय टिप्पणियाँ तथा नवीन प्रेरक नारों ने देश का मार्गदर्शन किया। स्वतंत्रता आंदोलन का इतिहास तब तक अधूरा रहेगा, जब तक इस दिशा में सक्रिय पत्रकारों का महत्त्वांकन नहीं किया जाता।

भारत के प्रथम संग्राम के पूर्व अनेक स्थानों से उग्र तेवर के साथ समाचार-पत्र प्रकाशित होने लगे। भारतीयों में राष्ट्रीय चेतना का संचार धीरे-धीरे होने लगा। अंग्रेजों के विरुद्ध पत्रकारों की भूमिका मुखर हो गई थी। स्वतंत्रता संग्राम के लिए जनमानस की पृष्ठभूमि तैयार हो चुकी थी। वातावरण का निर्माण हो चुका था। मोहम्मद बाकर अप्रैल 1848 में 'देहली उर्दू अखबार' के संपादक बने। इसमें 'हुजूरेवाला' स्तंभ के अंतर्गत बहादुर शाह जफर के आदेश और गतिविधियाँ छपती थीं। इसमें अंग्रेजों के अत्याचारों के विरुद्ध समाचार छपता था। स्वाधीनता संग्राम में इस समाचार-पत्र की महत्त्वपूर्ण भूमिका मानी जाती है। मोहम्मद बाकर को 1857 में अंग्रेजों ने गोली मार दी और इस तरह वे स्वाधीनता संग्राम के पहले शहीद पत्रकार बन गए।

'समाचार सुधावर्षण' के संपादक श्यामसुंदर सेन ने भी अपनी पत्रकारिता के माध्यम से देश की स्वाधीनता के लिए संघर्ष किया। उन्होंने भी मुगल बादशाह के उस फरमान को अपने समाचार पत्र में सम्मान के साथ स्थान दिया, जिसमें देशवासियों से अपील की गई थी कि वे अंग्रेजों को भारत से निकाल फेंकें। इसके कारण उनके ऊपर राजद्रोह का मुकदमा भी कोलकाता के सुप्रीम कोर्ट में चला, किंतु वे इसमें बरी हो गए। वस्तुत: तब बहादुर शाह जफर भारत के वैधानिक मुगल बादशाह थे, जिसके नाम पर अंग्रेज राजस्व वसूलते थे। ऐसे में भला वैधानिक शासन का फरमान छापने को राजद्रोह कैसे साबित किया जा सकता था? समाचार 'सुधावर्षण' में 30 मई, 1855 को एक आलेख प्रकाशित हुआ, जिसमें किसी अन्य समाचार-पत्र में प्रकाशित समाचार का हवाला देते हुए अंग्रेजों द्वारा भारत को लूटने की आलोचना की गई। उक्त समाचार-पत्र ने लिखा कि बंबई (मुंबई) नगर के समाचार-पत्र से मालूम भया कि अगले दिनों में पेंढ़ारि (पिंडारी) नामक जात के अत्याचारी लोग धनी लोगों की संपत्ति को जैसा लूट लेते थे, उसी प्रकार से आजकल के हम लोगों के गवर्नर जनरल बहादुर अपने समान बंधु-तुल्य स्वाधीन राजाओं की संपत्ति लूटने के लिए लंदन नगर में जन्म लेकर भारतवर्ष में आए हैं। गवर्नर जनरल बहादुर के नाम पर समाचार-पत्रिका वालों के लिए इस प्रकार की कड़वी बात लिखना उचित नहीं। इस बात को सुनकर हम लोगों को बहुत दु:ख हुआ है, लेकिन क्या करें, हम लोग सब बात में असमर्थ हैं! राज्य शासनकर्ता की निंदा सुनने से बड़ा पाप होता है। परंतु राजा हो या प्रजा हो, जो जैसा कर्म करेगा, उसका माफिक यश भी होगा, इस विषय में परमेश्वर भी असमर्थ है, छोटों की निंदा से बड़ों का कुछ मान

घटता नहीं। 'समाचार सुधावर्षण' ने 27 सितंबर, 1885 को अंग्रेजों के विरुद्ध संघर्ष करने के लिए देश को प्रेरित करते हुए लिखा कि 'हाय! सर्वनाश होने का समाचार सर्वदेश से आता है। एक तो पहाड़ियों का उपद्रव चारों ओर मच रहा है, उसके मारे सब लोग बड़े दुःखी हो रहे हैं। इस दुःख के सिवाय प्रजा के पक्ष में और भी एक प्रकार अत्याचारियों का उपद्रव वारिशाल में उपजनेवाला है, ऐसा सुनने में आता है और वारिशाल से हम लोगों के मित्र ने समाचार लिख भेजा है कि वारिशाल में एक फकीर लाल ध्वजा लगाए हुए बाँस को कंधे पर लेकर सब लोगों के सम्मुख वह फकीर एक प्रकार की बात सुंदर रचना करके कहने लगा कि इस बख्त अंग्रेजों पर चढ़ाई करने ही से अपने लोगों को जय मिलेगा, काहे से आजकल वे लोग क्रिमिया के युद्ध में बड़े व्याकुल हैं और इस बख्त वे लोग हम लोगों के साथ नहीं लड़ सकेंगे। अगर वे लोग दो हजार सेना दल भेजेंगे तो उनके विपक्ष में हम लोग 42,000 सेना दल भेजेंगे। चलो, हम लोग एकमत करके हथियार पकड़कर पराई अधीनता को त्याग अपनी स्वाधीनता संपादन करें। अगर हर जाके मारा होने से हम लोग को कुछ दुःख नहीं, इसलिए अब उद्योग करना अति उत्तम है। अपनी देश, स्त्री, पुत्र, कुटुंबों की और अपने स्वाधीनता की रक्षा के निमित्त हम लोग हथियार पकड़ेंगे, यह काम करना बड़ा आवश्यक है। ओ भाई लोग, अब किसलिए एकमत करने को विलंब करते हो? श्री परमेश्वर की इच्छा ऐसी है कि फिर भी सेवावृत्ति को त्याग के स्वाधीन वर्तित को अनुसरण करके राज सिंहासन पर बैठाकर राज्य भोग करें।'

'समाचार सुधावर्षण' ने 5, 9 और 10 जून, 1857 के अंकों में स्वाधीनता संग्राम के लिए विप्लवी सेना तैयार करने का समाचार प्रकाशित किया। यह समाचार-पत्र अपने जन्म-काल से ही भारतीयों में राष्ट्रीय-चेतना जगा रहा था। इसके कारण लॉर्ड केनिंग द्वारा इसके संपादक (श्यामसुंदर सेन) को अदालत में भी घसीटा गया। नवजागरण की पत्रकारिता पर शोध-ग्रंथ लिखनेवाले डॉ. कृष्ण बिहारी मिश्र ने ठीक ही लिखा है कि सन् 1857 से पूर्व प्रकाशित 'समाचार सुधावर्षन' की मुद्रा सर्वाधिक उग्र थी। कुल मिलाकर यह समाचार-पत्र अंग्रेजों के शोषण के विरुद्ध राष्ट्रीय चेतना जगाने में पूरी तरह सफल रहा। इस अखबार के उग्र तेवर से घबराकर ही गवर्नर जनरल लॉर्ड केनिंग ने 13 जून, 1857 को ऐसा प्रेस ऐक्ट लागू किया, जिसे 'गलघोंटू कानून' की संज्ञा दी गई।

काली प्रसन्न सिंह द्वारा कोलकाता से 20 अप्रैल, 1855 को प्रकाशित

'विधोत्सहिनी' में भी देश की स्वतंत्रता के मुद्दे जोर-शोर से उठाए जाते थे। इस पत्रिका ने सामाजिक सरोकार के साथ-साथ अंग्रेजों के खिलाफ अभियान छेड़ रखा था। इसने लिखा था—"जब तक देशवासी एकता सूत्र में नहीं बँधेंगे, गुलामी की जंजीरें जकड़ी रहेंगी।" बाबू सदाशिव द्वारा सन् 1855 में प्रकाशित 'संदर्भ दीपिका' ने भी अंग्रेजों के खिलाफ लिखना शुरू कर दिया था। इस पाक्षिक पत्रिका के प्रकाशित करने के उद्देश्य में अंग्रेजों के खिलाफ संघर्ष करने और ईसाई धर्म की पोल खोलना भी शामिल था। 25 जुलाई, 1856 को लखनऊ से प्रकाशित 'तिलिस्म-ए-लखनऊ' का तेवर भी अंग्रेजों के खिलाफ उग्र था। स्वाधीनता-संग्राम की ज्वाला को प्रस्फुटित करने तथा अंग्रेजों के खिलाफ संघर्ष करने में इस पत्रिका की भूमिका महत्त्वपूर्ण मानी जाती है। इस पत्रिका में प्रकाशित एक समाचार के निम्नलिखित अंश को देखकर इस बात की कल्पना की जा सकती है कि यह समाचार-पत्र अंग्रेजों के खिलाफ किस तरह से लिख रहा था—"लखनऊ में सनीचर आया है। चोरों ने हंगामा मचाया है। जो सानहा है (घटना है), वह अजायब (अद्भुत) है। आँख झपकी, पगड़ी गायब है। मीर साहब जमाना नाजुक है—दोनों हाथों से थाम लो, दस्तार (पगड़ी), जिस दिन से सल्तनत (शासन) न रही, शहर बिगड़ा, चोरों की बन आई, किसी में हालत न रही। इसी अंधेर पर एक मसल (मुहावरा) याद आई कि अंधे की जोरू का खुदा रखवाला। इस नाबिनाई (अंधत्व) पर हुकूमत अंधेर है, साफ, अंधे के हाथ में बटेर है। बातें अजायब होती हैं।"

सन् 1856 में कोलकाता से लाल बिहारी डे द्वारा प्रकाशित 'अरुणोदय' की भी स्वाधीनता-संग्राम में महत्त्वपूर्ण भूमिका रही। अंग्रेजी शासन के साथ-साथ अंग्रेजी भाषा थोपे जाने की भी इसने आलोचना की थी। 'अरुणोदय' अंग्रेजी शासन की दुर्बलताओं को भी मुखरता के साथ उजागर करता था। पं. जगन्नाथ द्वारा प्रकाशित एवं शंकरदयाल फरहत द्वारा संपादित उर्दू साप्ताहिक पत्रिका 'राहर समरी' में भी ईस्ट इंडिया कंपनी की आलोचना के समाचार मिलते हैं। 17 नवंबर, 1856 को लखनऊ से प्रकाशित इस पत्रिका में वहाँ के लोगों की अंग्रेज विरोधी भावनाओं को देखा जा सकता है। यह समाचार-पत्र ईस्ट इंडिया कंपनी के शोषण और अत्याचारों के समाचारों को प्रमुखता से प्रकाशित करता था।

दिल्ली से फरवरी 1857 में प्रसिद्ध स्वतंत्रता सेनानी अजीमुल्लाह खाँ के संपादकत्व में 'पयाम-ए-आजादी' का प्रकाशन हुआ। अंतिम मुगल बादशाह

बहादुर शाह जफर के पौत्र बेदार बख्त द्वारा प्रकाशित इस पत्रिका के मुखपृष्ठ को पढ़ने से ही इसकी राष्ट्रीय चेतना और इसके तेवर का अनुमान लगाया जा सकता है। इसमें मुगल सम्राट् बहादुर शाह जफर का देश के नाम संदेश भी छपता था, जिसमें अंग्रेजों को देश से निकाल फेंकने का आह्वान किया जाता था।

फारसी के 'पयाम' का अर्थ ही होता है—संदेश। कुल मिलाकर देश की स्वतंत्रता के लिए संघर्ष करने का संदेश देने के निमित्त इस समाचार-पत्र की महत्त्वपूर्ण भूमिका मानी जाती है। 'पयाम-ए-आजादी' के मुखपृष्ठ पर प्रकाशित निम्नलिखित पंक्तियाँ यहाँ उल्लेखनीय हैं। जिसमें भारत की स्वतंत्रता के उद्घोष का स्वर भी है—

हम हैं इसके मालिक, हिंदुस्तान हमारा।
पाक वतन है कौम का, जन्नत से भी प्यारा॥

10 मई, 1857 का 'सिपाही-विद्रोह' महज एक संयोग नहीं था। स्वाधीनता के इस प्रथम संग्राम की पृष्ठभूमि अनेक वर्षों से पत्र-पत्रिकाओं के माध्यम से तैयार हो रही थी। भारतीय जन-मन में एजुकेशन, अत्याचार और कुप्रबंधन के विरुद्ध आग सुलगने लगी थी। यह ठीक है कि स्वाधीनता के पहले संग्राम को अंग्रेजों ने दबा दिया, किंतु जो आग भारतीय जन-जीवन में पत्र-पत्रिकाओं के माध्यम से सुलग चुकी थी, उसे बुझाया नहीं जा सकता था। 'पयाम-ए-आजादी' के प्रकाशक बेदार बख्त को फाँसी पर लटका देने के बावजूद स्वाधीनता संग्राम में महत्त्वपूर्ण भूमिका निरंतर बनी रही। वह न तो समाप्त हुई, न ही कमजोर हो पाई। प्रथम स्वाधीनता संग्राम के बाद भी जिस तरह अंग्रेजों ने पत्रकारिता का गला घोंटने का प्रयास किया, वह पूरी तरह विफल हो गया। वस्तुतः स्वाधीनता संग्राम की ज्वाला भारतीयों के मन-प्राणों में अंदर-ही-अंदर धधकने लगी थी। इस समाचार-पत्र ने आह्वान किया था—"खुदा ने इनसान को जितनी बरकतें दी हैं, उसमें आजादी सबसे बड़ी नियमत है।" स्वाधीनता संग्राम में 'पयाम-ए-आजादी' की कैसी भूमिका थी, अंतिम मुगल बादशाह के उस संदेश से भी समझा जा सकता है, जो तब उसमें प्रकाशित हुआ था—"हिंद के बाशिंदो, अरसे से जिसका इंतजार था, आजादी की वह पाक घड़ी आज आ चुकी है। हिंदुस्तानी अब तक धोखे में आते रहे और अपनी ही तलवार से अपनी गरदनें काटते रहे। अब हमें मुल्कफरोशी के इस गुनाह का कुफ्फरा (प्रायश्चित्त) करना चाहिए। अंग्रेज अब भी अपनी पुरानी दगाबाजी से काम लेंगे।

वे हिंदुओं को मुसलमानों के खिलाफ और मुसलमानों को हिंदुओं के खिलाफ भड़काएँ। समस्त सच्चे मुसलमानों का यह धार्मिक कर्तव्य है कि वे ईरान के शाह की सहायता करने में कटिबद्ध हों और सच्चे हृदय से शासन और अधिकारों को पुष्ट करें और अंग्रेजों के विरुद्ध धार्मिक युद्ध में प्रवृत्त हों, उन्हें नष्ट और बरबाद करके उसकी कृपा के पात्र बनें और उन पुरस्कारों तथा उपाधियों को प्राप्त करें, जो ईरान का शाह उनको उदारतापूर्वक प्रदान करेगा।" इस समाचार-पत्र ने यह भी घोषणा की थी—"ईरान का शाह भारत आएगा और देश को पराधीनता की बेड़ी से मुक्त करेगा।" 'पयाम-ए-आजादी' की निम्नलिखित पंक्तियाँ उसके वास्तविक ध्येय को स्पष्ट करती हैं—

आज सदियों ने तुमको अहले वतन ललकारा,
तोड़ो गुलामी की जंजीरे बरसाओ अंगारा।
हिंदू, मुस्लमाँ, सिक्ख हमारा भाई-भाई प्यारा,
ये आजादी का झंडा, इसे सलाम हमारा।

प्रथम स्वतंत्रता संग्राम के समय इसे गीत के रूप में गाया जाता था। जब मंगल पांडे को फाँसी दी गई तो आंदोलन भड़का। इस पत्र ने अपने मुखर तेवर का निर्वहन करते हुए लिखा—"बरेली और मुरादाबाद के सैनिक पलटनों के सेनापतियों का दिल्ली की सेना की ओर से हार्दिक आलिंगन। भाइयो, दिल्ली में फिरंगियों के साथ आजादी की जंग हो रही है। उससे वे इतना घबरा गए हैं, जितना कि पहले ऐसी दस शिकस्तों में नहीं घबराते। बेशुमार हिंदुस्तानी बहादुरी के साथ दिल्ली में आकर जमा हो रहे हैं। ऐसे मौके पर आपका आना लाजमी है। अगर आप वहाँ खाना खा रहे हैं तो हाथ यहाँ आकर धोएँ। हमारा बादशाह आपका इस्तकबाल करेगा। हमारे कान इस तरह आपकी ओर लगे हैं, जिस तरह रोजेदारों के कान मसजिद की अजान की तरफ लगे रहते हैं, हम आपकी आवाज सुनने के लिए बेताब हैं। हमारी आँखें आपके दीदार की प्यासी हैं। बिना आपकी आगद के गुलाब के पौधे में फूल नहीं खिल सकते।"

इस प्रकार हम देखते हैं कि प्रथम स्वतंत्रता संग्राम में समाचार-पत्रों और पत्रकारों की अहम भूमिका थी। पत्रकारों की लेखनी से राष्ट्रीय चेतना के मुखर स्वर रेखांकित हो रहे थे। सन् सत्तानबे के पूर्व के जीर्ण समाचार-पत्रों में इसका आरक्षित साक्ष्य मौजूद है। स्वाधीनता संग्राम की भाषायी पत्रकारिता ने अंग्रेजों के विरुद्ध

संघर्ष करने और उनकी सत्ता को उखाड़ फेंककर उन्हें ब्रिटेन भेजने के मद्देनजर जनजागरण में महत्त्वपूर्ण भूमिका का निर्वहन किया। इस समय की पत्रकारिता ने भारत के लोगों में उस स्वाभिमान को भी जगाया, जो लंबे समय की गुलामी के कारण समाप्त होता जा रहा था। कुंठित, निस्तेज और निष्प्राण होते सामाजिक जीवन को झकझोरने और भारतीयों में उसके गौरव का बोध कराने में उस समय की पत्रकारिता की महत्त्वपूर्ण भूमिका रही है।

2. भारतेंदु युगीन पत्रकारिता और स्वदेशी स्वराज की चेतना (1857 से 1900 तक)

भारतीय राष्ट्रीय कांग्रेस की स्थापना 1885 में हुई थी, किंतु इसके पूर्व ही भारतीय पत्रकारिता के माध्यम से स्वदेशी और स्वराज्य की चेतना का स्वर भारतीय जन-मन में अनुगुंजित होने लगा था। 'भारतमित्र' (1878), 'सार सुधा निधि' (1879) और 'उचित वक्ता' (1880) के द्वारा न केवल स्वराज्य की चेतना का विस्तार हुआ, अपितु स्वदेशी के प्रति आग्रह भी बढ़ने लगा था। अंग्रेजों के व्यापार को कम करने अथवा समाप्त करने के लिए स्वदेशी का आग्रह करनेवाले पत्रकारों में भारतेंदु हरिश्चंद्र के साथ-साथ प्रताप नारायण मिश्र, दुर्गाप्रसाद मिश्र, छोटूलाल मिश्र, सदानंद मिश्र इत्यादि के नाम उल्लेखनीय हैं। भारतेंदु हरिश्चंद्र द्वारा प्रकाशित 'तदीय समाज' और 'बंगाल का हिंदू नेता' उस समय स्वदेशी चेतना जगाने का प्रमुख समाचार-पत्र था। भारतेंदु युगीन पत्रकारिता (1867-1900) के दौरान भारत में छोटी-बड़ी 350 से अधिक पत्र-पत्रिकाएँ प्रकाशित हुईं। इन पत्र-पत्रिकाओं में स्वदेशी और स्वराज्य की चेतना का स्वर मुखरित हुआ है। प्रवर्तक संपादक भारतेंदु हरिश्चंद्र (जन्म 9 सितंबर, 1850) की मृत्यु केवल 34 वर्ष 4 महीने की अल्पायु में ही हो गई, किंतु इतने कम समय में भी जिस कुशलता से उन्होंने हिंदी पत्रकारिता को प्रतिष्ठित किया और राष्ट्रीय चेतना जगाई, उसकी कोई मिसाल नहीं।

भारतेंदु युग में श्री शिशिर कुमार घोष द्वारा सन् 1868 में 'अमृत बाजार पत्रिका', बालकृष्ण भट्ट द्वारा 1877 में 'हिंदी प्रदीप', इसी वर्ष छोटूलाल मिश्र एवं रुद्रदत्त शर्मा द्वारा 'भारत मित्र', पं. दुर्गाप्रसाद मिश्र द्वारा 1878 'उचित वक्ता', मेवाड़ के शासक महाराणा सज्जन सिंह द्वारा 1879 में 'सज्जन कीर्ति सुधाकर', केशवराम भट्ट और मदन मोहन भट्ट द्वारा सन् 1872 में 'बिहार बंधु', पं. वंशीधर

द्वारा सन् 1878 में 'सरसुधा निधि', देवकीनंदन त्रिपाठी द्वारा सन् 1881 में 'आनंद कादंबिनी', राजा रामपाल सिंह द्वारा सन् 1883 में 'हिंदुस्तान', प्रताप नारायण मिश्र द्वारा सन् 1883 में 'ब्राह्मण', अंबिका प्रसाद व्यास द्वारा सन् 1884 में 'पीयूष प्रभा', बाबू श्यामसुंदर दास द्वारा 1896 में 'नागरी प्रचारिणी' और महावीर प्रसाद द्विवेदी द्वारा सन् 1900 में 'सरस्वती' का प्रकाशन किया गया। इन पत्र-पत्रिकाओं ने समाज में एक अलग पहचान बनाई और राष्ट्रीयता की अलख जगाई।

लखनऊ से मुंशी नवल किशोर द्वारा प्रकाशित उर्दू साप्ताहिक 'अवध अखबार' के 3 दिसंबर, 1880 के अंक में 'हिंदुस्तान और पूर्वी पोशाक' शीर्षक से एक आलेख छपा था। इस आलेख के निम्नलिखित अंश से ज्ञात होता है कि किस तरह यह अखबार स्वदेशी की प्रति अपनी प्रतिबद्धता जता रहा है और इस तरह अंग्रेजों के विरुद्ध शंखनाद कर रहा है—"क्या हमारा दिल और हमारा मुशाहिद इस अम्र की गवाही नहीं देता कि एक हिंदुस्तानी अंगरखा, पाजामा और उस गर चुगाया अबा (चोंगा या लंबा कोट) और सिर पर इमामा या दस्तार (पगड़ी या साफा) पहनता है तो कितना भला मालूम होता है, गोया उसकी सकाकत और वजाहत (संस्कृति एवं सुंदरता) दुगुनी-चौगुनी हो जाती है। उसके मुकाबले में जब कोई हिंदुस्तानी कोट-पतलून टाँगकर खरूज बाहर निकलता है तो कितना मकरूह और हवन्नक (घृणास्पद एवं मूर्ख) मालूम होता है।"

सन् 1905 में बंग-भंग हुआ था। इसके विरोध में तो मानो स्वदेशी आंदोलन अपने शिखर को प्राप्त करने लगा था, किंतु भारतेंदु युगीन पत्रकारिता में ही स्वदेशी चेतना प्रकट हो चुकी थी। अंदर-ही-अंदर पूरे देश में स्वदेशी चेतना की लहर उत्पन्न हो गई थी। भारतेंदु हरिश्चंद्र स्वदेशी आंदोलन के हिमायती थे। इसका अंदाजा उनके निम्नलिखित कथन से लगाया जा सकता है। देशवासियों के नाम उनकी अपील का निम्नलिखित अंश उल्लेखनीय है—

"जिसमें तुम्हारी भलाई हो, वैसी ही किताब पढ़ो, वैसे ही खेल खेलो, वैसी ही बातचीत करो, परदेशी वस्तु और परदेशी भाषा का भरोसा मत रखो। अपने देश में अपनी भाषा में उन्नति करो।" 23 मार्च, 1874 की 'कवि वचन सुधा' में भारतेंदु ने प्रतिज्ञा-पत्र प्रकाशित किया था, जो उनके स्वदेश-प्रेम का परिचायक था। उन्होंने लिखा था—"हम लोग सर्वांतर्यामी, सब स्थान में वर्तमान सर्वदृष्टा और नित्य परमेश्वर को साक्षी देकर यह नियम मानते हैं और सीखते हैं कि हम लोग आज के

दिन से कोई भी विलायती कपड़ा न पहिरेंगे और जो कपड़ा पहले से मोल ले चुके हैं और आज की मिती तक हमारे पास है, उनको तो उनके जीर्ण होने तक काम में लावेंगे, पर नवीन मोल लेकर किसी भाँति का भी विलायती कपड़ा न पहिरेंगे, हिंदुस्तान ही का कपड़ा पहिरेंगे। हम आशा करते हैं कि इसको बहुत ही क्या, प्रायः सब लोग स्वीकार करेंगे और अपना नाम इस श्रेणी में होने के लिए श्रीयुत बाबू हरिश्चंद्र को अपनी मनीषा प्रकाशित करेंगे और सब देशी हितैषी इस उपाय से वर्धन में अवश्य उद्योग करेंगे।"

सुप्रसिद्ध साहित्यकार रामविलास शर्मा ने भारतेंदु हरिश्चंद्र के स्वदेशी आंदोलन का उल्लेख करते हुए लिखा है—"कांग्रेस ने कभी आंदोलन निधिपूर्वक न प्रारंभ किया था, बंग-भंग आंदोलन ने जन्म लिया था। भारतेंदु ने स्वदेशी आंदोलन का सूत्रपात बहुत पहले कर दिया था। भारतेंदु के इस स्वदेश-प्रेम में शासकों को राजद्रोह की गंध लगी, इसलिए पत्र की सरकारी सहायता बंद कर दी गई।"

पं. प्रताप नारायण मिश्र ने 15 मार्च, 1883 को 'ब्राह्मण' का प्रकाशन आरंभ किया। उन्होंने स्वदेशी आंदोलन के विषय में 'देशी कपड़ा' शीर्षक नामक अपने लेख में लिखा था—"हम और हमारे सहयोगीगण लिखते-लिखते हार गए कि देशोन्नति करो, पर यहाँवालों का सिद्धांत है कि अपना भला हो, चाहे देश चूल्हे में जाए, यद्यपि जब देश चूल्हे में जाएगा तो हम बचे न रहेंगे। पर समझाना तो मुश्किल काम है ना, सो भाइयो यह तो तुम्हारे ही मतलब की बात है, आखिर कपड़ा पहनोगे ही। एक बेर हमारे कहने से एक-दो जोड़ी कपड़े बनवा डालें, यदि कुछ सुविधा जान दिख पड़े तो मानना, दाम कुछ छूने न लगेंगे। चलेगा तिगुने से अधिक समय, देशी लक्ष्मी और देशी उद्धार का फल सेंत-मेंत। यदि अभी भी न चेतो तो तुमसे ज्यादा भकुआ कौन ?"

कोलकाता से प्रकाशित अंग्रेजी साप्ताहिक 'बंगाली' स्वदेशी और स्वराज्य की चेतना जाग्रत् करनेवाला समाचार-पत्र था। इसे स्वाधीनता संग्राम के क्रांतिकारियों का पोषक माना जाता है। इस समाचार-पत्र को अंग्रेज सरकार का कोपभाजक बनना पड़ा। स्वाधीनता ग्राम के सेनानी सुरेंद्रनाथ बनर्जी 1878 में इसके संपादक बने। उन्हें सन् 1883 में सरकार विरोधी एक लेख के कारण दो महीने के लिए जेल की सजा भी भुगतनी पड़ी। इसमें स्वाधीनता संग्राम के समाचार प्रमुखता के साथ प्रकाशित होते थे।

मुंबई से प्रकाशित 'इंदु प्रकाश' भी राष्ट्रीय चेतना जगानेवाला प्रमुख पत्र था, जो मराठी और अंग्रेजी में प्रकाशित होता था। 'इंदु प्रकाश' ने 3 मार्च, 1884 को प्रकाशित अपने एक लेख में अंग्रेज सरकार की आलोचना की, जिसका निम्नलिखित अंश उल्लेखनीय है—"अँगरेज हमेशा कहते हैं कि उनके राज्य में छोटे-बड़े सभी को एक सा न्याय मिलता है। परंतु देखा गया है कि अमीर लोग पैसा खर्च करके न्याय प्राप्त कर लेते हैं और गरीब को अन्याय सहन करके भी चुप बैठना पड़ता है।"

'इंदु प्रकाश' अंग्रेजों की खुलकर आलोचना करता था। इसका तेवर उग्र और भाषा आक्रामक थी। इसने 12 मई, 1884 को लिखा—"हिंदुस्तान दिन-प्रतिदिन दरिद्र क्यों हो रहा है? एक कारण यह है कि देश सत्ता के अधीन है। और अँगरेज बड़े व्यापारी वृत्ति के हैं, इसलिए गरीबी बढ़ती जा रही है।" 'इंदु प्रकाश' ने 19 मई, 1884 को लिखा कि "हमारा राष्ट्र परकीय सत्ता आने के पहले जितना सुखी था, उसके एक दशांक भी अभी सुखी नहीं है। पर अँगरेजों का शासन होने के कारण रेलगाड़ी, तारायंत्र, छापाखाना, समाचार-पत्र, कारखाने, विद्या प्रसार आदि सुविधाएँ प्राप्त हुई हैं। इसके लिए अँगरेज सरकार का आभार मानना चाहिए।"

सर सैयद अहमद द्वारा प्रकाशित 'अखबार साइंटिफिक सोसाइटी' राष्ट्रीय चेतना जगानेवाला समाचार-पत्र था। इस अखबार ने 10 मार्च, 1876 को लिखे अपने एक लेख में अंग्रेजों की आलोचना करते हुए लिखा था—"अंग्रेजी अखबार नवीस हिंदुस्तान में इस कदर फिरके से नाराज नहीं है, जिस कदर वे हिंदुस्तानी अखबार नवीसों की आजादी से। इस वजह से उन्होंने कभी हिंदुस्तानी अखबारों पर खुशामद का इल्जाम लगाया है, कभी बगावत का इल्जाम साबित किया है, कभी हिंदुस्तानी राजाओं की झूठी तरफदारी का खयालेखाम पकाया है। मगर हम खूब जानते हैं कि यह इल्जाम उनकी इस कल्बी हरारत से पैदा होते हैं, जो अब उनके दिलों में हिंदुस्तानी अखबारों की निहायत बरजस्ता और सच्ची रायों के देखने से पैदा होती है और हरचंद वह अपने खयालात को निहायत सूरत में जाहिर करने का मकसद करते हैं। मगर इस कौमी हरारत के सबब एक नोश की सोख्तगी उस अच्छी सूरत पर भी हो ही जाती है।"

थाणे से प्रकाशित मराठी अखबार 'अरुणोदय' की भूमिका स्वाधीनता संग्राम में महत्त्वपूर्ण थी। इसी कारण इस अखबार को अंग्रेजी शासन के कोपभाजन का शिकार बनना पड़ा और अंततः इसे बंद कर देना पड़ा। इसमें प्रकाशित एक लेख

के कारण इसके संपादक काशीनाथ विष्णु फड़के पर मुकदमा चला और सजा भी भुगतनी पड़ी। विदर्भ (अकोला) से प्रकाशित समाचार-पत्र 'वहार्ड समाचार' (1867) शुरू से ही राष्ट्रीय चेतना जाग्रत् कर रहा था। स्वाधीनता संग्राम में खंडेराव बालाजी फड़के द्वारा प्रकाशित इस समाचार-पत्र की भूमिका भी महत्त्वपूर्ण थी। मलयालम में प्रकाशित पत्रिका 'संदिष्टवादी' (1867) ने भी स्वाधीनता संग्राम में महत्त्वपूर्ण भूमिका का निर्वहन किया, जिसके कारण उस पर पाबंदी लगा दी गई।

भारतेंदु हरिश्चंद्र द्वारा प्रकाशित 'कवि वचन सुधा' राष्ट्रीय चेतना जगाने का प्रमुख मंच था। इसने 8 फरवरी, 1874 को लिखा था—"कुछ काल पहले अंग्रेज लोग जब हिंदुस्तान के विषय में व्याख्यान देते थे, तब यही प्रकट करते थे कि हम लोग इस देश के लाभ अर्थ राज्य करते हैं, यही चिल्ला-चिल्लाकर सर्वदा कहा करते थे कि हम सदैव हिंदुस्तान की वृद्धि के निमित्त विचार करते हैं कि हम लोग इस देश की वृद्धि करेंगे और यहाँ के निवासियों को विद्यामृत पिलावेंगे और राज्य का प्रबंध किस भाँति करना, यह ज्ञान प्रजा को स्वत: हो जाएगा, तब हम लोग हिंदुस्तान का सब राज्य प्रबंध यहाँ के निवासियों को देकर स्वाधीन कर देंगे और अंत को सब राम-राम कहकर जहाज पर पैर रख स्वदेश गमन करेंगे। यह वार्त्ता हम लोग अपनी गढ़ी हुई नहीं कहते। पर इन्हीं अँगरेजों की और मुख्य करके पादरियों के जो व्याख्यान प्रसिद्ध हुए हैं, उनसे स्पष्ट प्रकट होता है, यह प्रकार पाठकों के देखने में निस्संदेह आया ही होगा, इसमें संदेह नहीं।"

'कवि वचन सुधा' इस बात के लिए भी अंग्रेज सरकार की आलोचना किया करते थे कि वे भारत का धन अपने देश ब्रिटेन में भेजते हैं। जन-मन को अंग्रेज सरकार के विरुद्ध खड़ा करने में इस पत्र की महत्त्वपूर्ण भूमिका रही। इस पत्रिका के 8 फरवरी, 1874 के अंक में प्रकाशित एक आलेख का निम्नलिखित अंश उल्लेखनीय है—

"सरकारी पक्ष का कहना है कि हिंदुस्तान में पहले सब लोग लड़ते-भिड़ते थे, इसमें गमागमन न हो सकता था। यह सब सरकार की कृपा से हुआ। हिंदुस्तानियों का कहना है कि उद्योग और व्यापार बाकी नहीं। रेल आदि से भी द्रव्य के बढ़ने की आशा नहीं। रेलवे कंपनीवालों ने जो द्रव्य व्यय किया करते हैं, उसका ब्याज सरकार को देना पड़ता है और उसे लेनेवाले बहुधा विलायत के लोग हैं। कुल मिलाकर 26 करोड़ रुपया बाहर जाता है।"

इस प्रकार हम देखते हैं कि भारतेंदु युगीन पत्रकारिता में स्वदेशी और स्वराज्य की चेतना की आवाज बुलंद होने लगी थी। देशभक्ति की भावना के कारण स्वदेशी के प्रति उस समय के पत्रकारों का आग्रह बढ़ गया था। स्वदेशी आंदोलन की नींव रखी जा चुकी थी। उस समय के पत्रकार स्वराज की चेतना के भाव को रेखांकित करने में चूकते नहीं थे। लल्लो-चप्पो की भाषा की जगह उनका तेवर आक्रामक होने लगा था। स्वाधीनता आंदोलन के लिए लोगों को पत्र-पत्रिकाओं के माध्यम से जाग्रत् किया जाने लगा था। राष्ट्रीयता की इसी चेतना के कारण अंततः भारत 15 अगस्त, 1947 को स्वतंत्र हुआ।

3. तिलक युगीन पत्रकारिता और स्वाधीनता संग्राम (1900-1920 ई.)

सन् 1900 से 1920 तक के कालखंड में दो महत्त्वपूर्ण हस्ताक्षर हुए। एक थे प्रसिद्ध संपादक और साहित्यकार आचार्य महावीर प्रसाद दिवेदी तथा दूसरे थे प्रसिद्ध राजनेता और संपादक बाल गंगाधर तिलक। डॉ. लाल बिहारी मिश्र और डॉ. रामचंद्र तिवारी ने इसे 'तिलक युग' कहा है तो डॉ. रामरतन भटनागर ने 'पत्रिका का युग' और श्री नवीनचंद्र पंत तथा डॉ. राम अवतार शर्मा ने इसे 'द्विवेदी युग' माना है। हिंदी साहित्य और पत्रकारिता में एक विशिष्ट लक्षण लिये हुए इस कालखंड को 'निर्माण काल' भी कहा जाता है।

महावीर प्रसाद द्विवेदी के नाम से युग जिस दृढ़ता के साथ रेखांकित किया जाता है, उससे तनिक भी कम बाल गंगाधर तिलक के नाम से अभिहित नहीं किया जाना चाहिए। उन्होंने हिंदी पत्रकारिता को नया आयाम प्रदान किया। उन्होंने न केवल 1907 ई. में 'हिंद केसरी' का प्रकाशन किया, अपितु स्वाधीनता संग्राम में हिंदी के महत्त्व को भी समझा।

डॉ. बी.आर. धर्मेंद्र ने अपनी पुस्तक 'हिंदी पत्रकारिता और प्रमुख पत्रकार' में लिखा है—"तिलकजी अनुभव से मानते थे कि हिंदी वह शक्तिशाली भाषा है, जो सारे देश को एक सूत्र में बाँधकर रख सकती है। तिलकजी की पत्रकारिता का उत्कर्ष यह है कि उन्होंने समय की आवश्यकता के अनुरूप गरम या तीखे विचारों से परिपूर्ण पत्रकारिता का भरपूर पृष्ठ किया था। स्वभाषा, स्वदेश और स्वराज के लिए उन्होंने उग्र विचारों को आवश्यक ही नहीं, अनिवार्य माना था, किंतु समग्र रूप

में वे हिंसा अथवा हिंसा प्रेरित कृत्यों के समर्थक नहीं थे। पत्रकारिता के माध्यम से समाज सुधार की दिशा में भी तिलकजी ने बड़ा काम किया।"

प्रसिद्ध पत्रकार श्री विजय दत्त श्रीधर ने अपनी पुस्तक 'भारतीय पत्रकारिता' के खंड-दो में लिखा है कि 'हिंद केसरी' में पूरे देश के स्वतंत्रता संग्राम के समाचार प्रकाशित होते थे। इससे पाठकों को आंदोलन की गतिविधियों, उनके फैलाव और आम जनता के योगदान की जानकारी मिलती थी। 24 अगस्त, 1907 के अंक में मद्रास, इलाहाबाद राज मेहंदी कोचीन आदि स्थानों के समाचार प्रकाशित हुए। कोचीन के समाचार में लिखा गया—"कॉलेज की कुछ विद्यार्थियों ने एक बड़ी सभा की थी, उसमें 'वंदे मातरम्' गीत गाया गया था और वंदे मातरम् का जयघोष किया गया था, सुनकर दीवान ने प्रिंसिपल से इसकी कैफियत माँगी है।"

भारतीय पत्रकारिता पर सर्वाधिक शोध-कार्य करनेवाले पत्रकार श्री विजय दत्त श्रीधर ने स्वाधीनता संग्राम में 'हिंदी केसरी' के महत्त्वपूर्ण भूमिका का उल्लेख करते हुए लिखा है—"'हिंदी केसरी' का स्वर और चरित्र ही ऐसा था कि लोग पढ़ने से नहीं चूकते थे। 24 अगस्त, 1907 के अंक में कोलकाता हाईकोर्ट के एक फैसले की खबर 'स्वराज्य माँगना बाफायदा है' शीर्षक से 'हिंदी केसरी' में प्रकाशित हुए।"

श्री मोरेश्वर गणेश तपस्वी अपनी पुस्तक 'आदर्श पत्रकार बालकृष्ण गंगाधर तिलक' में लिखते हैं—"तिलक की कलम ने हर समसामयिक घटना और हादसे की वास्तविकताओं पर बेबाक लिखा। उनकी कलम बहुत ही पैनी और एकदम निर्भीक थी। जिन विषयों पर वह चलती थी, उसका पूरा अध्ययन उन्होंने पहले ही किया होता था, इसलिए जितना तिलक की कलम से पाठकों को पढ़ने के लिए मिलता था, उतना और कहीं नहीं मिलता। जितनी पैनी आलोचना और संतुलित समीक्षा हर राजनीतिक उतार-चढ़ाव उनकी कलम से आती थी, उससे उनके विरोधी चकरा जाते थे, अंग्रेजी शासक भी बौखला जाते थे।"

मराठी भाषी होते हुए भी हिंदी के महत्त्व को समझनेवाले बाल गंगाधर तिलक के बारे में श्री राहुल रंजन अपनी पुस्तक 'उन्नीसवीं शताब्दी की हिंदी पत्रकारिता' में सामाजिक चेतना में लिखते हैं—"वे राष्ट्रवाद के जनक थे तो सांस्कृतिक राष्ट्रीयता के पिता भी थे। उनकी उद्घोषणा थी—स्वराज्य हमारा जन्मसिद्ध अधिकार है और इसे हम लेकर रहेंगे। उन्हें अपने भारत की सभ्यता और संस्कृति की श्रेष्ठता पर विश्वास था। उनका विचार था कि विदेशी सरकार को भारत पर सामाजिक सुधार

लादने का कोई अधिकार नहीं है। वे समाज और राजनीति के शिखर पुरुष थे। उनकी राजनीतिक तेजस्विता को 'मराठा' और 'केसरी' ने एक नए मोड़ पर लाकर देश में एक नई चेतना का संचार किया।"

भारत की पत्रकारिता में सत्ता के साथ संघर्ष की उज्ज्वल परंपरा रही है। स्वाधीनता संग्राम में भाषायी पत्रकार जेल की यातना भोगने से लेकर प्राणों की आहुति देने में भी पीछे नहीं हटे। पत्रकारों की इन्हीं महत्त्वपूर्ण भूमिका के कारण भारतीय पत्रकारिता का इतिहास स्वर्णाक्षरों में लिखने योग्य है। इस संघर्ष में भारतीय पत्रकारिता की गौरवशाली परंपरा के एक उल्लेखनीय दृष्टांत को देखा जा सकता है। प्रयागराज से सन् 1907 में प्रकाशित-प्रसारित साप्ताहिक पत्रिका 'स्वराज' की चर्चा करना महत्त्वपूर्ण तो है ही, आज के युवा पत्रकारों के समक्ष प्रासंगिक भी हो गया है। यह निर्भीक और साहसी पत्रिका स्वाधीनता संग्राम के दौरान केवल ढाई वर्ष ही छप सकी, किंतु इसने पत्रकारिता की जिस गर्वोन्नत परंपरा का निर्वहन किया, वह हमारे लिए वंदनीय, अभिनंदनीय, पूजनीय और चिरस्मरणीय तो है ही, वह हमारी समृद्ध विरासत एवं गरिमा भी है। वह हमारे लिए पावन है और पवित्र भी, इसलिए हमें उसकी अभ्यर्थना भी करनी चाहिए और अर्चना भी।

भारत के स्वाधीनता संग्राम के दौरान प्रकाशित 'स्वराज' नामक पत्रिका ने पत्रिका जगत् में जो मिसाल कायम की, वह अनन्य प्रायः दुर्लभ ही है। कुछ ढाई वर्षों तक प्रकाशित इस पत्रिका के केवल 75 अंक प्रकाशित हो सके। किंतु स्वाधीनता संग्राम की ज्वाला को प्रचंड करने में इसने जिस महती भूमिका का निर्वहन किया, वह प्रणम्य है, क्योंकि इस पत्रिका के कुल संपादकों को 125 वर्षों की जेल की सजा हुई, जिसमें अंडमान-निकोबार द्वीपसमूह स्थित काला पानी की सजा के नाम से लुलर जेल की यातना भी शामिल है। स्वाधीनता संग्राम के दौरान इस पत्रिका का तेवर कैसा था, इसका अनुमान एक छोटे से उदाहरण से लगाया जा सकता है, जो उन्होंने संपादक की अर्हता के लिए विज्ञापित किया था—

"एक जौ की रोटी और एक प्याला पानी, यह सरहे तनख्वाह (वेतन) है, जिस पर 'स्वराज' इलाहाबाद के वास्ते एक एडिटर संपादक मतलूब है। यह वह अखबार है, जिसके दो एडिटर बगावता आमेज मजामीन विद्रोहात्मक लेखों की महबूत गिरफ्तार हो चुके हैं। अब तीसरा एडिटर मुहैया कराने के लिए जो इस्तिहार दिया जाता है, उसमें से सरहे तनख्वाह जाहिर की गई है कि ऐसा एडिटर दरकार है,

जो अपने ऐशो-आराम पर जेलखाने में रहकर जौ की रोटी और एक प्याला पानी को तरजीह दे।"

श्री नवीनचंद्र पंत अपनी पुस्तक 'पत्रकारिता के मूल सिद्धांत' में लिखते हैं—"भारत का क्रांतिकारी आंदोलन बंदूक और बम के साथ नहीं, समाचार-पत्रों से प्रारंभ हुआ, जिसमें 'युगांतर', 'गदर' और 'वंदे मातरम्' के नाम उल्लेखनीय हैं। सन् 1908 में 'कवि वचन सुधा' नामक साहित्य पत्रिका भारतेंदु हरिश्चंद्र द्वारा प्रारंभ की गई"। 'कर्मयोगी' साप्ताहिक इलाहाबाद से पं. सुखलाल ने प्रकाशित किया। यह उग्र विचारधारा का पत्र था। स्वाधीनता-प्रेमी तथा जुझारू पत्रकारों में श्री गणेश शंकर विद्यार्थी इस युग की सबसे बड़ी उपलब्धि माने जाते हैं। 1833 में उन्होंने कानपुर से 'साप्ताहिक प्रताप' का प्रकाशन किया और हिंदू-मुसलिम एकता के प्रयास में शहीद हो गए। इस प्रकार हम देखते हैं कि तिलक युगीन पत्रकारिता के दौरान हिंदी भाषा को एक नया आयाम मिला। तत्कालीन पत्रकार यह समझने लगे थे कि हिंदी एक समृद्ध और शक्तिशाली भाषा है। पत्रकारों द्वारा जनमानस की भाषा हिंदी को आत्मसात् करने से स्वाधीनता आंदोलन की लहर और तेज हो गई।

4. गांधी युगीन पत्रकारिता और स्वाधीनता संग्राम (1920-1947 ई. तक)

महात्मा गांधी ने अपनी पत्रकारिता की शुरुआत एक संवाददाता के रूप में की। उन्होंने राजनेता के साथ-साथ एक समर्थ संपादक के रूप में अपनी पहचान बनाई। गांधीजी ने पत्रकारिता के जो प्रतिमान स्थापित किए, वे आज भी पत्रकारों के लिए अनुकरणीय हैं। सन् 1920 के बाद की पत्रकारिता को निर्विवाद रूप से 'गांधी युग' कहा जाना समीचीन है। इस युग की पत्रकारिता पर महात्मा गांधी के आदर्श और सिद्धांतों की एक झलक स्पष्ट रूप से दृष्टिगोचर होती है। उनके विचारों से प्रेरणा लेकर पत्रकारों की एक पीढ़ी तैयार हुई। अनेक समाचार-पत्र प्रकाशित हुए, जिसमें महात्मा गांधी के विचारों की अनुगूँज सुनाई पड़ती है। उपयुक्त उदाहरणों से यह प्रमाणित होता है कि राजनीतिक पत्रकारिता को एक नई दिशा मिली थी।

श्री ज्योतिष जोशी अपनी पुस्तक 'साहित्यिक पत्रकारिता' में लिखते हैं—"सन् 1920 से हिंदी पत्रकारिता का समय 'गांधी युग' के नाम से जाना जाता है। यह वह समय है, जब गांधीजी का पदार्पण हुआ और वह अपने अहिंसात्मक सत्याग्रह

से राजनीति पर छा गए। तब एक बड़ा लक्ष्य सबके सामने था—गुलामी से मुक्त कराकर भारत को संपूर्ण आजादी दिलाना। इसी अवधि में कोलकाता में लाला लाजपत राय की अध्यक्षता में एक अधिवेशन हुआ, जिसमें गांधीजी के सत्याग्रह पूर्ण आंदोलनों को स्वीकृति मिली। इस भाव ने पत्रकारिता को मिशन में बदल दिया। तब बाल गंगाधर तिलक की क्रांतिकारी पत्रकारिता भी इसी में विलय होती चली गई।"

डॉ. कमल किशोर गोयनका अपनी पुस्तक 'गांधी पत्रकारिता के प्रतिमान' में लिखते हैं—"उन्होंने पत्रकारिता को व्यापार बनाना स्वीकार किया और जनता को स्वामित्व सौंपा। इसी कारण गांधी ने 'इंडियन ओपिनियन' को ट्रस्ट को सौंप दिया। गांधी के इस प्रतिमान से कुछ अन्य प्रतिमान भी सामने आए, जैसे व्यापारिक विज्ञापनों का बहिष्कार, कर्मचारियों को न्यूनतम वेतन और ग्राहकों की संख्या घटने पर समाचार-पत्र का आकार-प्रकार भी घटाना, प्रबंधक को सेंसरशिप में कठोरतम दंड के लिए सहर्ष तैयार होना और माफी माँगकर समाचार-पत्र में निकालना, स्वयं आचार-संहिता बनाना और पालन करना तथा सर्वोपरि रूप में देश अभिमान और राष्ट्र-प्रेम को प्रेरणा एवं कर्म शक्ति मानकर चलाना। गांधी की पत्रकारिता का ऐसा मॉडल था, जिस पर वे स्वयं चले और भारत आकर 'यंग इंडिया', 'हरिजन' आदि में भी इन्हीं प्रतिमानों एवं सिद्धांतों का प्रयोग किया और तीन दशकों तक सफल पत्रकारिता की।"

नवीन चंद्र पंत अपनी 'पुस्तक पत्रकारिता के मूल सिद्धांत' में लिखते हैं कि महात्मा गांधी के नेतृत्व में देश की स्वतंत्रता के लिए संघर्ष करनेवाले प्रमुख संगठनों का रूप ग्रहण हुआ। गांधीजी के रचनात्मक कार्यक्रमों, साप्ताहिक और मासिक पत्रों का प्रकाशन हिंदी तथा अन्य भाषाओं में प्रारंभ हुआ। हिंदी पत्रकारिता की स्वस्थ एवं पुष्ट परंपरा की भूमि इसी काल में दृढ़ हुई। इस युग की पत्रकारिता पर गांधीजी की विशेष छाप रही।

गांधीजी के विचारों का प्रभाव उस समय के समाचार-पत्रों पर स्पष्ट दिखाई देता है। स्वयं कई पत्रों का संपादन कार्य करते रहे और उन पत्रों में गांधीजी के लेख नियमित रूप से प्रकाशित होते थे। गांधीजी ने उस समय के समाचार-पत्रों में कलम को दिशा प्रदान की। इस युग की पत्रकारिता न सिर्फ राजनीतिक स्तर पर मुखर हो रही थी, बल्कि भाषिक स्तर पर भी समृद्ध हो रही थी। स्थानीय मुहावरे और शब्द हिंदी में शामिल हो रहे थे। इन छोटी बड़ी पत्र-पत्रिकाओं के माध्यम से हिंदी की

पत्रकारिता फलित हो रही थी। महात्मा गांधी ने जिस सत्य और अहिंसा का प्रयोग अपने राजनीतिक जीवन में किया, वह पत्रकारिता में दृष्टिगोचर हो रहा था।

इस युग में मतवाला, विशाल भारत, योग, वीर अर्जुन, विश्व भारती, कर्मवीर, प्रताप, हिंदी नवजीवन, बालक नवयुवक इत्यादि पत्रिकाओं के माध्यम से हिंदी भाषा समृद्ध हुई। हम कह सकते हैं कि 'गांधी युग' में भारतीय पत्रकारिता स्वाधीनता संग्राम के अपने मिशन को लेकर संघर्षरत थी।

इस प्रकार हम यह भी कह सकते हैं कि स्वाधीनता संग्राम में भाषायी पत्रकारिता की महत्त्वपूर्ण भूमिका रही। पत्र-पत्रिकाओं में जन-मन में राष्ट्रीय चेतना जगाकर अपनी महत्त्वपूर्ण भूमिका का निर्वहन किया। स्वाधीनता संग्राम के प्राय: सभी बड़े नेता किसी-न-किसी समाचार-पत्र से जुड़े थे। उन लोगों ने स्वाधीनता संग्राम में पत्रिका की भूमिका को समझा था। उसे स्वदेशी और स्वराज्य के लिए हथियार के रूप में इस्तेमाल किया।

स्वतंत्रता के प्रथम संग्राम को अंग्रेजों द्वारा निर्ममतापूर्वक दबा दिए जाने के बाद भी भाषायी पत्रकारिता ने घुटने नहीं टेके, अपितु उससे भी अधिक ऊर्जा और गति के साथ राष्ट्रीयता की अलख जगाते रहे तथा अंग्रेजी शासन के विरुद्ध लिखते रहे। इस संदर्भ में 'सोमप्रकाश' में 17 नवंबर, 1862 को प्रकाशित यह पंक्ति उल्लेखनीय है—'लाठी का जवाब लाठी से, पत्थर का जवाब पत्थर से और गुस्से का जवाब गुस्से से ही दिया जाना चाहिए।' 'सोमप्रकाश' ने 1865 ई. के एक अंक में लिखा था—"हमें कोई राजनीतिक अधिकार नहीं है, हमारी आकांक्षाओं के अनुरूप आगे बढ़ने का अवसर नहीं है, क्या हमारी भारतीय सभ्यता उससे पहले के युग की नहीं, जब किंग जॉन ने मैग्ना कार्ट पर हस्ताक्षर किए थे या जब हेनरी तृतीय ने संसद् की स्थापना की थी? यह सही है, तो फिर यह कैसे सोचा जा रहा है कि जिन अधिकारों का इंग्लैंड की जनता उपभोग कर रही है, वे अधिकार भारतीयों के लिए 19वीं शताब्दी के उत्तरार्ध में भी बहुत अधिक समझे जा रहे हैं?"

□

2

पत्रकारिता : देश की भावनाओं का दर्पण

—प्रो. के.जी. सुरेश

भारत की धरती वीर प्रसूता रही है। वीरत्व और राष्ट्रत्व के महान् संस्कारों के मध्य भारतीयता का विकास हुआ है। इसलिए जब-जब राष्ट्र की मूल चेतना पर प्रहार हुआ, तब-तब आत्मोत्सर्गी हुंकार ने शत्रु पक्ष को कंपित कर दिया। भारत की यह विशेषता रही है कि जो भी क्रांति इस धरा पर हुई हैं, वे बहुआयामी कारण के साथ-साथ विविध लक्ष्यों की पूर्ति की वाहिका भी रही हैं। गांधीजी के स्वतंत्रता आंदोलन को भी इसी परिप्रेक्ष्य में देखा जा सकता है। उनका आंदोलन केवल राजनीतिक परतंत्रता के लिए नहीं था, उसमें सामाजिक तथा आर्थिक पक्ष भी सम्मिलित था, चाहे वह कुटीर उद्योग या ग्राम्य स्वावलंबन का दर्शन हो या फिर जातिवाद के विषाक्त वातावरण से भारतीय जन को मुक्ति देने का संकल्प हो। यही स्थिति सन् 1857 की क्रांति के संदर्भ में भी देखी जा सकती है। हम यह मान लेते हैं कि वह ब्रिटिश साम्राज्य से मुक्ति का राजनीतिक तथा सैनिक अभियान था, पर ऐसा नहीं है। वह हमारी समग्र राष्ट्रीय चेतना को प्रकट कर रहा था। यह कहना भी गलत होगा कि क्रांति असफल रही। सत्य यह है कि यह क्रांति देश में आत्मावलोकन की प्रेरणा बनी। इतिहास में जाएँगे तो ज्ञात होगा कि इस क्रांति के पश्चात् ही देश में अनेक सामाजिक आंदोलनों का शुभारंभ हुआ। इस प्रकार से सन् 1857 के विद्रोह को केवल हम राजनीति या सत्ता परिवर्तन की दृष्टि से नहीं देख सकते।

देश के सामने समस्या यह भी रही है कि क्रांति के इतिहास को वस्तुपरक प्रस्तुत नहीं किया जा सका। इस क्रांति में केवल बंदूक क्रांति ही नहीं थी, बल्कि एक वैचारिक क्रांति भी थी, जो पत्रकारों और समाज-सुधारकों द्वारा की जा रही थी। समाज का प्रबुद्ध वर्ग यह अनुभव करने लगा था कि हमारी परतंत्रता के पीछे हमारा उदासीन राष्ट्रीय व्यवहार और चरित्र है। यह वह समय था, जब अतीत के प्रति गौरवगान द्वारा आत्मसम्मान को जाग्रत् करने का कार्य भी चल रहा था, लेकिन इतिहास के विशाल ग्रंथों में ऐसे पत्रकारों तथा विचारकों के नाम गायब हैं। गए

अच्छी बात है कि मेरठ की क्रांतिधरा से ही उन महान् पत्रकारों तथा विचारकों के स्मरण तथा सम्मान का प्रयास किया गया।

इतिहासकारों ने इतिहास की पुस्तकों में मेरठ की इस पावन धरती पर बहुत अन्याय किया है, लेकिन यह खुशी भी है कि अनेक प्रसारणीय माध्यमों ने इस दिशा में काम करना आरंभ किया है। कम्युनिटी रेडियो की इसमें महत्त्वपूर्ण भूमिका है। स्थानीय इतिहास पर शोधपरक कार्य और आनेवाली पीढ़ियों को संप्रेषित करना बहुत अच्छा है। मुझे ऐसा लगता है कि आप लोगों में से कई लोगों को जानकारी भी होगी 'डिशअफेक्सन अगेंस्ट द ब्रिटिश' के बारे में। अगर आपने ब्रिटिश सेना के खिलाफ नफरत पैदा करने की कोशिश की तो आपके खिलाफ काररवाई की जाएगी। अमेरिका और यूरोप में जो पत्रिका और लेख छपता था, जो आजादी के पक्ष में था, ऐसे लेखों को, जो मानव अधिकारों की बात करते थे, इस तरह के लेखों को वे प्रकाशित करते थे। स्वतंत्रता पूर्व की भारतीय पत्रकारिता प्रतिबंध युक्त होने पर भी मार्ग की खोज कर लेती थी। उनके पास एक बहाना होता था। सीधे-सीधे बोलते थे—'देखिए, हमने तो अंग्रेजी अखबारों से निकालकर इसे प्रकाशित किया है।' दूसरा तरीका उन्होंने अपनाया, वे किसी भी कीमत पर समझौता नहीं करना चाहते थे। एक स्थिति संतुलन बनाने की भी थी। हमारा अखबार बंद न हो और साथ-ही-साथ हम अपने मिशन में कामयाब हों, इसलिए वे लगे रहे! इसके लिए मध्यम मार्ग को स्वीकार किया। 1975 में जब आपातकाल लागू हुआ था तो शायद इतनी समझ लोगों में नहीं थी। समाचार-पत्रों का चरित्र और वाणी दोनों ही बदल गए। यह स्थिति हम आजादी से पहले के परिवेश में नहीं देखते। इस स्थिति पर आडवाणीजी ने टिप्पणी करते हुए कहा था कि जब उनको झुकने के लिए कहा गया तो वे रेंगने लगे। लेकिन 1857 के दौरान और 1947 तक भी रेंगनेवाले कभी भी हालात नहीं आए।

तीसरी महत्त्वपूर्ण चीज जो रही है, वह यह है कि संपादक के महत्त्व का पराभव हो रहा है। संपादक केवल अनिवार्यता है, लेकिन मीडिया में उसकी भूमिका और सम्मान कम होता जा सहा है। संपादक का स्थान खत्म होता जा रहा है। मार्केटिंग और कॉमर्शियल डिपार्टमेंट राज करने लगे हैं, तय करने लगे हैं कि क्या समाचार जाएगा, क्या नहीं जाएगा? एक ऐसे समय में हमारे गौरवपूर्ण इतिहास में मीडियाकर्मियों के लिए संपादकीय संस्थान का कितना महत्त्व था, एक और

महत्त्वपूर्ण चीज है। आज के संदर्भ में उस वक्त की पत्रकारिता को देखते हैं तो मैं समझता हूँ कि बहुत जरूरी है इस बात को याद रखना कि सुधार और समाज में जागरूकता पैदा करना, अलग-अलग विषयों को लेकर स्वतंत्रता का एक अलग ही नजरिया नजर आता है।

उस वक्त के पत्रकार सामाजिक परिवर्तन के लिए कार्य कर रहे थे। वर्तमान मीडिया में वह भाव नहीं है, मीडिया नितांत व्यावसायिक हो गया है, लोक-शिक्षण और जागरूकता का दायित्व-बोध लगभग समाप्त है। आज हम मात्र आलोचना के मूड में आ गए हैं, मीडिया का जो मैंडेट है, उसके अनुरूप नहीं है। उस वक्त में, चाहे राजा राममोहन रॉय ने जो शुरू किया, तब से लेकर गांधीजी के माध्यम से समाज में जो कुरीतियाँ हैं, उनके खिलाफ लोगों के बीच में जागरूकता फैलाई। एक जागरूक जनता ही गलत कहने का साहस कर सकती है। उनके अंदर सामाजिक जागरूकता, ज्ञान और बदलाव की जरूरत है! आज बड़े अफसोस के साथ कहना पड़ रहा है कि किसी विषय को लेकर मीडिया समाज को पुरागामी बनाते हुए दिख रहा है, न कि समाज का नेतृत्व करते हुए। बहुत अफसोस की बात है कि इस स्थिति पर कह दिया जाता है कि समाज जो देखना चाहता है, हम वही दिखा रहे हैं। उस वक्त की बात की जाए तो जो हमारे संपादक थे, वे स्वतंत्रता सेनानी भी थे। वे इस दिशा में नहीं चलते थे। उनके लिए सबसे महत्त्वपूर्ण था कि समाज में कैसे बदलाव लाना है, कैसे सोच में बदलाव लाना है ? एक और विषय है, जिसके बारे में बात करना जरूरी है—एक मिशनरी थी, आज हम मशीनरी की बात करते हैं। यह मिशनरी से मशीनरी में जो परिवर्तन आया है, उस वक्त की पत्रकारिता हमारे लिए आज भी एक सीख देती है। पत्रकारिता का जो मूल धर्म है, वह मुनाफा कमाना नहीं था। इसका एकमात्र उद्‌देश्य है—समाज में बदलाव लाना, समाज को जागरूक करना और संग्राम के लिए तैयार रहना। ऐसे मुख्य बिंदु 1853 में प्रकाशित हुए एक अखबार की काफी महत्त्वपूर्ण भूमिका रही है, जो काफी महत्त्वपूर्ण थी, उसका नाम 'हिंदी प्रदीप' था।

अंग्रेजों को लगता था कि वे यहाँ शिक्षा लेकर आए और हम सब अंधकार में थे, हम सब अज्ञानी थे, हमें किसी चीज की जानकारी नहीं थी और गोरों ने आकर हमें सुधारा, हमें शिक्षा प्रदान की। उस कालखंड के अखबारों की लोकप्रियता और उनके प्रभाव से यह साबित हो जाता है कि उस वक्त की आम जनता भी अपने

मस्तिष्क से पूर्ण शिक्षित थी और ऐसा बिल्कुल भी नहीं था कि वे बिल्कुल अनपढ़-गँवार थे, जैसाकि अंग्रेजों ने प्रस्तुत करने की कोशिश की। अंग्रेजी शिक्षा के आने के बाद ही लोग शिक्षित हुए, ऐसा बिल्कुल नहीं था। विश्वसनीयता बहुत बड़ी चीज है। गांधीजी से लेकर 1857 के पीछे की तरफ लेकर चले जाएँगे तो आपको यही मिलेगा कि अखबार पर लोग विश्वास रखते थे। लोग मानते थे कि अगर अखबार में लिखा है तो यह सत्य ही होगा। यह जो विश्वास था, शायद आज नहीं है। एक विश्वास बनाए रहना सबसे ज्यादा जरूरी है। गांधीजी अगर उपवास पर बैठ जाते थे तो पूरे देश में कहीं पर अगर हिंसा की घटनाएँ हो रही हैं तो वे बंद हो जाती थीं। सिर्फ उनका एक उपवास भारतवर्ष के लोगों तक पहुँच जाता था, जबकि उस वक्त न टीवी था, न सोशल मीडिया; इसलिए 1857 स्वतंत्रता से लेकर स्वतंत्रता संग्राम तक पूरे इतिहास को जब हम देखेंगे तो साफ हो जाता है कि वह कितना विश्वसनीय था। भविष्य के सरोकारों के लिए आह हमें पत्रकारिता की उसी विश्वसनीयता को बनाए रखना है।

आज की पत्रकारिता के लिए आजादी से पहले की पत्रकारिता प्रेरणा का कारण हो सकती है। उस समय के पत्रकार विचार-योद्धा थे। ऐसा अब क्यों नहीं हो सकता, यह विचारणीय है।

□

3

1857 की पृष्ठभूमि और हिंदी पत्रकारिता

—डॉ. बिजेंद्र कुमार

हिंदी पत्रकारिता जिस रूप में आज दिखाई दे रही है, उसकी तुलना अगर 1857 के समय की पत्रकारिता से की जाए तो उसे 'शैशवकालीन हिंदी पत्रकारिता' ही कहना समीचीन होगा, लेकिन अपने शैशवकाल में भी जितना औपनिवेशिक शोषण-दमन के विरोध का स्वर उसमें विद्यमान है, वह न केवल अनुकरणीय और वंदनीय है, वरन् राष्ट्रवाद के जो मापदंड उसने स्थापित किए, वे आज की पत्रकारिता के लिए पैरामीटर का काम करते दिखाई देते हैं। भाव से लेकर भाषा तक के प्रत्येक मोर्चे पर एक-से-एक नए आयाम स्थापित करने और आगे बढ़ने का जज्बा 1857 की समकालीन हिंदी पत्रकारिता में दिखाई देता है। इस दौर की हिंदी पत्रकारिता को समझने के लिए इसकी पड़ताल करनी अनिवार्य है।

1857 की समकालीन हिंदी पत्रकारिता एक ओर अपने शुरुआती दौर में अस्तित्व के लिए संघर्षशील होती दिखाई पड़ती है, दूसरी ओर राष्ट्र, समाज और जन-जीवन की धड़कन उसमें प्रवाहमान होने लगती है। यह ऐसा समय था, जब देश राजनीतिक रूप से एक विदेशी शोषक ईस्ट इंडिया कंपनी के पैरों के नीचे रौंदा जा रहा था। सन् 1765 की प्लासी की लड़ाई के बाद बंगाल, बिहार और उड़ीसा की दीवानी मिलने से कंपनी को राजस्व उगाहने का अधिकार प्राप्त हुआ, जिसके कारण कंपनी की कमजोर होती आर्थिक स्थिति को एक बड़ा सहारा मिला। कंपनी ने इस अवसर का लाभ खुद को मजबूत करने और अपने साम्राज्य का विस्तार करने में लगाया। भारतीय कृषि व्यवस्था के ढाँचे और कृषि संबंधों को बदले बिना कंपनी लूट और शोषण की पुख्ता व्यवस्था नहीं कर सकती थी। कंपनी के द्वारा कृषि संबंधों पर टिके भारतीय ग्रामीण जीवन के आत्मनिर्भर ढाँचे, लघु उद्योग-धंधे व स्वदेशी को नष्ट किए बिना ऐसा संभव नहीं था। कृषि को निजी संपत्ति बना दिया गया। उपनिवेशवादी हितों और औद्योगिक क्रांति उत्पादित माल की खपत के लिए ऐसा करना जरूरी था। कच्चे माल की आवाजाही के लिए संरचनात्मक परिवर्तन

किए गए। खेती-किसानी में जमींदार, सामंत और उनके कारिंदों का एक बिचौलिया शोषक वर्ग खड़ा हो गया था, जो जबरन वसूली, लूट और दमन करने में भी नहीं हिचकता था। कर्ज चुकाने के लिए कर्ज लेना किसान की नियति बन गई। साहूकार और महाजन ईस्ट इंडिया कंपनी की नई व्यवस्था के महत्त्वपूर्ण अंग बन गए। कर्ज लगान आधारित नई कृषि व्यवस्था में थे। अत: साहूकार, महाजन, वित्तपोषक और उपनिवेशवादी व्यवस्था की अनिवार्य आवश्यकता बने। टूटती-बिखरती परंपरागत आत्मनिर्भर ग्रामीण कृषि व्यवस्था से गरीब किसान, शिल्पकार और छोटे-छोटे हस्तकलाओं पर जीवनयापन करनेवाली बहुसंख्यक जनता का जीवन जीना दूभर होता जा रहा था। इसकी शुरुआती नींव 1793 के स्थायी बंदोबस्त ने रख दी थी, जिसने किसानों के स्वावलंबी जीवन को समाप्त करने की शुरुआत की। किसानों पर कर्ज और लगान बढ़ता चला गया। घर-परिवार की जीविका चलाना दूभर होता जा रहा था। इस समय पड़े अकाल और टैक्स ने, खासकर किसानों की परेशानी और बढ़ा दी। ईस्ट इंडिया के शासन के दौरान 1770 से 1857 के बीच 12 भारी अकाल पड़े। अकालों की संख्या समयोपरांत बढ़ती गई और इसी के साथ इनकी विभीषिका भी। 1800 ई. और 1850 ई. के बीच करीब 14 लाख लोग अकाल से मरे। ऐसे समय में किसानों के पास बगावत के सिवा कोई रास्ता नहीं था।

1. भारत का किसान आंदोलन : जमींदारी प्रथा के बाद कृषि व्यवस्था को नियंत्रित करने के लिए रैयतवाड़ी और महालवाड़ी जैसी राजस्व उगाही की नई व्यवस्था अपनाई गई। यह व्यवस्था उपनिवेशवादी जमींदार और साहूकार के हितों को साधनेवाली साबित हुई। बढ़ती मालगुजारी और कर्जे के कारण किसानों के लिए खेती पर निर्वाह करना कठिन होता जा रहा था। वे अकसर कर्ज और लगान चुकाने में असमर्थ होने लगे, परिणामस्वरूप खेतों से किसानों की बेदखली का सिलसिला शुरू होने लगा। राजस्व उगाही में होनेवाली क्रूर बेदखली, कठोर प्रशासनिक नियंत्रण और शोषण ने किसान को मजदूर बनने पर मजबूर कर दिया। खेती-किसानी से संबंध रखनेवाले किसान खेती से दूर कर दिए गए तो इसकी प्रतिक्रिया स्वाभाविक थी। इसलिए बिहार और उड़ीसा के आदिवासी समाज ने हिम्मत दिखाई तथा बेदखली और शोषण के विरुद्ध आवाज उठाई। 'आँकड़ों के मुताबिक, 1764 और 1793 के बीच अंग्रेजी राज में भूमि का लगान 8 लाख से बढ़कर 28 लाख रुपए हो गया। जमींदारों ने इससे भी बढ़कर मालगुजारी रियाया

(कर) वसूली की। अत: रियाया का शोषण न केवल सरकार के बढ़ते लगान से हुआ, बल्कि जमींदारों ने मालगुजारी बढ़ाकर भी बहुत अधिक शोषण किया।'

2. भारत का किसान आंदोलन : ईस्ट इंडिया कंपनी ने परंपरागत भारतीय आर्थिक, राजनीतिक, प्रशासनिक न्यायिक, शैक्षिक और कृषि व्यवस्था को अपने निहितार्थ के चलते अनुकूल किया। नई व्यवस्था लूट, शोषण और दमन पर आधारित थी। शिक्षा का पश्चिमीकरण और बाजार आधारित अर्थव्यवस्था बनाने के पीछे औपनिवेशिक तंत्र को मजबूत करने का एजेंडा ही कार्य कर रहा था। इसका भारतीय समाज और लोगों की जीवन-शैली पर प्रभाव पड़ना स्वाभाविक था।

औद्योगीकरण के परिणामस्वरूप बढ़ते शहरीकरण के कारण इंग्लैंड और भारत के शहरों में उत्पादों की पूर्ति के लिए किसानों को जबरन व्यावसायिक फसल पैदा करने के लिए विवश किया गया। इसमें स्वदेशी और स्वावलंबी भारतीय ढाँचे की अपूरणीय क्षति हुई। 1857 के संग्राम में इन सभी कारकों ने महत्त्वपूर्ण भूमिका निभाई। किसान-मजदूर सभी की आर्थिक स्थिति खस्ताहाल हो गई थी। 1857 की समकालीन हिंदी पत्रकारिता में इनकी चिंता के स्वर सुनाई पड़ते हैं। चूँकि पत्रकारिता इस समय एक तरह का व्यक्तिगत उपक्रम और मिशन के रूप में अपने को ढालने में लगी थी, इसलिए उसे ईस्ट इंडिया कंपनी के कोपभाजन का शिकार भी होना पड़ा। कंपनी ने भाषायी पत्रकारिता को नियंत्रित करने और उसकी आवाज को दबाने के प्रयास 1780 में जेम्स ऑगस्टस हिक्की के 'कलकत्ता एडवरटाइजर' के समय से ही आरंभ हो गए थे। हिक्की ने कंपनी के भ्रष्टाचार को उजागर करने का प्रयास किया तो उन्हें इसके लिए उत्पीड़न सहना पड़ा।

भारत में 1857 से पूर्व की प्रेस दो ध्रुवों में बँटी दिखाई देती है—पहली, भारतीय भाषाओं में प्रकाशित होनेवाले पत्र-पत्रिकाएँ तथा दूसरी, अंग्रेजी सत्ता द्वारा पोषित अंग्रेजी पत्र-पत्रिकाएँ। अंग्रेजी पत्रकारिता ईस्ट इंडिया कंपनी के हितों की पोषक थी, जबकि भारतीय पत्र-पत्रिकाएँ भारतीय जीवन की धड़कन को स्वर देने का प्रयास कर रही थीं। ईस्ट इंडिया कंपनी शुरू से ही भारतीय भाषायी प्रेस पर न तो विश्वास करती थी, बल्कि उसके विकास के रास्ते में कानून की अड़चनें भी समय-समय पर खड़ी करती रही। लॉर्ड वेलेस्ली ने प्रेस को नियंत्रित करने के लिए 1799 में कई नियम लागू किए। इसमें प्रत्येक संपादक और प्रेस संचालक को अपने नाम-पते की सूचना सरकार को देना अनिवार्य कर दिया गया। पत्रों के लिए

सरकारी नियंत्रण को अनिवार्य कर दिया गया। वस्तुत: यह भारतीय प्रेस पर लगाम लगाने के लिए किया गया था, क्योंकि भाषायी प्रेस के प्रभाव से ईस्ट इंडिया कंपनी के अधिकारी परेशान होने लगे थे। प्रेस के माध्यम से जो जानकारियाँ जनता के बीच जाने लगी थीं, वे कंपनी के हित में नहीं थीं। कंपनी की छवि प्रेस में प्रकाशित खबरों से प्रभावित होने लगी थी, इसलिए प्रेस को कठोरता से नियंत्रित करने का प्रयास किया गया। 1857 की समकालीन परिस्थितियों में प्रकाशित गोपनीय पत्रों का भी विशेष महत्त्व है, जिनमें कंपनी की कारगुजारियाँ जनता के बीच पहुँच रही थीं, इसमें कंपनी के लाउड हाउस रींगस ने इन कठोर नियमों में थोड़ी ढील दी। उन्होंने प्रकाशन पूर्व सरकारी नियंत्रण को समाप्त कर दिया। जॉन एडम ने 1823 में पहली बार प्रेस अधिनियम जारी कर सरकार से लाइसेंस लेना अनिवार्य कर दिया। वे प्रेस को जब्त करने के अधिकार को लागू कर एवं प्रेस की ताकत को नियंत्रित करना चाहते थे, क्योंकि वे प्रेस को ईस्ट इंडिया कंपनी के लिए बड़ा खतरा मानते थे। प्रिंटिंग प्रेस की स्थापना पर भी जॉन एडम ने नियंत्रण स्थापित किया। सरकार को ऐसे अधिकार मिल गए कि वह कभी भी प्रेस को जब्त कर सकती थी। 1857 के दौरान बंगाल राजनीति, अर्थव्यवस्था और सांस्कृतिक गतिविधियों का केंद्र बन चुका था। पश्चिमी के प्रसार-प्रचार से जिस बुद्धिजीवी वर्ग का उदय हुआ, वह देश की सामाजिक, सांस्कृतिक और रूढ़ियों को लेकर अत्यंत चिंतित था। उसने इन परिस्थितियों को बदलने के लिए सामाजिक, धार्मिक, सांस्कृतिक व राजनीतिक स्तर पर तो प्रयास किए ही हैं, इसके साथ ही पत्र-पत्रिकाएँ निकालकर भी आवाज उठाई। राजा राममोहन रॉय, स्वामी दयानंद सरस्वती, महात्मा फुले और केशवचंद्र सेन आदि का नाम 19वीं सदी के समाज-सुधारकों में प्रभावी तौर पर लिया जाता है। उन्हें सामाजिक रूढ़ियों व धार्मिक अंधविश्वासों के विरुद्ध तत्कालीन परिस्थितियों में कठिन संघर्ष करना पड़ा। स्त्री शिक्षा की बात करना भी अत्यंत चुनौतीपूर्ण कार्य था, लेकिन महात्मा फुले और सावित्री बाई फुले ने स्त्री शिक्षा के इस चुनौतिपूर्ण कार्य को स्वयं अपने हाथों में लिया और स्त्री शिक्षा को विकट परिस्थितियों में आगे बढ़ाया। राजा राममोहन रॉय ने 'ब्रह्मनिकल मैगजीन', 'संवाद कम्युनिटी' और 'रत्न अखबार' नाम से कई भाषा में पत्र निकाले। 'मिरात-उल-अखबार' को अंग्रेजी शासन का कोपभाजन बनना पड़ा। हिंदी 30 मई, 1830 को प्रकाशित हिंदी भाषा का प्रथम पत्र कहा जानेवाला 'उदंत मार्तंड' अधिक समय तक नहीं चल पाया।

इसके उपरांत भी हिंदी पत्र-पत्रिकाओं का जो क्रम आरंभ हुआ, वह अनवरत जारी है। 1800 से 1857 के 'बंगदूत', 'समाचार सुधावर्षण', 'बनारस अखबार' और 'पयाम-ए-आजादी' जैसे पत्र प्रकाशित हुए। इनमें देश, प्रेस, स्वदेशी, समाज सुधार और राष्ट्रीयता जैसे विषयों पर चर्चा होती थी। राजा राममोहन रॉय का दृढ़ विश्वास था कि देश सेवा और राष्ट्रीय उन्नति के लिए समाज-सुधार के साथ ज्ञान-विज्ञान का अध्ययन और प्रचार की आवश्यकता है। उन्होंने कहा कि राष्ट्रीयता के प्रचार की आवश्यकता है। 1857 की समकालीन हिंदी पत्रकारिता में शिमला अखबार, मालवा अखबार, मार्तंड जगदीश, जगदीपक, भास्कर, सुधारक, बुद्धि प्रकाश और श्यामसुंदर सेन के संपादन में प्रकाशित 'समाचार सुधावर्षण' पर 1854 का प्रभाव था। 'समाचार सुधावर्षण' को हिंदी का पहला दैनिक पत्र माना जाता है। 1857 के संग्राम के सेनानी अजीमुल्ला खान के 'पयाम-ए-आजादी' का नाम उल्लेखनीय है, जो राष्ट्रीय प्रेम का वाहक बना। इस पत्र ने शोषणकारी ईस्ट इंडिया कंपनी की कारगुजारी पर कठोर प्रहार किया। देश-प्रेम, राष्ट्रीयता और क्रांति का प्रचार करने पर 'पयाम-ए-आजादी' को इंडिया कंपनी का कोपभाजन बनना पड़ा। इस पत्र के विचार और भाषा आग उगलनेवाली थी। 'पयाम-ए-आजादी' की निम्न पंक्तियाँ अवलोकनीय हैं—

"आज ऐसा मंत्र मारा
लूटा दोनों हाथों से
प्यारा वतन हमारा,
आजाद शहीदों ने तुमको
अहले वतन हमारा,
तोड़ो गुलामी की जंजीरें
बरसाओ अंगारा,
हिंदू, मुसलमान सिख हमारा
भाई-भाई प्यारा,
आजादी का झंडा
इसे सलाम हमारा।"

प्रेस के राष्ट्रीय स्वर को मुखर होते देखकर ईस्ट इंडिया कंपनी ने उसकी आवाज दबाने में कोई कसर नहीं छोड़ी। 13 जून, 1857 को लॉर्ड कैनिंग ने गैगिंग

ऐक्ट लागू कर प्रेस का गला घोंटने का काम किया। इस ऐक्ट में बिना पूर्व अनुमति के प्रेस की स्थापना नहीं की जा सकती थी। 1857 के विद्रोह में प्रेस की भूमिका को ऐसे ही काले कानूनों द्वारा समाप्त करना कंपनी को आवश्यक नजर आने लगा था, लेकिन उसने 1857 में देखा था कि देश-प्रेम, स्वतंत्रता, स्वदेशी की भावना की जो ज्वाला उत्पन्न की थी, उसने आनेवाले समय में बड़ी भूमिका निभाई। 1857 के संग्राम के पश्चात् शासन की बागडोर ईस्ट इंडिया कंपनी के हाथों से निकल ब्रिटिश संसद् के अधीन आ गई थी। विद्रोह को बुरी तरह से कुचल दिया गया था। पुलिस प्रशासन के दमन और अत्याचारों का असर कालांतर में भारतेंदु युगीन हिंदी पत्रकारिता पर भी दिखाई देता है। जनता में डर का माहौल पसर गया, शोषण और अत्याचार का सिलसिला अनवरत जारी रहा, प्रेस की आवाज थोड़ी देर के लिए दब गई। 1857 ने कई चीजों में बदलाव किया 'फूट डालो, शासन करो' की नीति ब्रिटिश शासकों ने शुरू की। छोटे-छोटे रजवाड़े और नाममात्र के जमींदार तक ब्रिटिश शासन के साथ खड़े हो गए। राजनीतिक विरोध का स्वर समाप्त हो गया। भारतेंदु युगीन पत्रकारिता में एक संतुलित और सधा हुआ नजरिया दिखाई देता है। उन्होंने एक ओर अंग्रेजी शासन व्यवस्था की कुछ मामलों में प्रशंसा की तो दूसरी ओर अकाल, टैक्स, महँगाई, बेकारी और गरीबी को लेकर उसकी आलोचना भी की। शिक्षा, अंधविश्वास, स्वदेशी, भारत दुर्दशा को उन्होंने विमर्श का केंद्र बनाया। भारतेंदु और उनके सहयोगी पत्रकारों की समझदार, संतुलित एवं समान रणनीति के कारण ब्रिटिश शासन के कोपभाजन से बच सके। पूर्ण रूप से खुलकर विरोध करना न तो संभव था और न ही व्यावहारिक। खुले विरोध से कोई नजरिया निकलने की संभावना देखकर ही उन्होंने प्रशंसा और आलोचना का संतुलित मार्ग अपनाया। भारतेंदु ने हिंदी भाषा को गद्य के रूप में स्थापित करने में महत्त्वपूर्ण भूमिका निभाई। 'हरिश्चंद्र चंद्रिका' के एक लेख का शीर्षक था—'हिंदी नई चाल में ढली'। वस्तुतः 1857 और आसपास का समय भारतीय भाषाओं की प्रेस, विशेषतः हिंदी प्रेस के लिए किसी अग्निपरीक्षा से कम नहीं थी। हिंदी प्रेस ने अपनी शुरुआत से ही जो स्वतंत्रता का एजेंडा दिया था, उसको निरंतर स्वतंत्रताप्राप्ति तक जारी रखा गया। इसके लिए पत्रकारों ने अनेक पीड़ा सहीं। 1857 की पत्रकारिता अपने स्वभाव, प्रकृति और प्रभावपूर्ण देश-प्रेम तथा स्वतंत्रता की भावना से ओत-प्रोत है। □

4

10 मई, 1857 की क्रांति व मेरठ

—डॉ. कृष्णकांत शर्मा

मेरठ एक प्राचीन और ऐतिहासिक नगर है। यहाँ का इतिहास रामायण और महाभारत जितना प्राचीन माना जाता है। स्वतंत्रता आंदोलन के इतिहास में भी मेरठ का स्थान अग्रणी रहा है। प्रथम स्वतंत्रता संग्राम या 1857 की क्रांति का प्रारंभ इसी मेरठ की भूमि से हुआ। इस क्रांति के प्रारंभ को लेकर कुछ भ्रांतियाँ भी हैं। कुछ लोग भ्रमवश यह समझते हैं कि मंगल पांडे द्वारा 10 मई, 1857 को मेरठ से क्रांति प्रारंभ की गई थी, परंतु यह ऐतिहासिक सत्य नहीं है, क्योंकि मंगल पांडेजी ने बैरकपुर छावनी, जो बंगाल में स्थित है, वहाँ कारतूस का विरोध किया था और 8 अप्रैल, 1857 को उन्हें बैरकपुर में फाँसी पर चढ़ा दिया गया। अतः मंगल पांडे की शहादत 8 अप्रैल की है, जबकि मेरठ की क्रांति 10 मई को प्रारंभ होती है। तब प्रश्न यह उठता है कि वे कौन लोग थे, जिन्होंने 10 मई को मेरठ से क्रांति का प्रारंभ किया? उनके विषय में चर्चा करना अत्यंत आवश्यक है। मेरठ में क्रांति की घटनाओं से एक माह पूर्व एक साधु लगभग 10-12 अप्रैल को मेरठ के सूरजकुंड नामक स्थान पर आकर अपना डेरा जमाते हैं। किसी साधु का कहीं आना कोई अप्रत्याशित घटना नहीं है, फिर यह साधु क्यों महत्त्वपूर्ण था? इसका कारण यह है कि उनसे मिलने सामान्य नागरिकों से अधिक उस समय की अंग्रेजी सेना के भारतीय सिपाही आते थे। इसी कारण संभवतः तत्कालीन मेरठ के कलेक्टर ने आदेश दिया कि इस साधु के डेरे को सूरजकुंड से हटा दिया जाए। तहसीलदार ने उन्हें वहाँ से हटने का आदेश दिया, परंतु लगता है कि अंग्रेज अधिकारी साधु के प्रति ज्यादा गंभीर नहीं थे, क्योंकि वे यह नहीं देखते कि वे यहाँ से कहाँ जाते हैं? यह साधु सूरजकुंड से सैनिकों की लाइन में रहने चले जाते हैं। इस बात का प्रमाण विलियम्स द्वारा दिए गए नैरेटिव में मिलता है, जिसमें एक सागर नामक ब्राह्मण यह कहता है कि उसने क्रांति से कुछ समय पूर्व इस साधु को लाइन में अपने 20-25 अनुयायियों के साथ देखा था। अतः यह साधु सूरजकुंड से

उठकर सैनिकों के साथ ही रह रहे थे। वस्तुतः जो लोग मानते हैं कि 10 मई को अचानक क्रांति हो गई, वे भ्रम में हैं कि ये साधु मेरठ में क्रांति की विचारधारा को लेकर आए थे और उस विचार को न केवल सैनिकों के बीच, बल्कि मेरठ और उसके आसपास के लोगों तक पहुँचाने का काम किया था। इसी कारण साधु के आने के बाद ही बैरकों में अग्निकांड की घटनाएँ शुरू हो जाती हैं।

23 अप्रैल, 1857 को मेरठ स्थित तीसरी अश्वारोही सेना के सैनिक यह प्रण करते हैं कि वे चर्बीयुक्त कारतूस का प्रयोग नहीं करेंगे। हिंदू गंगाजल और मुसलमान कुरान की कसम खाते हैं। जब इस बात का पता तीसरी अश्वारोही सेना के अधिकारी कर्नल कारमाइकल स्मिथ को चलता है तो वह अगले दिन परेड बुलाता है, जिसमें वह सैनिकों से कहता है कि कारतूसों का प्रयोग बिना मुँह से छीले किया जा सकता है, अतः सभी सैनिक इसका प्रयोग करें, परंतु परेड में उपस्थित 90 में से 85 सैनिक कारतूस का प्रयोग करने से इनकार कर देते हैं। वह उन्हें चेतावनी देता है कि सेना में अवज्ञा का परिणाम उन्हें भुगतना होगा। 85 सैनिकों को गिरफ्तार कर लिया जाता है और उनका कोर्ट मार्शल कर दिया जाता है। 9 मई को एक बार पुनः परेड बुलाकर इन 85 सैनिकों को सजा सुनाई जाती है। परेड ग्राउंड में इन 85 सैनिकों के अतिरिक्त अन्य भारतीय सैनिक निःशस्त्र खड़े किए जाते हैं, वहाँ तोप भी लगाई जाती हैं और अंग्रेज सैनिकों को शस्त्रों के साथ खड़ा किया जाता है। लोहार को बुलाया जाता है, क्योंकि उस समय हथकड़ी व बेड़ी लोहार द्वारा ठोककर पहनाई जाती थी। सैनिकों की वरदी फाड़ दी जाती है। यह एक अपमानजनक कार्य था, जो अंग्रेजी अधिकारियों ने उनकी सेवा के बदले उनके साथ किया था। वे स्मिथ को गालियाँ देते हैं और अपने साथियों से कहते हैं कि उनके साथ इसलिए यह व्यवहार किया जा रहा है, क्योंकि वे अपने धर्म की रक्षा कर रहे हैं। अन्य भारतीय सैनिक अपमान का घूँट पीकर रह जाते हैं, क्योंकि वे निःशास्त्र थे और कुछ कर नहीं पाते। इन 85 सैनिकों को विक्टोरिया पार्क स्थित नई जेल में बंद कर दिया जाता है।

85 सैनिकों के नाम

हवलदार मातादीन	जुरखान सिंह (द्वितीय)	कादर दाद खान
शेख पीर अली (नायक)	अब्दुल्ला खान	शेख रुस्तम
अमीर कुदख अली (नायक)	ईसैन खान	भगवान सिंह
शेख हुसैनदीन (नायक)	जबरदस्त खान	मीर इमदाद अली
शेख नूर मोहम्मद (नायक)	मुर्तजा खान	शिव बक्श सिंह
शीतल सिंह	बरजूर सिंह	लक्ष्मण सिंह
जहाँगीर खानमीर मौसिमा अली	अजीमुल्ला खान (प्रथम)	शेख इमाम बख्श
अली नूर खानामीर हुसैन बख्श	अजीमुल्ला खान (द्वितीय)	उस्मान खान
मथुरा सिंह	काला खान	दरयाव सिंह
नारायण सिंहलाल सिंह	शेख सादुल्ला	मकसूद अली खान
श्योदान सिंह	सलार बख्श खान	शेख गवास बख्श
शेख हुसैन बख्श	शेख अख्तर अली	शेख उम्मेद अली
साहिबादाद खान	द्वारका सिंह	अब्दुल वहाब खान
बिशन सिंह	कालका सिंह	राम सहाय सिंह
बलदेव सिंह	रघुवीर सिंह	पनाह अली खान
शेख नुंदू	बलदेव सिंह	लक्ष्मण दुबे
नवाब खान	दर्शन सिंह	राम सरन सिंह
शेख रमज्ञान अली	इमदाद हुसैन	शेख ख्वाजा अली
अली मोहम्मद खान	पीर खान (प्रथम)	शिव सिंह
मक्खन सिंह	मोती सिंह	शीतल सिंह
दुर्गा सिंह (प्रथम)	शैख फजुल इमामा	मोहन सिंह
नसरुल्ला बेग	हीरा सिंह	बिलायत अली खान
महराब खान	सेवा सिंह	शेख मोहम्मद ख्वाज
दुर्गा सिंह (द्वितीय)	मुराद शेरखान	इंदर सिंह
नवी बख्श खान	शेख आराम अली	फतह खान
जुरखान सिंह (प्रथम)	काशी सिंह	मैकू सिंह
नुवजू खान	अशरफ अली खान	शेख कासम अली
		राम चरन सिंह

10 मई को मेरठ में अजीब सा वातावरण था। उस दिन रविवार था। छुट्टी का दिन था। जो भारतीय अंग्रेजों के यहाँ काम करते थे, वे 10 मई को काम के लिए नहीं पहुँचते, क्योंकि शायद उन्हें ज्ञात था कि क्या होनेवाला है! कर्मचारियों का अंग्रेजों के यहाँ न पहुँचना भी यह विदित कराता है कि यह कोई अचानक हुई क्रांति नहीं है, बल्कि मेरठ की जनता को यह पता था कि क्या होनेवाला है! 10 मई को शाम को भारतीय सैनिक सदर बाजार में घूम रहे होते हैं, वहाँ ढोलकी मोहल्ला है, जहाँ वेश्या रहती थीं। वेश्याएँ भारतीय सिपाहियों को ताना मारती हैं कि तुम्हारे साथी तो जेल में बंद हैं और तुम यहाँ बाजारों में घूम रहे हो? कहा जाता है कि इन सिपाहियों पर ये वेश्याएँ चूड़ियाँ भी फेंक देती हैं। यह घटना यह प्रमाणित करने के लिए काफी है कि यह कोई सैनिक विद्रोह नहीं है, अपितु भारतीय जनमानस के मन में उठनेवाली क्रांति है, क्योंकि जिन वेश्याओं को हम समाज की अंतिम पंक्ति में रखते हैं, वे भी संभवत: अंग्रेजों के विरुद्ध इस महायज्ञ में सम्मिलित थीं, क्योंकि उनके व्यंग्यों के उपरांत ही सैनिकों के भीतर छुपी ज्वाला बाहर प्रकट हो जाती है और मेरठ में क्रांति का प्रारंभ हो जाता है। मेरठ में बीसवीं पैदल सेना व ग्यारहवीं पैदल सेना के सैनिकों ने क्रांति कर दी। क्रांति सदर बाजार से प्रारंभ हुई। क्रांतिकारियों का सबसे पहला शिकार कर्नल फिनिश बने, जोकि ग्यारहवीं पैदल सेना के अधिकारी थे और उन्होंने परेड ग्राउंड में बीसवीं पैदल सेना के सिपाहियों को नियंत्रित करने की कोशिश की। सिपाहियों ने उनकी कोई बात नहीं मानी और उन पर गोली चला दी। उसके उपरांत कैप्टन मैकडॉनल्ड क्रांतिकारियों के निशाना बने। मि. डीगियर, जो शिक्षा विभाग के अधिकारी थे और गलती से लाइंस की तरफ आ गए थे, क्रांतिकारियों का निशाना बने। इस घटना से पूर्व ही मेरठ शहर और बाजार में यहाँ के लोग लाठी, तलवार और भाले लेकर इकट्ठा हो गए थे। लोगों ने, जो अंग्रेज बाजार गए थे, उन पर आक्रमण कर दिया। इसके अलावा, जो पुलिस कैंट के कर्मचारियों की वरदी में थे, उन पर भी हमला कर दिया। तीसरी अश्वारोही सेना, जिनके सिपाहियों को नई जेल में बंद किया था, उनके साथी बैरकों से निकले और सीधे विक्टोरिया पार्क स्थित जेल पहुँच गए। जेल तोड़कर उन्होंने अपने साथियों को आजाद कराया। वे अपने साथ लोहार भी ले गए थे, उनकी हथकड़ी और बेड़ी को काटने के लिए। इस तरह यह 85 सैनिक 10 मई की शाम को उस जेल से आजाद हो गए। मेरा मानना है कि

यह वे 85 सैनिक थे, जिन्होंने शायद पहली बार यह अनुभव किया कि स्वतंत्रता क्या होती है ? उसके उपरांत यह सैनिक सोहराब गेट व शाह पीर गेट होते हुए यह कहते हुए दिल्ली की ओर चले कि 'हिंदू-मुसलिम भाइयो, हमारे साथ आओ, हम धर्म का युद्ध लड़ रहे हैं सरकार के विरुद्ध।'

मेरठ में शाम तक आसपास के गाँव के लोग, जिनमें नूर नगर, लिसड़ी, पांचली, घाट, नगला, गगोल, परीक्षितगढ़ आदि आसपास के अनेक गाँवों के लोग पहुँच गए। इन लोगों का पहुँचना भी इस बात का परिचायक है कि इन ग्रामीणों को क्रांति के विषय में पूर्व सूचना थी, इसलिए क्रांति के इस स्फुटन के कुछ ही घंटों के अंदर विभिन्न गाँवों से ग्रामीण चलकर मेरठ पहुँचे और उन्होंने यहाँ पहुँचकर अंग्रेजों के शोषण के प्रतीक तहसील, जज की कोर्ट सबको आग के हवाले कर दिया। इसके अलावा जो भी अंग्रेज मिला, उस पर हमला कर दिया। इन ग्रामीणों ने पहले 7:00 बजे के आसपास 300-400 सैनिकों के साथ मिलकर केसरगंज मंडी में एक पुरानी जेल थी, वहाँ हमला किया और वहाँ से लगभग 720 कैदियों को आजाद करा दिया। रात्रि में लगभग 2:00 बजे के आसपास इन ग्रामीणों ने नई जेल, जो विक्टोरिया पार्क में थी, उस पर हमला किया और लगभग 800 से अधिक कैदियों को वहाँ से मुक्त कराया। वहाँ के जेलर ने यह बयान दिया कि उस उग्र भीड़ ने जेल को नेस्तनाबूद कर दिया, जो वे ले जा सकते थे, ले गए और बाकी जेल में आग लगा दी। इस तरह से ग्रामीण क्रांतिकारी, मेरठ के निवासी और सैनिकों ने मिलकर मेरठ में अंग्रेजी सत्ता के व शोषण के प्रतीक जेल, तहसील, कोर्ट इन सब को नेस्तनाबूद कर दिया। कमिश्नर के बँगले पर भी इन लोगों ने हमला किया। कमिश्नर अपनी पत्नी व एक अन्य महिला सहित छत पर छुप गया। क्रांतिकारी जब आए तो उसके सेवकों ने कहा कि वह चर्च गया है। उसके बाद क्रांतिकारियों ने उसके बँगले को भी आग के हवाले कर दिया। परंतु क्रांतिकारियों के जाने के बाद उसके सेवक ने कमिश्नर को सीढ़ी से नीचे उतार दिया और सारी रात एक बगीचे में उसकी रक्षा की। अंग्रेज लिखते हैं कि पुरानी जेल के आसपास जो लाश मिली, उन पर तलवारों से बुरी तरह से वार किए गए थे और उनके टुकड़े-टुकड़े कर दिए गए थे, जबकि परेड ग्राउंड में केवल गोली मारी गई थी। इसका कारण यह है कि पुरानी जेल शहर के पास है, अतः इस क्षेत्र पर आक्रमण ग्रामीणों व मेरठ के लोगों ने किया था। ऐसा लगता है कि ये लोग

अंग्रेजों से अत्यधिक नफरत करते थे व इसका कारण 100 वर्षों से अंग्रेजों द्वारा किया गया शोषण व अमानवीय व्यवहार था।

मेरठ में उस समय पुलिस में दो भारतीय कोतवाल थे—एक धन सिंह और दूसरे बिशन सिंह। धन सिंह मेरठ के समीप ही पांचली गाँव के रहनेवाले थे। धन सिंह ने 10 मई को क्रांतिकारियों का साथ दिया था। अंग्रेजों ने स्वयं यह वर्णन किया है कि आसपास के गाँव के लोग धन सिंह के बुलाने पर ही मेरठ पहुँचे थे। अंग्रेजों का मानना था कि यदि धन सिंह कोतवाल ने अपने कर्तव्य का निर्वाह ठीक प्रकार से किया होता तो संभवत: मेरठ में जनता को भड़कने से रोका जा सकता था। अत: धन सिंह ने क्रांतिकारियों का साथ दिया था। दूसरे कोतवाल बिशन सिंह थे। क्रांति के उपरांत अंग्रेज आसपास के गाँवों को कुचलना चाहते थे। इसी कारण गगोल पर आक्रमण करने के लिए अंग्रेजी सेना को रास्ता बताने का काम कोतवाल विशन सिंह को सौंपा गया। बिशन सिंह का मन क्रांतिकारियों के साथ था, इसलिए उन्होंने इसकी सूचना पहले ही गगोल के ग्रामीणों को दे दी और जानबूझकर अंग्रेजी सेना को थोड़ी देरी भी कराई, जिससे गगोल गाँव के लोग वहाँ से सुरक्षित निकल सकें। सेना जब गगोल पहुँचती है तो देखती है कि गाँव में कोई नहीं है, अत: उनका आक्रमण असफल हो जाता है। उसके उपरांत बिशन सिंह हरियाणा चले जाते हैं और वहाँ अंग्रेजों के विरुद्ध लड़ते हुए शहीद हो जाते हैं।

जो लोग यह मानते हैं कि 1857 की क्रांति केवल एक सैनिक विद्रोह थी, तो उन्हें यह समझना होगा कि अगर यह केवल सैनिक विद्रोह होती तो मेरठ में 10 मई की घटना के उपरांत यह भारतीय सैनिक इधर-उधर भाग जाते, कोई अपने गाँव जाता, कोई रिश्तेदारों के यहाँ या कोई अन्यत्र कहीं जाता, क्योंकि उनकी कोई योजना नहीं होती; परंतु 10 मई की क्रांति के उपरांत मेरठ से इन सभी सैनिकों ने एक स्वर में यह नारा दिया 'दिल्ली चलो' व सभी सैनिक विभिन्न रास्तों से होते हुए दिल्ली पहुँचे। इसका अर्थ है कि इन क्रांति करनेवाले वीर सेनानियों और मेरठ व आसपास के ग्रामीणों के मन-मस्तिष्क में स्पष्ट था कि क्रांति के उपरांत दिल्ली के लाल किले पर भारतीय सत्ता को पुन: स्थापित करना है। इसी कारण 10 मई की क्रांति के उपरांत सैनिक ग्रामीणों के साथ मिलकर दिल्ली पहुँचते हैं और 11 मई को दिल्ली के लाल किले पर अधिकार करते हुए बहादुर शाह जफर को भारत का

स्वतंत्र बादशाह घोषित कर देते हैं। 1857 में लाल किले पर स्वतंत्रता की उद्घोषणा के कारण आज भी हम अपना स्वतंत्रता दिवस इस लाल किले पर ध्वजारोहण के साथ गर्व से मनाते हैं।

संदर्भ

1. 'मेरठ गजेटियर', 1904।
2. सर्विस एंड एडवेंचर ऑफ खाकी रिसाला—Muyi।
3. 'नेरेटिव ऑफ इवेंट्स अटेंडिंग द आउट ब्रेक ऑफ डिस्टरबेंसिस एंड दे रेस्टोरेशन ऑफ अथॉरिटी इन डिस्ट्रिक्ट मेरठ', 1857–58।
4. 'इंडियन मूटीनी ऑफ 1857', जी.बी. मल्लेसोन।

□

5

लोकगीतों में प्रथम स्वतंत्रता संग्राम

—डॉ. सत्यप्रिय पांडेय

भारत के प्रथम मुक्ति संग्राम '1857 के विद्रोह' की अनुगूँज आज भी लोकगीतों में सुनी जा सकती है। इस मुक्ति संग्राम में भारत के किसान, सामंत, राजा, सैनिक, कारीगर सब शामिल थे। यह देशव्यापी आंदोलन था। यद्यपि इस तथ्य को धूमिल करने के लिए इसके प्रतिपाठ भी तैयार किए गए। मसलन कुछ इतिहासकारों ने इसे सैनिक विद्रोह कहा तो किसी ने सामंतों का विद्रोह कहकर इसकी शक्ति एवं इसकी व्यापकता को सीमित करते हुए इसे असंगठित आंदोलन की संज्ञा दे डाली। किंतु लोकचेतना में धड़कनेवाले लोकगीतों की अनुगूँज एवं इनकी अर्थ छवियों को नकारा नहीं जा सकता है। ये गीत इस बात के गवाह हैं कि इस ऐतिहासिक संग्राम में तत्कालीन जनमानस ने बढ़-चढ़कर हिस्सा लिया था। इतना ही नहीं, वे अपने प्राण-पण से उसमें सन्नद्ध रहे। ये गीत अंग्रेजी साम्राज्यवाद के अत्याचारों के प्रतिरोध के जीवंत दस्तावेज हैं। इन गीतों की ताकत इस रूप में भी है कि जहाँ तत्कालीन साहित्य में इस संग्राम को लेकर लगभग चुप्पी ही दिखाई पड़ती है, वहीं इन गीतों में आंदोलन का स्वर मुखर रूप में सुना जा सकता है।

भारतेंदु बाबू हरिश्चंद्र ने अंग्रेजों की बर्बरता की झाँकी प्रस्तुत करते हुए लिखा—

'कठिन सिपाही द्रोह अनल जा जन बल नासी,
तिन भय सिर न हिलाय सकत कहूँ भारतवासी।'

सिपाही विद्रोह के समय भारतेंदु हरिश्चंद्र की उम्र मात्र 7 वर्ष थी और इस घटना के 10 वर्ष बाद तक इसकी स्मृति की ताजगी वैसी-की-वैसी बने रहना, धूमिल न पड़ना विद्रोह की विकरालता का ही प्रमाण है। यह इतना ज्वलंत विद्रोह था, जिसे भारतेंदु का बालमन अगले 10 वर्ष तक बिसार न सका।

डॉ. रामविलास शर्मा ने भारतेंदु की स्मृति पर लिखा—'सिपाही-विद्रोह भयानक अग्निकांड के समान था। अंग्रेजों ने उसे पानी से शांत कर दिया, लेकिन

इसका परिणाम यह हुआ कि अंग्रेजों के डर के मारे यहाँ के लोग सिर भी न हिला सकते थे। गदर के बारे में खुलकर लिखना संभव नहीं था। उसकी स्मृति इसी तरह सुरक्षित रखी जा सकती थी।' इन गीतों की ताकत का अंदाजा इस बात से लगाया जा सकता है कि ऐसे कठिन माहौल में, ऐसे दमनकारी दौर में ये गीत न केवल लिखे गए, बल्कि लोगों की जुबान पर होते थे। इन गीतों ने इतिहास की अधूरी एवं अनर्गल व्याख्याओं को भी आईना दिखाने का काम किया। जो इतिहासकार इस संग्राम को सैनिक विद्रोह, सामंतों का विद्रोह कहते रहे हैं, वे इन गीतों को देखकर अपनी राय मुकम्मल कर सकते हैं। डॉ. रामविलास शर्मा ने ऐसे ही इतिहासकारों को चुनौती देते हुए इन गीतों की ताकत को दिखाते हुए लिखा—'सन् 1857 का स्वाधीनता संग्राम हमारा जातीय संग्राम था। इसका सबसे बड़ा प्रमाण यह है कि जितने लोकगीत विभिन्न जनपदों में हमारे यहाँ रचे गए, उतने अन्य प्रदेशों में कुल मिलाकर भी नहीं रचे गए।' इससे हिंदी प्रदेशों की शक्ति का पता चलता है। यही नहीं, डॉ. शर्मा ने इस आंदोलन के महत्त्व को रेखांकित करते हुए, इसे 'हिंदी प्रदेश का नवजागरण' कहा है। अंग्रेजी शासन ने भारत को दरिद्र बनाकर छोड़ दिया था। यहाँ भयानक भुखमरी फैली हुई थी, लोगों को रोटी के लाले पड़े थे। आम जनता की हालत यह थी कि वह रोटी पर नमक लगाकर खाने को मजबूर थी। अवधी में एक कहावत संभवत: अंग्रेजी शासन में ही बनी होगी, जिसमें कहा जाता है—'सरी-सरी जोलहिन पियाज रोटी खायं', यानी जिनकी कोई औकात नहीं है, ऐसी जोलहीन भी पियाज और रोटी खा रही है। अब इससे यह साफ है कि उस समय प्याज कितनी बड़ी चीज हो गई थी! रोटी पर प्याज होना बड़ी बात समझी जाती थी, अन्यथा कहावत नहीं बनी होती।

इसी पेट की ज्वाला ने, अन्न-वस्त्र की फटेहाली ने आम जनता को बगावत करने पर मजबूर किया, स्वाधीनता की छटपटाहट पैदा हुई और अंग्रेजी साम्राज्य का जुआ उतार फेंक देने का संकल्प पैदा हुआ। इस स्वाधीनता आंदोलन में जाति-पाँत, ऊँच-नीच और गरीब अमीर का भेदभाव भुलाकर समूचा भारतीय समाज शामिल हुआ। यह किसी वर्ग या जाति विशेष अथवा धर्म विशेष के स्वार्थ पर आधारित नहीं था, बल्कि समूचे हिंदुस्तान को आजाद कराने की छटपटाहट से संचालित हुआ। इसका व्यापक संदर्भ देते हुए डॉ. रामविलास शर्मा ने एक स्वतंत्र पुस्तक ही लिख डाली है, जिसका नाम है—'सन् 1857 राज्यक्रांति और मार्क्सवाद'। यह प्रथम स्वाधीनता आंदोलन भारत के इतिहास में स्वर्णाक्षरों में लिखे जाने योग्य है।

यह युद्ध भारतीय वीरों के रक्त से लिखा हुआ है। भारतीय जनता की अगाध शक्ति का प्रदर्शन देख अंग्रेजी शासन के रोंगटे खड़े हो गए। सवाल इसकी सफलता अथवा असफलता का नहीं है (यह तो इतिहासकारों की मुडफुटौल का मामला है, महत्त्वपूर्ण बात यह है कि पहली बार भारत की जनता ने सम्मिलित होकर एक स्वर से अंग्रेजी साम्राज्य को जोरदार चुनौती दी और यह साबित कर दिया कि अंग्रेजो! अब तुम्हारा यहाँ रह पाना मुश्किल है। दरअसल इसी चेतना के प्रसार का ही तो महत्त्व है और यही स्वर हमारे इन लोकगीतों में अभिव्यक्त हुए हैं। वैसे तो यह संग्राम केवल हिंदी प्रदेशों में ही नहीं, वरन् समग्र भारत के अलग-अलग हिस्सों में लड़ा गया था, किंतु हम मुख्य रूप से अवध के संग्राम पर ही अपनी चर्चा को केंद्रित रखेंगे। इस संग्राम में अवध का संग्राम ऐतिहासिक महत्त्व रखता है। अंग्रेजों को अवध में सबसे जोरदार चुनौती मिली। एक-सवा वर्ष तक अवध के सामंतों, लोकनायकों ने उनके छक्के छुड़ा रखे थे। यहाँ घर-घर मैदान हो गया था और बच्चा-बच्चा उसमें अपने प्राणों की आहुति देने को तत्पर था—

भीरा केरी लंदन लागि निसानी।
सन् सत्तावन भारत बिगड़यो गौरमिंट घबरानी।
बिगड़ उठी झाँसी कै सेरनी लक्ष्मीबाई मरदानी।
राना का सबजा रनपति की हथनी मचलानी।
अवध बीच जब आए फिरंगी घर-घर में मैदानी।

भीरा का निशाना लंदन तक लगा हुआ है। सन् 1857 में भारत में रोष प्रकट हुआ, जिससे अंग्रेजी सरकार घबरा उठी। इस युद्ध में झाँसी की रानी लक्ष्मीबाई ने बड़ा ही भयंकर युद्ध किया। इसमें राना (राना बेनी माधव बख्श) का घोड़ा और नरपति सिंह के हाथी मचल उठे, अर्थात् राना और नरपति सिंह ने अत्यंत रोमांचक युद्ध किया। जब फिरंगी (अंग्रेज) अवध में लड़ने आए तो यहाँ घर-घर में मैदान बना हुआ था। राना बेनी माधव बख्श रायबरेली के शंकरपुर के पास भीरा गाँव के थे। उन्होंने अंग्रेजों से बड़ा ही जोरदार युद्ध किया। वे बड़े ही वीर और युद्ध कौशल में पारंगत योद्धा थे। राना ने गुरिल्ला पद्धति से युद्ध करके अंग्रेजों को न केवल पस्त कर दिया था, बल्कि अंग्रेज उनकी इस कौतुकपूर्ण युद्ध कला से बड़े ही अचंभित थे। उपयुक्त गीत में राना के शौर्य का वर्णन हुआ है। हिंदी के प्रसिद्ध लेखक अमृतलाल नागर ने इस गीत को संकलित कर प्रकाश में लाने का महत्त्वपूर्ण कार्य

किया है। उन्होंने अपनी पुस्तक 'गदर के फूल' में 1857 की दास्तान को अवध क्षेत्र में घूम-घूमकर एकत्र करने का बड़ा ही श्रमसाध्य कार्य किया है। नागरजी का कार्य प्रारंभिक होने के साथ-साथ अत्यंत मूल्यवान् भी है। यह संग्राम अवध के चप्पे-चप्पे में लड़ा गया था। अवध का कोई हिस्सा इससे अछूता नहीं था। लखनऊ के साथ-साथ सीतापुर, बाराबंकी, हरदोई, बहराइच, रायबरेली, प्रतापगढ़, फैजाबाद, सुल्तानपुर, गोंडा, अमेठी सहित अवध के तमाम हिस्सों में संग्राम हुए थे और अंग्रेजी सेना को करारी चुनौती दी गई थी। राना बेनी माधव बख्श की वीरता पर आधारित एक और गीत का उल्लेख नागरजी ने अपनी पुस्तक में किया है। यह गीत अत्यंत महत्त्वपूर्ण है और अत्यंत प्रचलित भी। इसमें राना की वीरता का वर्णन इस प्रकार हुआ है—

अवध मां राना भयो मरदाना।
पहिल लड़ाई भई बक्सर मां सेमरी के मैदाना।
हुवां से जाए पुरवा मां जीत्यो तबै लाट घबड़ाना।
नक्की मिले मान सिंह मिलिगे मिले सुदर्शन काना।
छत्री बंस एक न मिलिहैं जानै सकल जहाना।
भाई बंध औ कुटुम कबीला सबका करौ सलामा।
तुम तो जाए मिल्यो गोरन ते हमका हैं भगवाना।
हाथ मां भाला बगल सिरोही घोड़ा चले मस्ताना।
कहैं 'दुलारे' सुन मोर प्यारे यों राना कियो पायाना।

यह वीरतापरक गीत दुलारे कवि का लिखा हुआ है। इसमें राना बेनी माधव बख्श के अप्रतिम शौर्य का वर्णन हुआ है। अवध में राना नाम का एक वीर हुआ, जिसने कई युद्ध लड़े। पहला युद्ध बक्सर के सेमरी मैदान में हुआ। वहाँ से जाकर उसने पुरवा (तहसील, जो कानपुर और लखनऊ के बीच में पड़ती है) में अंग्रेजों पर विजय प्राप्त की। यह प्रदर्शन देखकर अंग्रेज घबरा गए। नक्की, मानसिंह और सुदर्शन अंग्रेजों से जा मिले। क्षत्रिय वंश का एक भी व्यक्ति अंग्रेजों से नहीं मिला, यह सब जानते हैं। युद्ध पर चलने से पूर्व राना अपने भाई-बंधु, परिवार सबको प्रणाम करते हैं और कहते हैं—'तुम तो अंग्रेजों से जा मिले, हमको भगवान् का भरोसा है।' यह कहते हुए राना हाथ में भाला लेकर, घोड़े पर सवार होकर मस्ती में निकल पड़े। दुलारे कवि कहते हैं—'इस तरह से राना ने युद्ध के लिए प्रस्थान

किया। ऐतिहासिक तथ्य है कि राना बेनी माधव बख्श अवध के उन वीरों में थे, जिन्होंने अंत तक हार नहीं मानी और निरंतर अंग्रेजों से मुठभेड़ करते रहे। बड़े पैमाने पर फौजें इकट्ठी करके कभी पुरवा में, कभी नरपति सिंह के साथ और कभी बेगम के साथ मिलकर अंग्रेजी सेनाओं को मुँहतोड़ जवाब दिया। राना ने अनगिनत युद्ध किए और अविश्वसनीय साहस और कौशल का प्रमाण दिया। अंग्रेज उनसे थर्राते थे। उनकी युद्ध नीति और युद्ध कौशल का लोहा मानते थे। बेनी माधव ने अवध के नवाब के प्रति वफादारी दिखाते हुए यह संकल्प लिया था कि वे कभी अंग्रेजों के समक्ष समर्पण नहीं करेंगे। अंग्रेज अधिकारी सर कॉलिन ने उन्हें समर्पण का प्रस्ताव भेजा, किंतु बड़ी वीरता के साथ राना ने उसे ठुकराते हुए यह उत्तर दिया कि 'मैं अपने नवाब के प्रति उत्तरदायी हूँ, न कि फिरंगियों के प्रति'।' राना की इसी वीरता को उपर्युक्त गीत में दुलारे कवि ने बड़े ही सुंदर ढंग से अभिव्यक्त किया है। राना बेनी माधव बख्श की वीरता और उनके बलिदान का वर्णन करनेवाला एक और गीत नागरजी ने अपनी पुस्तक 'गदर के फूल' में दिया है। ये गीत इस प्रकार है—

करिके सबको बखाना चल्यौ गयो जग से राना।
पहिल लड़ाई लड़्यो भीरा मां, दूसर सिमरी मुकामा।
तीसर धावा भा पुरवा मां गया बिलाइति बखाना।
लाट सुनि कै घबराना।
लाट साहेब ने लिखा परवाना राना तुम मिल जाना।
जल्दी हाजिर होउ बक्सर मां काहे फिरत दिवाना।
राना पढ़ि के मुसकाना॥
राना बुलाइन आपन बिरादर सबको करत बखाना।
तुम तौ जाए मिले गोरन ते हमका हैं भगवाना।
करब अपना मनमाना।
मारपीटि के राना निकरिगे गौरन मन खिसियाना।
भगवतदास कहैं कर जोरे अमल करै भगवाना।
भजो मन रामै रामा
चल्यो गयो जग से राना।

राना के अभूतपूर्व युद्ध कौशल और उनकी वीरता के समक्ष अंग्रेज भयभीत

थे। वे राना को तरह-तरह से प्रलोभन दे रहे थे, किंतु राना बेनी माधव ने कोई समझौता नहीं किया। गीत में बार-बार एक पंक्ति आती है—'तुम तो जाए मिले गोरन ते', यही बड़ी भारी विडंबना थी कि राना के आसपास के लोग, उनके खास कहे जानेवाले भी अंग्रेजों से जा मिले, किंतु राना इस पर भी पीछे नहीं हटते हैं, बल्कि यह कहकर कि हमारे साथ भगवान् है और मैं अपने मन की करूँगा, वे अंग्रेजों का डटकर मुकाबला करते हैं और अंत तक समर्पण नहीं करते हैं। राना का साहस, उनका पराक्रम अविस्मरणीय है। कई लोकगीतों में तरह-तरह से राना की वीरता के किस्सों का वर्णन हुआ है। वे प्रथम स्वाधीनता संग्राम के महानायक थे। उनका त्याग, उनका साहस और उनके दुर्जेय शक्ति स्वर्णाक्षरों में लिखे जाने योग्य है। ऐसे ही जननायकों की कुरबानियों से ही 1857 का इतिहास रचा गया है। इन गीतों में उन्हीं स्मृतियों को हम पाते हैं। हमारे लोक-कवियों की लेखनी ने इन महानायकों की स्मृतियों को कितना सहेजकर रखा है, यह हम इन गीतों में देख सकते हैं। जिसे इतिहास ओझल कर देता हैं, उसे लोक-जीवंत रखता है। इन गीतों के बारे में यह बात सोलह आने सच है।

गोंडा से राजा देवी बख्श सिंह ने युद्ध किया। उनकी वीरता के किस्से आज भी सुने जाते हैं। उनकी वीरता की दास्तान की चर्चा नागरजी ने अपनी पुस्तक 'गदर के फूल' में इस प्रकार की है—'सन् 1856 में अवध के अंग्रेजी राज्य में मिलाए जाने के बाद जो घटनाएँ सन् 1857 में हुईं, उसमें देवी बख्श बेगम का शपथबद्ध साथी हुआ। कहा जाता है कि उस दौरान में एक बार घाघरा के इस पार राजा देवी बख्श सेना सहित कैंप कर रहे थे और उस पार अंग्रेजी सेनापति पहुँचा। उसने राजा देवी बख्श से कहलवाया कि यदि वह बेगम का साथ छोड़ दे तो उनका राज्य जब्त नहीं किया जाएगा। देवी बख्श ने कहा कि 'वह शरीर रहते अपनी माता का साथ नहीं छोड़ सकता' इस प्रकार राजा देवी बख्श सिंह ने विद्रोह का झंडा ऊँचा रखा।' देवी बख्श की वीरता का वर्णन करता हुआ एक गीत और देखें, जिसमें उनके द्वारा अंग्रेजों को करारी चुनौती देने का वर्णन मिलता है। यह गीत नागरजी ने उद्धृत किया है—

गोंडा शहर ते पल्टन चलिगै लमती कहैं तकायि रहे।
तम्मू के ऊपर तागू काढ़िगै तम्मू तम्मू छायि रहे।
जाए फौज लमती गां पहुँची मार-मार डिंड़ियाय रहे।

पक्का यक-यक मनै का गोला साँचा यहैं ढरायि रहे
फौज के मालिक मानसिंह और तोप के पुरैया।
दागे तोप दइयु अस गरजे फाटि झरारा नैया।
हज्जारों गोरा बहि गए चिल्लाते बप्पा दइया।
अंग्रेज के मेम बोली राजा धन-धन तोरी मैया।
भागि चलो बिल्लाइत साहेब, आजा से पार न पैया।

गोंडा शहर से सेना लमती के लिए चल पड़ी। वहाँ तंबू-ही-तंबू पड़ा हुआ था। सारी फौज 'मारो-मारो' की रट लगाए हुए थी। एक-एक मन का गोला ढाला जा रहा था। फौज के मालिक मानसिंह और तोप चलानेवाले बड़े-बड़े भारी-भारी गोले दाग रहे थे। गोले की आवाज ऐसे सुनाई पड़ती थी, मानो बादल गरज रहा हो और बाढ़ आ गई हो, जिसमें हजारोहजार गोरे अंग्रेज माई-बाप कहते-कहते बह गए, यानी मर गए। अंग्रेजी मेम ने कहा, 'हे राजा! तुम्हारी माँ धन्य है, जिसने तुम्हारे जैसा वीर पुत्र पैदा किया है।' वह मेम अपने अंग्रेज पति से कहती है, 'साहब! अपने देश भाग चलो, इस राजा से पार पाना असंभव है।' हमारे लोकनायकों ने अंग्रेजी फौजों के घुटने टिकवा दिए थे। इन वीरों को अंग्रेज अधिकारियों ने अपनी तरफ मिलाने के लिए भरसक प्रयत्न भी किए, किंतु जो वास्तव में देशभक्त थे, जिन्हें मातृभूमि से अगाध प्रेम था, उन्होंने अपनी वसुधा की रक्षा के लिए अंग्रेजों के प्रलोभन को न केवल ठुकराया, बल्कि उन्हें मुँहतोड़ उत्तर दिया; किंतु कुछ देशद्रोही ऐसे भी थे, जिन्होंने अंग्रेजों के स्वामी भक्त बने रहकर अपनी धरती से गद्दारी भी की। बाद में उनको उनके किए की सजा भी मिली। हालाँकि ऐसे गद्दारों की वजह से युद्ध में कमजोरी आई, अन्यथा परिणाम कुछ और होते। बहरहाल, इस युद्ध में अपने प्राणों की बाजी लगा देनेवाले सेनानियों की स्मृति हमें हमारी परंपरा के वीर-बाँकुरे आल्हा ऊदल की स्मृति में खींच ले जाती है। कुछ गीत आल्हा की तर्ज पर लिखे गए थे। इनमें से एक गीत, जो 'गदर के फूल' में संकलित है, यहाँ उद्धृत किया जा रहा है—

बिच ओबरी के मैदनवा मां साहब लोगन किहिन पड़ाव।
देस के राजा एक ठौरी होइगे लै ले रामचंद्र का नांव।
तोपैं गरजी अँगरेजन की धरती अगिनि दिहिन बरसाय।
जेहिके लागै तोप का गोला ऊकी धजा सरग मँडराय।

भागा राजा बौंडी वाला जेंहिका हरदत्त सिंह था नांव।
भागा राजा चरदा वाला जेंहिका जोत सिंह था नांव।
राजा कहिए चहलारी वाला जेहिके बांट परी तरवार।
व्याह क कंगना कर मां बाजै लक्खी मौर देय बहार।

इस गीत में चहलारी के राजा की वीरता का वर्णन किया गया है। बौंडी के राजा हरदत्त सिंह (हरदत्त सहाय) और चरदा के राजा जोत सिंह भाग खड़े हुए। यह दोनों डटकर मुकाबला नहीं कर पाए। इन्होंने कायरता दिखाई। ये राजा थोड़े ही कहे जाएँगे। राजा तो वास्तव में चहलारी के राजा को ही कहा जाएगा, जिन्होंने बड़ी वीरता एवं पराक्रम से युद्ध किया। गीत में अंतर्ध्वनि सुनी जा सकती है कि चहलारी के राजा विवाह करके लौटे थे और रास्ते में ही मुठभेड़ हो गई। उन्होंने सिर पर मौर पहना हुआ था, किंतु वहीं उन्होंने शत्रु का डटकर मुकाबला किया और युद्ध जीता। ये गीत अन्य बोलियों में भी प्राप्त होते हैं। भोजपुरी में भी इसी तरह के वीरतापरक गीतों में अपने लोकनायकों को याद किया गया है। अवध के साथ-साथ वहाँ भी संग्राम लड़ा जा रहा था। चाहे वह शाहाबाद के कुँवर सिंह का युद्ध हो अथवा बलिया के मंगल पांडे का संग्राम हो, इन वीरों को भोजपुरी में बड़े ही आदर के साथ स्मरण किया गया है। भोजपुरी के कवि प्रसिद्ध नारायण सिंह का एक ऐसा ही गीत मिला है, जोकि श्री दुर्गाशंकर प्रसाद सिंह की पुस्तक 'भोजपुरी के कवि और काव्य' में संकलित है। इसमें मंगल पांडे और कुँवर सिंह की वीरता का बहुत ही रोमांचक वर्णन हुआ है—

जब सत्तावनि के रारि भइलि, वीरन के बीर पुकार भइलि।
बलिया का 'मंगल पांडे' के बलिबेदी से ललकार भइलि।
मंगल मस्ती में चूर चलल, पहिला बागी मशहूर चलल।
गोरन का पलटनि के आगे, बलिया के बाँका शूर चलल।
भोजपुर के तप्पा जाग चलल, मस्ती में गावत राग चलल।
बाँका सेनानी कुँवर सिंह आगे फहरावत पाग चलल।
बैरी के धीरज छूटि गइल, जनु घड़ा पाप के फूटि गइल।
रन से सब सेना भागि चललि, हर ओर मोरचा टूटि गइल।

कुँवर सिंह की वीरता का वर्णन करनेवाला एक और गीत देखें, जिसे डॉ.

रामविलास शर्मा ने 'कुँवर सिंह : एक अध्ययन' पुस्तक के उद्धृत किया है। यह पुस्तक भोजपुरी लेखक दुर्शाशंकर प्रसाद सिंह की है—

बबुआ असी हो बरीस के उमिरिया हो ना।
बबुआ थर-थर काँपे जा कर मुड़िया हो ना।
बबुआ बकुला के पांखि अइसन केशिया हो ना।
बबुआ गिरि गइलो जाह दिन बतिसिया हो ना।
बबुआ, ओही दिन दादा लेले तरुअरिया हो ना।

जैसे अवध में राना बेनी माधव बख्श ने अंग्रेजों के छक्के छुड़ा रखे थे, वैसे ही बिहार के शाहाबाद के कुँवर सिंह ने अंग्रेजी सेना को कई बार बड़ी ही जोरदार शिकस्त दी। कुँवर सिंह भोजपुरी जनमानस के लोकनायक हैं। उनकी वीरता और उनके बलिदान की गाथा आज भी सुनाई जाती है। भोजपुरी का बड़ा ही प्रसिद्ध गीत, जो आज भी होली के अवसर पर सबसे पहले गाया जाता है, वह कुँवर सिंह की स्मृति को ही समर्पित है। गीत देखें—

बाबू कुँवर सिंह तोहरे राजबिनु, अब न रंगइबो केसरिया।
इतते आइले घेरि फिरंगी, उतते कुँवर दुइ भाई।
गोला बरुद के चले पिचकारी, बिचवां में होत लड़ाई।

बाबू कुँवर सिंह तुम्हारे बिना अब हम केसरिया रंग नहीं रँगाएँगे। (केसरिया रंग वीरता और बलिदान का प्रतीक है)। एक तरफ जहाँ फिरंगी सेना थी, वहीं दूसरी तरफ उसको कुँवर सिंह और उनके भाई अमर सिंह जोरदार तरीके से शिकस्त दे रहे थे। गोला-बारूदों की मानो पिचकारी बरस रही हो और इस तरह दोनों पक्षों में घमासान युद्ध हो रहा था।

भोजपुरी के प्रसिद्ध लेखक श्री दुर्गाशंकर प्रसाद सिंह ने अपनी पुस्तक 'भोजपुरी लोकगीतों में करुण रस' में कुँवर सिंह की वीरता पर आधारित एक बड़ा ही श्रेष्ठ गीत उद्धृत किया है, जिसमें न केवल कुँवर सिंह के साहस और शौर्य का वर्णन है, बल्कि उसमें युद्ध से संबंधित संक्षिप्त इतिहास भी मौजूद है—

भर भोजपुर में कुँवर विरजले, रीवाँ रहल सरनिया नू॥
हाट बजरिया कवन बिसारे, के कहल सब गुनवा नू॥
बेतिया अवरू दरभंगा बाड़े, आउर बाड़े टेंकारी नू॥
जैपुर जोधपुर दूर बसेले, छोटे राना मझवली नू॥

भोजपुर में डुमराँव बसेला, उहौ बाड़े फिरंगीये नू॥
सबे बिसेन मिलि घुसे लुकइले, बाबू परला अकेला नू॥
जल्दी से जरि कागज मगाव, जल्दी पुरजा लिखवा नू॥
पूरब दिशा कलकत्ता बसेला, उहाँ लाट सहेबना नू॥
सब दिन मनलन मोर हुकुमवा, आजु सरवें रोकलनु नू॥
परयाग जी में उतरे सिपहिया, सब के कुरसी दिहलसि नू॥
उहाँ से चिट्ठी जगदीश पुर अइले, सुनि ल अमर सिंह भाई नू॥
पतिया देखि अमर सिंह रोअले, छाती मुका मरने नू॥
होवे सवारी कुँवर अमर सिंह, बिज्जू घोरा कसवलनि नू॥
उहाँ से डेरा टेकारी में दाखिल, रानी अकेल विचारे नू॥
बाबू साहब गुनावन करीला, अबका करीह अम्मर नू॥
हिंदू खातिर हम बिगड़ली, हिंदू दिहल पचलतिया नू॥

समूचे भोजपुर में कुँवर सिंह राज करते हैं कि हाट-बाजार की क्या बिसात, हर तरफ उनकी कीर्ति फैली हुई है। उनका गुण कौन कह सकता है? बेतिया, दरभंगा, टेकारी सब हैं। जैपुर और जोधपुर दूर है, छोटे राजा मझवली हैं। भोजपुर में डुमराँव है, वह फिरंगियों से मिल गया है। सारे बिसेन (ठाकुर होते हैं) छुप गए हैं, सामने नहीं आ रहे हैं और ऐसे में बाबू कुँवर सिंह अकेले पड़ गए हैं। वे कहते हैं, जल्दी से कागज लाओ और पत्र लिखो। कलकत्ता में लाट साहब (अंग्रेज) रहते हैं, वे हमेशा हमारी बात सुनते थे, किंतु आज वे मना कर रहे हैं। परयागजी (इलाहाबाद) में सिपाही आए हैं, वहाँ वे सबको राजकाज, धन-दौलत दे रहे हैं। वहाँ से अंग्रेजों ने हमारे जगदीशपुर में चिट्ठी भेजी है, 'हे भाई अमर सिंह, यह सब तुम सुनो।' पत्र देखकर अमर सिंह रोते हैं, अपनी छाती पर मुक्का मारते हैं। वे क्रोधित होकर अपने भाई कुँवर सिंह के साथ घोड़े पर चढ़कर युद्ध के लिए तैयार हो जाते हैं। वहाँ से डेरा टेकारी में डाला गया और रानी अकेली पड़ गई और विचार कर रही है। बाबू कुँवर सिंह मन में चिंतित होते हैं और सोचते हैं कि अकेले अमर सिंह क्या कर पाएँगे? वे क्षुब्ध होकर कहते हैं कि हमने हिंदुओं के लिए यह लड़ाई ली है, किंतु हिंदू हमें धोखा दे रहे हैं, वे दगा दे रहे हैं।

इसमें कुँवर सिंह की चिंता के साथ-साथ अन्य सामंतों की गद्दारी और मक्कारी भी व्यक्त हुई है। भोजपुरी के विरहा और पँवारा गीतों में कुँवर सिंह की

वीरता का बड़ा ही जबरदस्त वर्णन प्राप्त होता है। एक बिरहा गीत देखें, जिसमें कुँवर सिंह की वीरता का वर्णन हुआ है—

बबुआ बनवां बनवां खेले ले सिकरवा।
रोवे लो बनवा के हरिनिया॥
पहिल लड़इया बाबू हेतमपुर भइली।
रजवा बहेलिया दिलहे ना॥
ए··· ए··· ए··· सतरह सै सत्तासी मउजा कुछुओ न बुझले।
गढ़ लुटवाई दिहले ना॥

बाबू कुँवर सिंह वन-वन में जाकर युद्ध लड़ रहे हैं। यह कष्ट देखकर वन के जीव-जंतु भी दुःखी हैं। पहला युद्ध हेतमपुर में लड़ा गया, किंतु सारा राज्य बहेलिए को दे दिया गया है। सतरह सौ सत्तासी गाँव दे दिए गए, सारा किला लिखवा दिया गया। दरअसल इसमें डुमराँव के अंग्रेजों से मिल जाने का संदर्भ दिया गया है। डुमराँव के मिल जाने से लड़ाई में कमजोरी आई। कुँवर सिंह का साथ देनेवाला कोई नहीं था, सभी राजा सामंत अंग्रेजों के वफादार हो गए। इसी दुर्भाग्यपूर्ण घटना का उक्त गीत में वर्णन हुआ है। यह गीत श्री दुर्गाशंकर प्रसाद सिंह की उपर्युक्त पुस्तक में संकलित है।

अंग्रेज इस देश को जाति तथा धर्म के नाम पर बाँटने और इसकी एकता और अखंडता को तोड़ने की काररवाई को बराबर अंजाम देते रहे, इसमें वे काफी हद तक सफल भी हो रहे थे। वे इस देश की सिख सेनाओं को मिलाकर विद्रोह में आगे बढ़ रहे थे। हिंदू-मुसलमान के भेदभाव की नीति को बढ़ावा दे रहे थे, किंतु हमारे स्वाधीनता सेनानियों ने अंग्रेजों के इस मनसूबे पर पानी फेरने का जबरदस्त प्रयास 1857 के संग्राम में प्रस्तुत किया। इसी भाव को व्यक्त करता हुआ एक गीत श्री दुर्गाशंकर प्रसाद सिंह ने अपनी पुस्तक 'भोजपुरी के कवि और काव्य' में उद्धृत किया है। यह 'ईस' कवि का कवित्त है—

देसी ओ बिदेसी के फरक कहू राखल नाहीं,
लड़ि-लड़ि अपने में बिदेशी के जितौले बा।
गोरा सिक्ख सेना ले निडर जो चढ़ल आवे,
घर के बिभीखन भेद ध्रवे नू बतौले बा॥
तबौ न चिंता इचिको देश-प्रेम जागल बा,

हिंदू मुसलमान संग भारत मिलौले बा।
हिम्मत सिवा के बा प्रताप के प्रतिग्या 'ईस',
प्रन बा आजादी किरिया खग्ड़ के खिऔले बा॥

यह कवित्त क्रांतिकारी वीर कुँवर सिंह को समर्पित है। बाबू कुँवर सिंह ने मानो इस देश से फिरंगियों को निकालने का प्रण ले लिया था। उनमें शिवजी की वीरता और महाराणा प्रताप की अटूट प्रतिज्ञा की चेतना का ज्वलंत प्रसार था। उन्होंने आजादी की कसम खाई थी और तलवार उठाकर यह प्रण लिया था कि वे भारत भूमि को फिरंगी से शून्य कर देंगे। इसी तरह की चेतना और संकल्प से सन् सत्तावन का संग्राम संचालित था। यद्यपि अंग्रेज सिख सेनाओं, नेपाल की सेनाओं और नेपाल के राजा की मदद लेकर इस विद्रोह का दमन करने का प्रयास कर रहे थे। हमारे राजाओं और सामंतों का आपसी मतभेद अथवा उनका एकजुट होकर अंग्रेजों के विरुद्ध न खड़े होना, हमारे प्रतिरोध को कमजोरी प्रदान कर रहा था। हमारी आपसी कमजोरियाँ उनके हौसले को बढ़ा रही थीं, किंतु हमारे वीरों ने भी यह कसम खाई थी कि हम अंग्रेजों को धूल चटाने में पीछे नहीं हटेंगे। कुँवर सिंह के युद्ध ने उनके इस प्रतिज्ञा को पूरी तरह से चरितार्थ किया था। यह गीत उनकी इसी वीरता को स्मरण कर रहा है।

ऐसा उल्लेख मिलता है कि कुँवर सिंह के दाहिने हाथ में गोली लग गई थी और उसका विष सारे शरीर में न फैल जाए, इसलिए उन्होंने अपना दाहिना हाथ तलवार से काट दिया। ऐसी अप्रतिम वीरता एवं शौर्य की प्रतिमूर्ति थे कुँवर सिंह! इसी घटना पर आधारित एक गीत हमें 'साहित्य-सम्मेलन' पत्रिका में प्राप्त हुआ, जो कि डॉ. सत्यव्रत सिन्हा के ग्रंथ में संकलित है—

रामा गोली आई लागल दहिना हथवा रे ना
रामा हाथ होइ गइल बेकरवा रे ना
रामा जानिकर हाथ बेकरवा रे ना
रामा काटि दिहले लेके तरवरवा रे ना
रामा कहेले जे लेहु गंगा हथवा रे ना
रामा कहिकर उतना बचनवा रे ना
रामा डाल दिहले गंगा जी में हथवा रे ना
रामा बीर भगत के ईहै निसनवां रे ना
रामा गंगा जी के रहल नजरनवां रे ना।

बाबू कुँवर सिंह कितने अपराजेय एवं साहसी योद्धा थे, उसका प्रमाण उनके इस अचंभित कर देनेवाली घटना से लगाया जा सकता है। कुँवर सिंह ने आरा, जगदीशपुर बलिया, आजमगढ़ आदि के पास अंग्रेजी सेना से अनेक मुठभेड़ कीं और अंग्रेजी सेना को धूल चटाई। यह छापामार युद्ध कौशल से अंग्रेजों पर कहर ढा देते थे, अंग्रेज इनसे लड़ते-लड़ते थक गए थे और जीतकर भी हार गए थे। यह ऐतिहासिक तथ्य है कि संग्राम के दौरान कुँवर सिंह की उम्र 80 वर्ष थी, किंतु देशानुराग और क्षात्र धर्म की उद्दाम प्रेरणा ने उन बूढ़े हाथों में अपार शक्ति भर दी थी। कुँवर सिंह ने जिस दुर्दम युद्ध कौशल का परिचय दिया था, वह अचंभित कर देनेवाला ही नहीं, अविस्मरणीय भी है।

हमारी लोक-संस्कृति ने, लोक-कवियों ने इन स्वाधीनता संग्राम के सेनानियों की वीरता का बड़ा ही ओजस्वी वर्णन किया है। यह वर्णन भोजपुरी, अवधी, बुंदेलखंडी आदि सभी बोलियों में मिलता है। सबने अपने-अपने लोकनायकों की स्मृतियों को सहेजकर रखा है। यही हमारी लोक-संस्कृति की ताकत है। यह अपने वीरों के बलिदान, उनके त्याग एवं समर्पण को कभी नहीं भूलती, इतिहास इन्हें भले भुला दे। यही कारण है कि लक्ष्मीबाई, नाना साहब, कुँवर सिंह, राजा देवी बख्श सिंह, राना बेनी माधव बख्श की कुरबानियाँ आज तक इन लोकगीतों में दर्ज हैं। इन्हें भुलाकर हम अपनी स्वाधीनता की पहली लड़ाई को न तो ठीक से समझ सकते हैं और न ही उसके प्रति कोई मुकम्मल राय ही बना सकते हैं।

□

6

पूर्व गौरव को प्राप्त करने की जरूरत

—प्रो. (डॉ.) भगवती प्रसाद शर्मा

1857 की क्रांति से लगभग 70 से 80 वर्ष पूर्व भारत में पत्रकारिता की शुरुआत हो चुकी थी। ऐसे बहुत सारे उदाहरण हैं, जो इस बात का प्रमाण हैं। जिस 'बंगाल गजट' के कारण वारंग पर न्यायाधीश को रिश्वत देने के खिलाफ महाभियोग चला था, वह समाचार-पत्र 1780 में प्रकाशित होना प्रारंभ हुआ। इसके बाद तो जैसे पत्रकारिता के क्षेत्र में क्रांति आ गई। कोलकाता जनरल 'ब्रह्मनिकल मैगजीन', 'संवाद कौमुदी' जैसी पत्र-पत्रिकाएँ 1857 से पूर्व ही अतीत में आ चुकी थीं। पहली बार 1799 में पत्रकारिता को प्रतिबंधित करने के लिए कानून बनाया गया। इससे ज्ञात होता है कि लोक जागरण की शुरुआत शुरू से ही पत्रकारिता ने की है, तभी उसे प्रतिबंधित करने को लेकर सरकारी कदम उठाने शुरू कर दिए गए थे। सुभद्रा कुमारी चौहान ने अपनी कविता 'मैं बुंदेले हरबोलों के मुँह हमने सुनी कहानी थी' लिखा, इससे यह तात्पर्य है कि उस दौर में हमारे देश के शिक्षाविद्, विदूषक कवि जैसे लोग भी पत्रकार की ही भूमिका निभा रहे थे।

1857 की क्रांति अंग्रेजों के खिलाफ स्वतंत्रता संग्राम था, लेकिन अगर हम देखें तो अलाउद्दीन खिलजी चित्तौड़ से लेकर दूर दक्षिण तक एक भी राज्य में स्थानीय शासक नहीं रख पाया। उस समय सिसोदा से हमीर निकला था। एक छोटा सा गाँव था, जिसने चित्तौड़ को एक महान् स्वतंत्रता सेनानी दिया। सातवाहन आंध्रा में भी क्रांति की शंख गर्जना हुई। उस समय भी लोक जागरण हुआ, जिसने पूरे देश को जाग्रत् करने का कार्य किया। वह भी एक प्रकार से स्वतंत्रता की लहर थी। इससे पहले भी अगर देखें तो सिंध पर नायक सेन के आक्रमण के बाद, यहाँ तक कि राजस्थान के गेवाड़ तक जो अरबों के आक्रमण हुए थे, वह यह साबित करता है कि हमारे यहाँ अस्मिता पर हमले होते रहे हैं, लेकिन उनके खिलाफ स्वतंत्रता के लिए ऐसे जनयुद्ध होते रहे।

तात्या टोपे दरबार में एक कलर्क था। वह सैनिक नहीं था, लेकिन इसके

बावजूद इतना उत्तेजित था कि बीस हजार सेना के घुड़सवार के साथ अपनी सेना जोड़कर इस महायज्ञ में कूद पड़ा, जिसे हम '1857 की क्रांति का अंतिम स्वतंत्रता सेनानी' भी कहते हैं।

अगर इतिहास में देखें तो हमें यह समझना होगा कि आखिर अंग्रेज यहाँ आए क्यों? 1599 इंडिया में जो पुर्तगाली व्यापारी हमारे देश से काली मिर्च, गरम मसाले आदि ले जाकर बेचते थे, उन्होंने बेचने की कीमत में थोड़ा इजाफा कर दिया था। इसके बाद इंग्लैंड के समाचार-पत्रों में यह सूचना छपने लगी कि पुर्तगाली अंग्रेजों को व्यापार में ठगने लगे हैं। इसके बाद वहाँ के 124 व्यापारियों ने मिलकर एक सभा की, जिसमें वे इस समस्या के समाधान का हल निकालने में लग गए कि आखिर इन पुर्तगाली व्यापारियों से कैसे बचा जाए?

इसके बाद 16 ईसवी में ईस्ट इंडिया कंपनी की स्थापना हुई और वही कंपनी ने यहाँ आकर कार्य प्रारंभ कर दिया। शुरुआत में वे खुद पुर्तगालियों की तरह ही गरम मसाले, रेशम आदि यहाँ से ले जाते और इंग्लैंड में बेचते। दूसरी तरफ यह कंपनी इंग्लैंड से सामान भारत में लाकर बेचने का भी काम करने लगी। ऐसे में उन्होंने देश के विभिन्न हिस्सों में अपने माल को रखने के लिए बड़ी-बड़ी कोठियाँ बनाईं और उनकी सुरक्षा के लिए प्रहरियों की नियुक्ति की।

धीरे-धीरे वे यहाँ के माहौल को समझने लगे और शासकों के बीच आपसी फूट को समझते हुए उन्होंने इसका फायदा लेना शुरू किया। 1857 के ठीक 100 साल पूर्व 1757 में प्लासी का युद्ध हुआ। इस युद्ध में अंग्रेजों के साथ 3,300 सैनिक थे, जिसमें से अंग्रेज सैनिकों की संख्या सिर्फ 700 थी, जबकि अन्य 2,600 भारतीयों में से ही थे, जो अंग्रेजों की तरफ से लड़ रहे थे। दूसरी तरफ नवाब सिराजुद्दौला की सेना में 50 हजार सैनिक थे, लेकिन उसके सेनापति मीर जाफर को पैसा देकर अंग्रेजों ने अपनी तरफ मिला लिया था। इसके बाद 3,300 सैनिकों के मुकाबले 50,000 सैनिकों ने सरेंडर कर दिया। यह अंग्रेजों की एक प्रकार से पहली जीत थी। इसके बाद धीरे-धीरे वह पूरे देश पर अपना वर्चस्व बनाते चले गए।

आज के समय में कहीं-न-कहीं एक देश में सार्वजनिक चेतना को संगठित करने का जो भाव या भूमिका पत्रकारिता जगत् करता है, यानी संपूर्ण देश को एक मानव, एक मस्तिष्क बनाकर देश के प्रति प्रतिबद्धता साबित करता है।

कई बार अनेक सनसनीखेज घटनाएँ ऐसी होती हैं, जिसे हम समाज का ध्यान

आकर्षित करने के लिए या अपनी पत्र-पत्रिका को बेचने के लिए उपयोग करते हैं तथा ऐसी घटनाओं को पत्र-पत्रिकाओं में मीडिया संस्थानों द्वारा प्रमुखता से स्थान दिया जाता है। लेकिन कहीं-न-कहीं संवेदी चिंतन को दिशा देने के लिए पत्रकारों की भूमिका होनी चाहिए, यह बहुत आवश्यक हो जाता है।

1857 के स्वतंत्रता संग्राम में तथा उसके बाद के काल में पत्र-पत्रिकाओं ने जो अपना दायित्व निर्वाह किया है, उसके कारण करीब 6 बार समाचार-पत्र पत्रिकाओं के ऊपर देश में प्रतिबंध लगाए गए थे। 1836 में इंडियन पीनल कोड में धारा-110 जोड़ी गई थी, जिसमें समाचार-पत्रों में पाबंदी लगाई गई थी। इस धारा को 1860 में समाप्त किया गया। 1836 से लेकर 1860 के बीच में सभी प्रतिबंधों के उपरांत स्वाधीनता की लहर को देश में जाग्रत् रखने के लिए उस समय के पत्रकारिता जगत् ने अथक प्रयास किए। सभी कालखंडों में पत्रकारिता जगत् ने अपनी भूमिका का निर्वाह किया। 1878 में दैनिक प्रेस ऐक्ट लाया गया तथा 1898 में राजद्रोह अधिनियम लाया गया, जिसका मकसद पत्रकारिता को अपने उद्देश्य से भटकाना और दबाना था। लेकिन इन सभी परिस्थितियों में भी पत्रकारों ने अत्यंत संघर्षपूर्वक अपने पत्रकारिता के दायित्व का निर्वाह किया। उन परिस्थितियों को अगर देखा जाए तथा वर्तमान से तुलना की जाए तो वर्तमान के पत्रकारों पर या पत्रकारिता जगत् पर ऐसी कोई भी विशेष पाबंदी नहीं है। कहीं-न-कहीं पत्रकारों ने आत्मा और चेतना के आधार पर देश के लोगों के बीच में विभिन्न विषयों, चाहे वह पर्यावरण हो, राजनीति हो या अन्य मुद्दे, सही कार्य किए हैं और कर रहे हैं।

एक देश की अपनी राष्ट्रभाषा होती है, अपना राष्ट्रगीत होता है, राष्ट्रगान होता है। लेकिन हमारे देश में अब तक राष्ट्रभाषा के तौर पर हिंदी को अधिकार प्राप्त नहीं हुआ, इसके लिए भी कहीं-न-कहीं पत्रकारों को यह दायित्व उठाना चाहिए।

उस समय के स्वतंत्रता संग्राम में सभी लोगों को एकजुट करने का कार्य उस समय के पत्रकारों ने किया। उसी का परिणाम हुआ कि 1857 का संग्राम प्रारंभ हुआ। 1857 के ऐसे कई उदाहरण मिलते हैं, जो इस बात का प्रमाण हैं कि उस समय के पत्रकारिता जगत् ने संप्रेषण के माध्यम को कितना महत्त्वपूर्ण बना दिया था! जब मंगल पांडे को फाँसी देने का समय आया तो सभी जल्लादों ने उसे फाँसी देने से मना कर दिया। ऐसे में अंग्रेज अधिकारियों को कोलकाता से जल्लाद बुलाकर

मंगल पांडे को फाँसी देनी पड़ी। जल्लादों का फाँसी से मना करना कहीं-न-कहीं उस समय के सूचना माध्यम का प्रभाव ही था।

पत्रकारिता जगत् को वर्तमान में भी 1857 की क्रांति के दौरान की अपनी भूमिका की तरह ही वर्तमान में भी अपनी भूमिका निर्वाह करनी चाहिए। राष्ट्रभाषा, देश की सुरक्षा या संप्रभुता या फिर देश की अखंडता का मुद्दा हो, सभी मुद्दों पर आज हमें उससे भी अधिक तत्परता के साथ कार्य करना चाहिए। इस उद्देश्य के साथ हम कार्य करेंगे तो आनेवाले समय में पूरा समाज एक सूत्र में पिरोया हुआ मिलेगा।

1857 की क्रांति के पीछे दूसरा पहलू भी था। वह था आर्थिक पहलू। आज हमारे यहाँ चाहे जूता पॉलिश करने का कोई सामान हो, हमारे इस्तेमाल की जानेवाली कारें या फिर टीवी, फ्रिज, ए.सी., आज हम असेंबल करनेवाला देश बन गए, जो किसी भी वस्तु का निर्माण करने की अपेक्षा असेंबल करने पर विश्वास रखता है। वर्तमान में सबसे ज्यादा सामान हम अपने देश में बना उपयोग करने की अपेक्षा विदेशी सामानों को ज्यादा महत्त्व दे रहे हैं। आँकड़े बताते हैं कि देश में सिर्फ 13 प्रतिशत कारें ही भारत में बनी हुई हैं, जबकि हमारी सड़कों पर चलनेवाली कार में 87 प्रतिशत कारें विदेशी है।

जनसंख्या के मुकाबले में भारत में दुनिया की 17.6 प्रतिशत जनसंख्या है, लेकिन मैन्युफैक्चरिंग के मुकाबले में वर्ल्ड मैन्युफैक्चरिंग में हमारा कॉन्ट्रिब्यूशन सिर्फ 3 प्रतिशत है। जापान की जनसंख्या विश्व की सिर्फ 1.6 प्रतिशत है, वहीं मैन्युफैक्चरिंग में उनका कॉन्ट्रिब्यूशन 10 प्रतिशत है। जापानी लोगों में आर्थिक राष्ट्रीय निष्ठा सबसे अधिक है। वहाँ सिर्फ 4 प्रतिशत कारें विदेशी मिलती हैं। ऐसे में अगर देखा जाए तो मैन्युफैक्चरिंग में हमारा कॉन्ट्रिब्यूशन 3 प्रतिशत, चाइना का 22 प्रतिशत, अमेरिका का 17 प्रतिशत और जापान का 10 प्रतिशत है। स्थिति की तुलना अगर 1857 से की जाए तो जिस प्रकार अंग्रेजों ने उस दौरान भारतीयों का उपयोग करके भारतीय के खिलाफ लड़वाकर अपना फायदा किया, वैसी ही स्थिति वर्तमान में भी है। आज हमें अपने चारों ओर इसी प्रकार का उपनिवेशवाद दिखाई दे रहा है, जिसमें भारत की जनसंख्या पर वस्तुओं उपयोग के आधार पर किसका नियंत्रण होगा, भारतीयों का या विदेशी राष्ट्रीय कंपनियों का ? इसलिए हमें आर्थिक राष्ट्रीय निष्ठा के बारे में भी सोचना होगा। दूसरी ओर देश की अखंडता के लिए देश

की एक राष्ट्रभाषा पर भी विचार करना होगा और यह सभी चेतना जाग्रत् करने का काम केवल और केवल पत्रकारिता जगत् पर ही है।

ब्रिटिश इतिहासकार एंगस मेडिसन ने वर्ष 2001 में विश्व के दो हजार वर्षों का इकोनॉमी इतिहास लिखा, जिसका शीर्षक था—'वर्ल्ड इकोनॉमिक हिस्ट्री–ए मिलेनियम पर्सपेक्टिव', जिसमें उन्होंने भारत की इकोनॉमी का जिक्र करते हुए कहा कि 'सन् जीरो ए.डी. से 1500 ए.डी. तक विश्व के जी.डी.पी. में भारत का योगदान 33 प्रतिशत था, वहीं सन् 1700 में 22 प्रतिशत था, परंतु आज 3 प्रतिशत है।' आज हमें पुनः खोए हुए गौरव को प्राप्त के लिए संपूर्ण चेतना और जनमानस को जाग्रत् करने की जरूरत है और यह कार्य पत्रकारिता जगत् ही कर सकता है।

□

7

प्रथम स्वतंत्रता संग्राम और पत्रकारिता का नवजागरण काल

—प्रो. (डॉ.) नीरज कर्ण सिंह

भारतीय राष्ट्रीयता का उदय सांस्कृतिक आधार पर हुआ है, अनंत काल से अध्यात्म तथा संस्कृति भारत के विशाल भूभाग को एक सूत्र में बाँधे रही है। राजनीतिक सत्ता-संघर्षों से परे, भारतीय जन की सांस्कृतिक जागरूकता राष्ट्र के स्वरूप का निर्धारण करती रही है। प्रथम स्वतंत्रता संग्राम के पश्चात् सुप्त सांस्कृतिक तत्त्वों को जाग्रत् करने का कार्य पत्रकारिता के माध्यम से किया जाने लगा। वैसे देश में अंग्रेजी शिक्षा के प्रसार तथा तेज गति से हो रहे धर्मांतरण की प्रतिक्रिया देश में 18वीं शताब्दी के अंतिम दशकों में आरंभ हो चुकी थी[1], लेकिन इसका मुखर स्वरूप प्रथम स्वतंत्रता संग्राम के पश्चात् की पत्रकारिता में दिखाई देता है।

भारतीय हिंदी पत्रकारिता में युगांतर के प्रतीक भारतेंदु हरिश्चंद्र माने जाते हैं। वैसे भारतेंदु के आगमन से पूर्व ही पत्रकारिता का आरंभ हो चुका था। हिंदी भाषा का प्रथम समाचार-पत्र 'उदंत मार्तंड' 30 मई, 1826 को कानपुर निवासी पं. युगल किशोर शुक्ल ने कलकत्ता से निकाला। सुखद आश्चर्य की बात यह थी कि यह पत्र बंगाल से निकला और बंगाल में ही हिंदी पत्रकारिता के बीज का उद्भव हुआ। इस पत्र के माध्यम से भारतीयों की सांस्कृतिक श्रेष्ठता को प्रचारित करना और उनकी समस्याओं को उजागर करना था, जिसमें भारतीयों को जाग्रत् करना तथा उनके हितों की रक्षा करना भी निहित था। यह बात इसके मुखपृष्ठ पर छपी पंक्ति से ही ज्ञात होती है कि 'यह उदंत मार्तंड अब पहले-पहल हिंदुस्तानियों के हित के हेतु, जो आज तक किसी ने नहीं चलाया।'

यह केवल एक चेतना भर थी। प्रसार संख्या कम होने के पश्चात् भी लोक प्रभाव अधिक था।[2] भारतीय पत्रकारिता केवल घटनाओं पर केंद्रित नहीं रही है। समाचार-पत्रों एवं पत्रिकाओं का मूल उद्देश्य सदैव जनता की जागृति और जनता तक विचारों का सही संप्रेषण करना रहा है। यही उसकी महानता है। आरंभिक हिंदी पत्रकारिता समाज तथा धर्म को केंद्रित करते हुए आगे बढ़ रही थी। राष्ट्र की

परिकल्पना कभी धर्म तथा संस्कृति से प्रतिकूल नहीं रही। धर्म में ही राष्ट्र समाहित रहा है। संभवत: इसी भाव का आदर करते हुए महात्मा गांधी कहते हैं कि समाचार-पत्र का पहला उद्देश्य जनता की इच्छाओं, विचारों को समझना और उन्हें व्यक्त करना है। दूसरा उद्देश्य जनता में वांछनीय भावनाओं को जाग्रत् करना है। तीसरा उद्देश्य सार्वजनिक दोषों को निर्भयतापूर्वक प्रकट करना है।[3]

उन्नीसवीं शताब्दी को भारत के नवजागरण का काल कहा जाता है। इसमें जहाँ सहयोग समाज सुधार आंदोलनों का रहा, वहीं समाचार-पत्रों ने भी अपनी भूमिका का निर्वहन किया।[4] यह भी समझना आवश्यक है कि प्रथम स्वतंत्रता संग्राम की पृष्ठभूमि पूर्व प्रकाशित समाचार-पत्र तथा धार्मिक आंदोलन कर चुके थे। हिंदी भाषा के स्वरूप का निर्धारण भी इस युग में हो रहा था। यदि हम भारतेंदु काल से पूर्व की हिंदी पत्रकारिता को देखते हैं तो उसकी भाषा में हिंदी के संस्कारों का अभाव है; लेकिन धीरे-धीरे भाषा अपना आकार भी ग्रहण कर रही थी।[5] दो बातें सामान्यत: उस काल में दिखाई देती हैं—पहला, यह कि समाचार-पत्र और पत्रिकाओं ने आरंभ से ही भारतीयों के हित के विचार को जाग्रत् करने का कार्य किया। दूसरा, वे हिंदी को स्वतंत्र आकार तथा प्रकार प्रदान कर रहे थे। बंगाल से निकलनेवाला 'उदंत मार्तंड' जहाँ हिंदी भाषी शब्दावली का प्रयोग करके भाषा निर्माण का प्रयास कर रहा था, वहीं काशी से निकलनेवाला प्रथम साप्ताहिक पत्र 'बनारस अखबार' पूर्णतया उर्दू और फारसीनिष्ठ रहा। वह केवल देवनागरी लिपि में प्रकाशित होता था, लेकिन भाषा उर्दू से भिन्न नहीं थी, लेकिन विकास की यात्रा लगातार आगे बढ़ रही थी। विशेष तथा संकल्पनिष्ठ सुधार का कार्य सन् 1867 के पश्चात् तेजी से आगे बढ़ा। भारतेंदु युग से पूर्व ही हिंदी का प्रथम समाचार-पत्र दैनिक 'समाचार सुधावर्षण' और आगरा से 'प्रजाहितैषी' का प्रकाशन हो चुका था, लेकिन ये समाचार-पत्र एक सांस्कृतिक आंदोलन नहीं बन पाए। इसका श्रेय भारतेंदु को ही जाता है। केवल पत्र के माध्यम से ही नहीं, अपितु सार्वजनिक सभाओं में भी उन्होंने हिंदी तथा हिंदुस्तान के लिए प्रखरता के साथ प्रचार किया। यहीं कारण था कि देश में ऐसे युवा पत्रकारिता के क्षेत्र में आगे आए, जो पूरी तरह से राष्ट्रनिष्ठ भाव से परिपूर्ण थे।[6]

असल में, प्रथम स्वतंत्रता संग्राम के पश्चात् देश में अनेक धार्मिक आंदोलन भी होने आरंभ हो गए थे। तत्कालीन साहित्यकार, जो पत्रकार भी थे, उन्होंने युगानुरूप अपनी दिशा का निर्धारण किया। इस वैचारिक समूह का नेतृत्व भारतेंदु

कर रहे थे। उन्होंने युग धर्म को पहचाना और युग को दिशा प्रदान की। भारतेंदु के पत्र-पत्रिकाओं में राष्ट्रीयता के प्रखर स्वर थे। जागरण और स्वाधीनता की चेतना से जोड़ते हुए 1867 में 'कवि वचन सुधा' का प्रकाशन उन्होंने किया, जिसका मूल वाक्य था—'अपधर्म छूटै, सत्व निज भारत गहै।' उस समय केवल विदेशी शासन ही हमारी व्यवस्था को प्रभावित कर रहा था। विदेशी प्रभाव में भारतीय संस्कृति के प्रति आस्था भी कम हो रही थी। शताब्दियों की परतंत्रता के कारण भाषा का स्वरूप भी विदेशी हो चुका था। अत: भारत द्वारा सत्त्व ग्रहण करने के उद्देश्य को लेकर भारतेंदु ने हिंदी पत्रकारिता का विकास किया और आनेवाले पत्रकारों के लिए दिशा-निर्माण किया। इस कारण हम कह सकते हैं कि वास्तविक राष्ट्रवादी पत्रकारिता का विकास भारतेंदु काल में ही हुआ। बीसवीं शताब्दी के आते-आते ब्रिटेन की पत्रकारिता भी यह अनुभव करने लगी कि भारतीय पत्रकारिता तथा 'वंदे मातरम्' का नारा भारत में क्रांति की आधारशिला तैयार कर रहे हैं।[7]

भारतेंदु ने 'कवि वचन सुधा', 'हरिश्चंद्र मैगजीन', 'बाला बोधिनी' नामक पत्र निकाले। 'कवि वचन सुधा' को 1875 में साप्ताहिक किया गया, जबकि अनेकानेक समस्याओं के कारण 1885 ई. में इसे बंद कर दिया गया। उल्लेखनीय है कि भारतेंदु ने घर फूँककर हिंदी पत्रकारिता के महान् कार्य को जीवित रखने का प्रयास किया। खेद का विषय यह रहा है कि उनको कहीं से भी सहायता नहीं मिल पाई। लोक-प्रतिष्ठा अधिक होने के कारण वे स्वयं भी सहायता लेने में संकोच करते थे। कोई ऐसा भी नहीं था, जो स्वेच्छा से उनकी सहायता करता। इस नाते एक उत्तम प्रयास भी बाधित होता रहा।

सन् 1873 में भारतेंदु ने 'हरिश्चंद्र' मैगजीन का प्रकाशन किया, जिसका नाम 1874 में बदलकर 'हरिश्चंद्र चंद्रिका' कर दिया गया। इस पत्रिका में देश की सामाजिक स्थिति को केंद्रित किया जाता था। देश के प्रति सजगता, समाज सुधार, राष्ट्रीय चेतना, मानवीयता, स्वाधीन होने की चाह मुख्य विषय रहे। भारतेंदु काल के पत्रकार यह भी अनुभव करते थे कि यदि नारी सजग नहीं है तो देश के भाग्य को नहीं बदला जा सकता। इस नाते स्त्रियों के गृहस्थ धर्म और जीवन को सुचारु रूप से चलाने के लिए भारतेंदु ने 'बाला बोधिनी' पत्रिका निकाली, जिसका उद्देश्य महिलाओं के हित की बात करना था। यह पत्रिका भारत में नारी जागरण का पहला प्रभावी प्रयास साबित हुई। इसकी प्रेरणा से काशी में 'महिला मंडलों' की भी स्थापना

हुई थी। महाराष्ट्र में तिलक का 'केसरी' क्रांति के भाव को जाग्रत् कर रहा था। शिवाजी जयंती और गणेशोत्सव तथा हिंदू एकता के प्रति जनचेतना का विकास 'केसरी' ने किया।[8]

प्रथम स्वतंत्रता संग्राम के बाद भारतेंदु की प्रेरणा से अनेक मनीषियों ने पत्रकारिता के क्षेत्र में कदम रखा। पं. बालकृष्ण भट्ट का 'हिंदी प्रदीप' इस दिशा में अत्यंत महत्त्वपूर्ण प्रयास था, जिसमें देश की सामाजिक तथा राजनीतिक स्थिति पर पैने आलेखों का प्रकाशन होता था। पत्र की शैली व्यंग्य और विनोद का सम्मिश्रण थी तथा व्यंग्यात्मक शैली का प्रयोग करते हुए जन जागृति का प्रयास करना इनका उद्देश्य था। 'हिंदी प्रदीप' काफी लोकप्रिय होता चला गया। भारतीयों की वाणी बने इस समाचार-पत्र पर अनेक बार आर्थिक दंड भी लगाया गया, लेकिन श्री भट्ट निर्भय होकर प्रकाशन करते रहे और अपनी वाणी को किसी के दबाव में परिवर्तित नहीं किया।

सन् 1857 के संग्राम से प्रेरणा लेकर भारतवासियों की जागृति का यह प्रयास चल ही रहा था कि 14 मार्च, 1878 को 'वर्नाकुलर प्रेस ऐक्ट' लागू कर दिया गया। यह अभिव्यक्ति की स्वतंत्रता पर प्रहार करनेवाला कानून था। लॉर्ड लिटन द्वारा लागू इस कानून का उद्देश्य पत्र-पत्रिकाओं की अभिव्यक्ति को दबाना और उनकी स्वतंत्रता का हनन करना था। 'हिंदी प्रदीप' ने इस ऐक्ट की न केवल भर्त्सना की, बल्कि उद्बोधनपरक लेख भी लिखे। इस समाचार-पत्र में सरकार के विरोध का क्रम कभी रुका नहीं। यही कारण है कि तीन हजार का अर्थ दंड उन पर लगा दिया गया, जिसका भुगतान वे नहीं कर सकें और 'हिंदी प्रदीप' का प्रकाशन बंद हो गया।

19वीं शताब्दी में साहित्यकार तथा पत्रकार में कोई स्पष्ट तथा ठोस विभाजन नहीं था। विशेषकर हिंदी पत्रकारिता को गति देने तथा उसको आकार देने का महान् कार्य इन ज्ञानवंत मनीषियों द्वारा ही किया गया, जो हिंदी साहित्य के संवर्धन का कार्य कर रहे थे। उस समय पत्रकारिता भी शुद्ध साहित्य की श्रेणी में आती थी। विचार संप्रेषण का यह पत्रकारिता अभियान वर्ष 1860 के पश्चात् से प्रखर तथा तेज होता चला, और जब भारतेंदु हरिश्चंद्र तथा उनकी मंडली के लेखक-पत्रकार हिंदी की सार्वजनिक दुनिया में सक्रिय होते गए। विशेष महत्त्वपूर्ण तथ्य यह है कि हिंदी में गद्य लेखन का वास्तविक विकास भारतेंदु काल में ही हुआ। इस विकास का प्रभाव पत्रकारिता के विस्तार पर भी दिखाई देता है।

सच तो यह है कि हिंदी पत्रकारिता का उद्भव काल भारतीय राष्ट्रीयता और हिंदी भाषा के विकास की कहानी कहता है। 19वीं शताब्दी के प्रथम खंड में हिंदी अपनी अस्मिता को प्रकट नहीं कर पाई थी, जो 19वीं शताब्दी के उत्तरार्ध में शनैः-शनैः प्रकट होने लगी। इसका अर्थ यह है कि वर्णित कालखंड की पत्रकारिता बहुविध वैचारिक अभियानों को स्वयं में समेटे थी। उसका उद्देश्य केवल साम्राज्यवादी शक्तियों के विरोध तक सीमित नहीं था। उसका प्रयोजन पूर्ण भारतीयता के प्रति जनमानस को बौद्धिक तथा व्यावहारिक रूप से तैयार करना था। इसमें काफी सफलता भी मिली। हिंदी को अपनी अस्मिता प्रदान की गई। द्विवेदी युग के आते-आते हिंदी भाषा शब्द भंडार तथा वाक्य विन्यास के आधार पर एक समर्थ भाषा के रूप में स्थापित होने लगी थी। इसका श्रेय आचार्य महावीर प्रसाद द्विवेदी को जाता है। 'सरस्वती' तथा 'प्रभा' जैसी पत्रिकाओं ने हिंदी को समरूप तथा विशिष्ट स्वरूप प्रदान किया।

जैसाकि पहले कहा जा चुका है कि इस युग की पत्रकारिता के उद्देश्य बहुआयामी थे। एक ओर राष्ट्रीयता की चेतना के साथ-साथ राजनीति की कलई खोलना तो दूसरी ओर सामाजिक चेतना को जाग्रत् करना और हिंदी को उसकी प्रतिष्ठा प्रदान करना भी परम लक्ष्यों में सम्मिलित था। जहाँ तक आचार्य महावीर प्रसाद द्विवेदी का प्रश्न है, हिंदी पत्रकारिता में उनका योगदान युगांतरकारी रहा। इस महान् कार्य के लिए सबसे त्यागमय जीवन आचार्य महावीर प्रसाद द्विवेदी का रहा है। महावीर प्रसाद द्विवेदी ने 'सरस्वती' पत्रिका के माध्यम से ज्ञानवर्धन करने के साथ-साथ नए रचनाकारों को भाषा का महत्त्व समझाया व गद्य और पद्य के लिए राह निर्मित की। यही कारण है कि उनके द्वारा प्रशिक्षित लेखक बाद में देश के महान् साहित्यकार तथा पत्रकार बने। महावीर प्रसाद द्विवेदी की यह पत्रिका मूलतः साहित्यिक थी और हरिऔध, मैथिलीशरण गुप्त से लेकर कहीं-न-कहीं निराला के निर्माण में इसी पत्रिका का योगदान था; परंतु साहित्य के निर्माण के साथ राष्ट्रीयता का प्रसार करना भी इसका उद्देश्य था। यदि हम इसके पश्चात् की पत्रकारिता का अध्ययन करते हैं तो पाते हैं कि भारतीयता का प्रखर स्वर इस काल की विशेषता रही है। द्विवेदीजी ने भाषा को समृद्ध करके नवीन साहित्यकारों को राह दिखाई। उनका वक्तव्य है कि हमारी भाषा हिंदी है। उसके प्रचार के लिए गवर्नमेंट जो कुछ कर रही है, सो तो कर ही रही है, हमें चाहिए कि हम अपने

घरों का अज्ञान तिमिर दूर करने और अपना ज्ञानबल बढ़ाने के लिए इस पुण्य कार्य में लग जाएँ।[9]

यही समय था, जब राष्ट्रभक्ति तथा पत्रकारिता समानार्थी शब्द हो चुके थे। साहित्यकार तथा पत्रकार एक ही थे। उनका पूरा जीवन साहित्य तथा पत्रकारिता के माध्यम से देश की सेवा करना था। ऊपर से क्रूर अधिनायकवादी व्यवस्था! ऐसे में किसी भी पत्रकार या पत्र प्रकाशन का कंगाल होना स्वाभाविक था। भारतेंदु युग में लेखकों को रॉयल्टी नहीं दी जाती थी, समय-समय पर प्रकाशक लेखक की आर्थिक सहायता करता रहता था, लेकिन कुछ लेखक ऐसे भी थे, जो सहायता नहीं लेना चाहते थे। भारतेंदु एक साथ कई पत्र-पत्रिका निकालने के कारण कर्ज में डूब चुके थे। उधर उनका स्वास्थ्य भी ठीक नहीं रहता था, पर उन्होंने किसी से सहायता नहीं माँगी। उनके प्रकाशक 'खड्ग विलास प्रेस' के स्वामी रामदीन सिंह थे। वे काफी पैसेवाले थे। जब उन्हें ज्ञात हुआ कि भारतेंदु कर्ज तथा मर्ज में फँसे हैं तो उन्होंने उनकी आर्थिक सहायता करने का विचार बनाया और की भी। परंतु पं. अमृतलाल चक्रवर्ती जैसे राष्ट्रनिष्ठ पत्रकार को कर्ज के कारण जेल जाना पड़ा। दुर्गाप्रसाद जैसा पत्रकार तथा लेखक अत्यंत दीन-हीन जीवन जीने के लिए विवश हुआ। यह एक लगन थी देश के लिए। प्रथम स्वतंत्रता संग्राम तथा आजादी के मध्य की नौ दशकों की पत्रकारिता को देखें तो वह स्वतंत्रता के पश्चात् की पत्रकारिता में मात्रात्मक रूप से काफी पीछे थी और गुणात्मक रूप से कमजोर। पर उसकी राष्ट्रीय उपासना का कोई सानी नहीं था।

प्रस्तुत अध्ययन की मुख्य चेतना नवजागरण काल की बहुविध विकसित प्रवृत्तियाँ हैं, जिसमें केवल राजनीति तथा सामाजिक विषयों के उभार पर ही विवेचना को केंद्रित नहीं किया गया, बल्कि यह भी देखने का प्रयास हुआ कि भाषा कैसे अपने तेवर तथा स्वरूप को परिवर्तन करती है? भारतेंदु काल से पूर्व की हिंदी का स्वरूप उसके पश्चात् की हिंदी से पृथक् रहा है। इसका पता हमें उस कालखंड के प्रारंभिक तथा मध्यकाल में परिवर्तित भाषा से चला है। इससे यह सिद्ध होता है कि जैसे-जैसे किसी राष्ट्र में सांस्कृतिक चेतना का विकास होता है तो वहाँ प्रयोग की जानेवाली भाषा भी अपनी धरती के संस्कारों से जुड़ने लगती है। यह तो निश्चित है कि 19वीं शताब्दी नवजागरण का काल रही है। प्रथम स्वतंत्रता संग्राम की विफलता के पश्चात् अंग्रेजों के अत्याचारों की स्मृतियाँ तब तक ताजा थीं। उन स्मृतियों

ने संवेदनशील तथा सक्रिय भारतीय समाज को गहराई तक जोड़ दिया था। यही कारण है कि उस समय की पत्रकारिता आक्रोशमय थी। इसका प्रमाण उस समय निकलनेवाले पत्र थे। विशेषकर 20वीं शताब्दी के प्रारंभिक दशकों में निकलनेवाले अखबारों के नाम ही देश में स्वतंत्रता की घोषणा करते हैं। युगांतर, क्रांति, विप्लव, स्वराज्य, प्रताप, स्वाधीनता, परिवर्तन, युग चेतना, भारतमित्र, स्वतंत्र भारत जैसे सैकड़ों समाचार-पत्रों का प्रकाशन होता था। यह भारतीयों की उस इच्छा को प्रकट करता है, जो विदेशी शासन से स्वयं को मुक्त करना चाहती है। यह भारतीय राष्ट्रीय चेतना का संक्रमण कालखंड रहा है, जो नवीन इतिहास के सृजन के लिए तैयार था।

संदर्भ

1. इतिहास के परिवर्तनकारी अध्याय, त्रिवेणी प्रसाद शुक्ल, पृ. 74।
2. भारत में पत्रकारिता, लेखक डॉ. वेद प्रकाश अग्रवाल, पृ. 123।
3. 'गांधी समग्र' में उद्धृत अंश।
4. 'द लीडर', इलाहाबाद, मार्च 1913 में प्रकाशित सर जेम्स मेस्टन का भाषण।
5. 'भारतेंदु साहित्य में पत्रकारिता का समन्वय', डॉ. तपेश विश्वकर्मा, पाक्षिक, विश्व संग्राम में प्रकाशित लेख, अंक 15 जनवरी, 2010।
6. 'भारत में पत्रकारिता का इतिहास', वीरेंद्र पाठक, पृ. 123।
7. 'द टाइम्स', लंदन, 10 सितंबर, 1906, उद्धृत नवभारत टाइम्स, नई दिल्ली, अंक 14 अगस्त, 1983।
8. 'केसरी', 15 जून, 1897 में प्रकाशित लोकमान्य तिलक का भाषण।
9. 'हिंदी साहित्य का इतिहास', संपादक डॉ. नगेंद्र, पृ. 210।

□

8

भारतीय स्वतंत्रता संग्राम में कलम का अग्निपथ

(1780 से 1947 तक भारत के पत्र-पत्रिकाओं का विश्लेषणात्मक अध्ययन)

—डॉ. विनीता गुप्ता

भारत में पत्रकारिता की शुरुआत ही गलत के खिलाफ मुहिम से हुई और फिर इसने एक ऐसी शौर्य-गाथा रच डाली, जिसकी दूसरी मिसाल पूरी दुनिया में नहीं मिलती। इन अखबारों में प्रकाशित सामग्री और उनमें छुपे क्रांति तथा स्वतंत्र भारत के संदेशों ने ब्रिटिश राज की चूलें हिला दी थीं। अन्याय, अत्याचार, अनाचार, अज्ञानता, उत्पीड़न, शोषण, दमन, अंधविश्वास, पाखंड और रूढ़िवादिता के खिलाफ हमारे पत्रकारों तथा संपादकों ने अलग-अलग भाषाओं में अखबार और पत्रिकाओं के माध्यम से जिस प्रकार पूरे देश में बिगुल फूँका, उससे सोया हुआ समाज और देश ब्रिटिश सत्ता के पंजों से आजादी की लड़ाई लड़ सका।

1780 में भारत के पहले अखबार 'बंगाल गजट' या 'कलकत्ता जनरल एडवरटाइजर' के संपादक जेम्स ऑगस्टस हिक्की ने जब ईस्ट इंडिया कंपनी के भ्रष्ट अधिकारियों के खिलाफ अपने अखबार में छापना शुरू किया तो उन्हें न केवल जेल की सलाखें और जुरमाना भुगतना पड़ा, बल्कि देश निकाला तक मिला। यह तो शुरुआत भर थी। फिर तो यह सिलसिला बदस्तूर जारी रहा और पत्रकारों तथा संपादकों को नित नई यातनाओं का सामना करना पड़ा।

एक नजर डालते हैं स्वतंत्रता आंदोलन में प्रमुख भूमिका निभानेवाले कुछ समाचार-पत्रों और उनमें प्रकाशित सामग्री के चुने हुए अंशों पर—

देहली उर्दू अखबार

भारत में अंग्रेजों के खिलाफ और स्वराष्ट्र हित में पत्रकारिता के कारण पहली शहादत 'देहली उर्दू अखबार' के संपादक-प्रकाशक मौलवी मोहम्मद वाकर की हुई, जो 1837 से यह अखबार निकल रहे थे। 17 सितंबर, 1857 को उन्हें दिल्ली दरवाजे के सामने नीम के पेड़ से लटकाकर तोप से उड़ा दिया गया।

पयाम-ए-आजादी

दिल्ली से प्रकाशित इस उर्दू अखबार को 1857 की क्रांति का मुखपत्र भी कहा जाता है। इसके संपादक थे क्रांतिकारी अजीमुल्ला खान और प्रकाशक थे अंतिम मुगल बादशाह बहादुर शाह जफर के पोते बेदार बख्त। इसके मास्टरहेड पर अंग्रेजों को ललकारने वाली ये पंक्तियाँ लिखी होती थीं—

हम हैं इसके मालिक हिंदोस्तां हमारा।
पाक वतन है कौम का जन्नत से भी प्यारा॥

इतना ही नहीं, इसमें जनमानस को झिंझोड़ देनेवाला यह झंडा गीत भी छपता था—

आज शहीदों ने तुमको अहले-वतन ललकारा,
तोड़ो गुलामी की जंजीरें, बरसाओ अंगार,
हिंदू, मुसलिम, सिक्ख हमारा भाई भाई प्यारा,
यह है आजादी का झंडा, इसे सलाम हमारा॥

लेकिन जिस कारण इस अखबार के प्रकाशक और संपादक को ब्रिटिश हुकूमत ने फाँसी पर लटकाया, वह था—अंग्रेजों को देश से निकल बाहर करने का वह फरमान, जिसे 'पयाम-ए-आजादी' ने प्रमुखता से छापा था—

"हिंदोस्तान के हिंदुओ और मुसलमानो, उठो भाइयो, उठो, खुदा ने जितनी बरकतें इनसान को अता की हैं, उनमें सबसे कीमती बरकत आजादी की है...फिरंगियों ने इतने जुल्म किए हैं कि उनके गुनाहों का प्याला लबरेज हो चुका है...क्या तुम अब भी खामोश बैठे रहोगे? खुदा यह नहीं चाहता कि तुम खामोश रहो, क्योंकि उसने हिंदू और मुसलमानों के दिलों में अंग्रेजों से लड़ने की ख्वाहिश पैदा कर दी है...खुदा के फजल से और तुम लोगों की बहादुरी के जोर से जल्दी ही अंग्रेजों को इतनी कामिल शिकस्त मिलेगी कि हमारे इस मुल्क हिंदोस्तान में उनका जरा भी निशान नहीं रह जाएगा...मैं अपने तमाम हिंदी भाइयों से कहता हूँ, उठो और परमात्मा के बताए हुए इस अजीम फर्ज को पूरा करने के लिए मैदान-ए-जंग में कूद पड़ो।"

इस फरमान को प्रकाशित करने की सजा के रूप में न केवल संपादक और प्रकाशक को फाँसी दी गई, बल्कि जिस किसी के भी घर उसकी एक भी प्रति मिली, उसे मौत के घाट उतार दिया गया। यही कारण है कि इस अखबार की एक भी प्रति देखने को नहीं मिलती।

यह फरमान 'पयाम-ए-आजादी' के अलावा हिंदी और बांग्ला दैनिक 'समाचार सुधावर्षण', फारसी के अखबार 'दूरबीन' और 'सुल्तान-उल-अखबार' में प्रकाशित हुआ था। इन तीनों पर ब्रिटिश सरकार ने राजद्रोह का मुकदमा चलाया।

समाचार सुधावर्षण

5, 9 और 10 जून, 1857 के अंकों में 'समाचार सुधावर्षण' के संपादक श्यामसुंदर सेन ने क्रांतिकारी सेना की तैयारी के समाचर छापे। 5 जून के अंक में इस अखबार ने लिखा—

"मेरठ और दिल्ली की क्रांति से गवर्नर इतना डर गया कि उसने अपनी हिफाजत के लिए सिपाहियों की संख्या बढ़ा दी···वह हर रोज दमदम और बैरकपुर छावनियों में जाता और सिपाहियों से हाथ जोड़कर कहता कि मैं ऐसा कुछ नहीं करूँगा, जिससे आपके धर्म को ठेस पहुँचे···।"

बंगाल गजट

ब्रिटिश राज को उखाड़ फेंकने का यह जज्बा यकायक 1857 में पैदा नहीं हुआ, इसकी भूमिका बहुत पहले बननी शुरू हो गई थी। राजा राममोहन रॉय की प्रेरणा से प्रकाशित अखबार 'बंगाल गजट' के 5 मई, 1818 के अंक में छपी इस खबर से जाहिर हो जाता है कि भारतीय जनमानस ने अंग्रेजों के विरुद्ध बागी तेवर अपना लिये थे—

"मिदनापुर के बागियों ने लेन को पार करके आरा पर धावा बोल दिया। अपनी सुरक्षा के संबंध में सही तौर से घबराकर वहाँ के यूरोपियन निवासियों ने सैनिक सहायता के लिए दानापुर लिखा। यकायक दोनों तरफ से बहुत पास से उनके ऊपर जबरदस्त हमला बोल दिया गया और उनकी छोटी सी सेना के 150 आदमियों को, जिनमें कई अफसर भी थे, बेकार बना दिया। अनुमान किया जाता है कि वहां के तमाम यूरोपियनों को, जो 47 के लगभग थे, कत्ल कर दिया गया है।"

जाम-ए-जहाँनुमा

27 मार्च, 1822 को कोलकाता से भारत का पहला उर्दू अखबार 'जाम-ए-जहाँनुमा' प्रकाशित हुआ। इसके तीखे तेवरों से ब्रिटिश सरकार के कान खड़े हो

गए थे। तत्कालीन चीफ सेक्रेटरी विलियम ब्रुथवैले की यह टिप्पणी इस बात की गवाह है—

"यह समाचार-पत्र भविष्य में अंग्रेज सत्ता के खिलाफ आग उगलनेवालों का नेतृत्व कर सकता है।"

फ्रेंड ऑफ इंडिया

28 मई, 1857 को 'फ्रेंड ऑफ इंडिया' में छपा कोलकाता के बिगड़ते हालात का यह समाचार तिलमिला देनेवाला है—

"इस समय कलकत्ता में बड़ी गड़बड़ मची, वहाँ बहुत से ईसाई बच्चे और स्त्रियाँ थीं। वे अब तक सुरक्षित थे, गड़बड़ के नाम से डरते थे। जब पश्चिमोत्तर के सिपाहियों के उठने की खबर यहाँ पहुँची तो सब घबरा गए। लोग यह सोचने लगे कि वहाँ जो कुछ हुआ और दिल्ली में जो कुछ हुआ, वह यहाँ भी होगा। अंग्रेज और पुर्तगाल निवासी बहुत डरे हुए थे। बहुत से तो अपने को बचाने के लिए जहाजों में जाकर रहने लगे। कोई किले में जा बसे और बहुत से मकानों के तहखानों में बैठकर अपने को सुरक्षित समझने लगे। बहुत से शहर छोड़कर पास के गाँव में जा बसे। बहुतों ने इंग्लैंड का टिकट कटाया और बहुत से बंदूक खरीदकर सदा पास रखने लगे।"

सादिक-उल-अखबार

17 सितंबर, 1857 का दिन भारतीय पत्रकारिता के इतिहास का काला दिन साबित हुआ। ब्रिटिश हुकूमत के खिलाफ कलम का अग्निपथ रचनेवाले दिल्ली से प्रकाशित 'सादिक-उल-अखबार' के संपादक अमालुद्दीन और 'देहली उर्दू अखबार' के संपादक मौलवी मोहम्मद वाकर को नीम के पेड़ से लटकाकर तोप से उड़ा दिया गया। अंतिम मुगल बादशाह बहादुर शाह जफर पर जब अंग्रेजों ने मुकदमा चलाया तो दिल्ली से प्रकाशित होनेवाले जिन अखबारों को सबूत के तौर पर पेश किया गया, उनमें प्रमुख थे—'सादिक-उल-अखबार' और 'खुलासत-उल-अखबार'।

खुलासत-उल-अखबार

इस अखबार के दिल्ली से प्रकाशन की पुष्टि बहादुर शाह जफर के मुकदमे की फाइल से होती है। इसके 13 अप्रैल, 1857 के अंक में प्रकाशित हुआ था—

"कुछ दिन हुए जामा मसजिद की दीवार पर एक इश्तिहार चिपकाया गया था, उस पर तलवार और ढाल की शक्ल बनी हुई थी और लिखा था कि यह ऐलान ईरान के शाह की ओर से आया है···सभी सच्चे मुसलमानों का यह फर्ज है कि वे ईरान के शाह की मदद के लिए मुस्तैद हों और तहेदिल से उसकी हुकूमत को मजबूत करें और अंग्रेजों के खिलाफ जिहाद में शामिल हों, ताकि उन्हें बरबाद करके उसकी मेहरबानी के हकदार बनें···ऐलान में कहा गया था कि ईरान का शाह जल्दी हिंदुस्तान आएगा और इस देश को आजाद कराएगा।"

कोहेनूर

1850 से ही लाहौर से प्रकाशित अखबार 'कोहेनूर' ने ब्रिटिश सत्ता के खिलाफ बागी तेवर अपना रखे थे। मार्च 1856 में इसके संपादक हरसुख राय को सलाखों के पीछे भेज दिया गया।

ऐसा नहीं था कि ये अखबार सिर्फ अंग्रेजों द्वारा भारतीयों पर किए जा रहे अत्याचारों को ही प्रमुखता देते थे, अपितु ये अंग्रेजों पर भारतीयों के हमलों की खबरें भी उसी तरह छापते थे, ताकि भारतीयों में जोश पैदा हो।

मालवा अखबार

21 नवंबर, 1860 को 'मालवा अखबार' में 'पाँचवीं पलटन' शीर्षक से छपी यह खबर गौर करने लायक है—

"ये गोरों की पलटन दीनापुर में थी, एक गोरा उनमें से तोप से बाँधकर उड़ाया गया और बाकी मोकूफ हुए, ये सभी एक तरह के फिसादी थे···।"

'मालबा अखबार' के संपादक को गिरफ्तार कर तीन महीने की जेल की सजा हुई और अखबार बंद कर दिया गया।

अखबार ग्वालियर

22 मई, 1859 को 'अखबार ग्वालियर' में 'उपद्रवता का इतिहास' शीर्षक से प्रकाशित यह खबर उल्लेखनीय है—

"···29वीं मार्च को 34वीं पलटन के एक मंगल पांडे नाम के सिपाही ने नशे में उन्मत्त होकर अपने को हथियारबंद किया, तलवार लेकर, एक बंदूक भरकर घर से निकला और अपने भाईबंदों को पुकारा, 'हमारे साथी तैयार हो जाओ' और उनसे

यह भी कहा कि 'जिस किसी अंग्रेज अफसर को मैं देखूँगा, उसको मार डालूँगा'। लेफ्टिनेंट साहब ने जब यह वृत्तांत और संपूर्ण सेना के फिर जाने के समाचार सुने तो वे शीघ्र ही घोड़े पर सवार होकर लेन में पधारे। मंगल पांडे ने पूर्वोक्त साहब को गोली मारी, परंतु वह गोली उनके घोड़े को लगी। साहब ने यह देखकर अपने बचने के लिए अपना तमंचा तान लिया।"

शुभसूचक

उन्हीं दिनों प्रकाशित एक अखबार 'शुभसूचक' में प्रकाशित यह खबर लखनऊ में अंग्रेजों द्वारा की गई लूटपाट और तबाही का सबूत प्रस्तुत करती है—

"जब अंग्रेजों ने दुबारा लखनऊ शहर पर कब्जा किया, तब अंग्रेजी फौज ने लखनऊ से चौदह लाख बयासी हजार छह सौ चौवन रुपए और ग्यारह पाई की लूट की थी। सरकार ने इस लूट को सिपाहियों में बाँट देने का आदेश दिया था। इनमें से अंग्रेज सेनापति लॉर्ड क्लाइव के हिस्से चौहत्तर हजार एक सौ बत्तीस रुपए आए थे।"

फीनिक्स

अंग्रेजी अखबार 'फीनिक्स' ने तबाही का दूसरा पहलू इन शब्दों में प्रस्तुत किया—

"अक्तूबर तक विद्रोहियों ने खजाने का जो रुपया लूटा, उसकी मात्रा एक करोड़ पौंड है; विद्रोह के कारण उत्तर-पूर्वी प्रांतों की मालगुजारी में जो घाटा हुआ है, उसकी मात्रा पचास लाख पौंड है और युद्ध के मद में होनेवाले खर्च की मात्रा कम-से-कम एक करोड़ पौंड है।"

मोफस्सिलाइट

क्रांतिकारियों ने किस प्रकार ब्रिटिश हुकूमत से टक्कर ली, इसका अंदाजा आगरा से प्रकाशित होनेवाली पत्रिका 'मोफस्सिलाइट' में प्रकाशित एक पत्र से मिलता है—

"नजीराबाद और नीमच की रेजिमेंट जून के अंत में आगरा के पास पहुँच गई थी, जुलाई के आरंभ में आगरा से लगभग बीस मील के फासले पर सुशिया ग्राम के पिछवाड़े के एक मैदान में उन्होंने डेरा डाल दिया था और 4 जुलाई को वे नगर

पर हमला करने की तैयारी करती मालूम होती थी। इन रेजिमेंटों में 10,000 सैनिक थे (यानी 7,000 पैदल, 1,500 घुड़सवार और 8 तोपें) उनके हमले की तैयारी के समाचार से पहले की छावनियों में रहनेवाले यूरोपियनों ने वहाँ से भागकर किले के अंदर शरण ले ली।"

लंदन टाइम्स

1857 की क्रांति ने एक तरह से ब्रिटिश सत्ता की चूलें हिला दी थीं। भारत में ही नहीं, विदेशी अखबारों में भी इस क्रांति के समाचार खूब छपते थे। यह बात अलग है कि उनका नजरिया अकसर अलग होता था, लेकिन कभी-कभी सच भी सामने आता था।

'लंदन टाइम्स' के 17 जनवरी, 1859 के अंक में इसके मुंबई संवाददाता ने अपनी एक रिपोर्ट में लिखा—

"तात्या टोपे ने जिस दृढ़ता, निश्चय तथा लगन से पीछे हटाने की इस विलक्षण योजना को अंजाम दिया, जिसकी प्रशंसा किए बिना नहीं रहा जा सकता। पिछले जून के महीने से उसने मध्य भारत में तहलका मचा रखा है। उसने हमारे स्थानों को रौंद डाला है, खजानों को लूट लिया है और हमारी मैगजीनों को खाली कर दिया है, उसने सेनाएँ जमा कर ली हैं।"

बॉम्बे टेलीग्राफ

'बॉम्बे टेलीग्राफ' का यह लेख ब्रिटिश सेना के अत्याचारों का खुलासा करता है—

"जिस समय हमारी सेना ने शहर में प्रवेश किया तो जितने नगर निवासी शहर की दीवारों के अंदर पाए गए, उन्हें उसी जगह संगीनों से मार डाला गया। आप समझ सकते हैं कि उनकी संख्या कितनी रही होगी, जब मैं आपको बताऊँ कि एक एक मकान में चालीस-पचास आदमी छुपे हुए थे! ये बागी न थे, बल्कि शहर के बाशिंदे थे। उन्हें हमारी रहमदिली पर भरोसा था। मुझे खुशी है कि उनका यह वहम दूर हो गया।"

अमृत बाजार पत्रिका

23 जनवरी, 1875 के 'अमृत बाजार पत्रिका' के अंक में प्रकाशित दो लेखों ने न केवल भारत सरकार का ध्यान आकर्षित किया, बल्कि ब्रिटेन के

सेक्रेटरी ऑफ स्टेट्स लॉर्ड सेलिसबरी का भी ध्यान आकर्षित किया। लेख का भावार्थ था—

"कतिपय विशिष्ट परिस्थितियों में ब्रिटिश अधिकारियों की हत्या भी जायज है।"

मित्र विलास

4 अक्तूबर, 1880 को लाहौर से प्रकाशित 'मित्र विलास' ने अंग्रेजी साम्राज्य के षड्यंत्र का कच्चा चिट्ठा प्रस्तुत किया—

"हिंदुस्तान अंग्रेजों के राज्य का एक बड़ा अंश है। अंग्रेजों का अपना देश अर्थात् ग्रेट ब्रिटेन एक छोटा टापू है, जो लंबाई-चौड़ाई में कदाचित् हिंदुस्तान के पंचमांश के तुल्य भी नहीं है, एक ऐसे टापू के अधिपति होकर इन लोगों ने शनैः-शनैः हाथ मारे। सौदागरों का एक दल आकर 23,00,000 वर्गमील के एक राज्य को अपने हाथ में कर ले, किसको सत्य प्रतीत होता था? जिन दिनों यह हिंदुस्तान किसी यूरोपीय के नीचे नहीं था, सारे धरातल पर बड़ा धनी माना जाता था; परंतु वह धन कहाँ गया? केवल पुराने अंग्रेजों के अत्याचार और आजकल के अंग्रेजों के बहुव्यय से लुट गया और लुटता जा रहा है।"

हिंदी प्रदीप

1877 में प्रकाशित 'हिंदी प्रदीप' को भारत का पहला राजनीतिक पत्र माना जाता है। अनेक कानूनी व्यवधानों से गुजरते हुए अंततः 1908 में इसे बंद हो जाना पड़ा। बंग-भंग आंदोलन के दौरान बम बनाने और फेंकने की क्रांतिकारी गतिविधियों के बीच माधव शुक्ल द्वारा लिखी यह कविता छाप दी थी—

'बम क्या है'

कुछ डरो न केवल इसमें बुद्धि भरम है।
सोचो यह क्या है, जो कहलाता बम है''।

इसके प्रकाशन के लिए 'हिंदी प्रदीप' से 3,000 रुपए की जमानत माँगी गई।

केसरी

लोकमान्य बाल गंगाधर तिलक की अगुवाई में 'केसरी' ने अंग्रेजों के खिलाफ जमकर बिगुल फूँका। 1882 में इसके खिलाफ ब्रिटिश कारवाई का सिलसिला शुरू हो गया था। तिलक और उनके सहयोगी गोपाल गणेश आगरकर के विरुद्ध

मुकदमा चलाया और दोनों को 4-4 माह की कैद की सजा सुनाई गई। 1897 में फिर तिलक पर राजद्रोह का मुकदमा चला और उन्हें डेढ़ साल की सजा हुई, लेकिन 'केसरी' की दहाड़ कम नहीं हुई।

गदर

इन अखबारों के जरिए राष्ट्र-प्रेम और स्वाधीनता की मशाल लगातार तेज होती रही। इसी जज्बे के चलते 1913 में अमेरिका के सैन फ्रांसिस्को शहर से प्रवासी भारतीयों ने 'गदर' नाम से एक अखबार निकाला, जिसके मास्टरहेड पर चुनौती के रूप में लिखा होता था—

'अंग्रेजों का दुश्मन'

इसके पहले अंक में एक विज्ञापन छपा था—

आवश्यकता है बहादुर सैनिकों की

तनख्वाह-मौत

कीमत-शहादत

पेंशन-आजादी

जंग-ए-मैदान-हिंदुस्तान

स्वराज्य

इलाहबाद से प्रकाशित होनेवाला 'स्वराज्य' एक ऐसा अखबार था, जिसके एक नहीं, बल्कि लगातार आठों संपादकों को काला पानी की सजा हुई। जब एक संपादक को काला पानी की सजा होती तो 'स्वराज्य' में विज्ञापन छपता—

'स्वराज्य को चाहिए एक संपादक—

वेतन—दो सूखी रोटियाँ और एक गिलास ठंडा पानी।

और हर संपादकीय के लिए दस साल की सजा।"

हर बार विज्ञापन छपने के बाद संपादक पद के लिए आवेदनों की कतार लग जाती थी।

अल हिलाल

मौलाना अबुल कलाम आजाद के अखबार 'अल हिलाल' से ब्रिटिश सत्ता विरोधी तेवरों के कारण 16 नवंबर, 1914 को 2,000 रुपए की जमानत

माँगी गई। आजाद ने यह देने से मना कर दिया और अखबार बंद कर दिया गया।

भारत मित्र

ब्रिटिश शासन की भारत-विरोधी नीतियों ने 'भारत मित्र' को विदेशी सत्ता के प्रतिकार के तीखे तेवर प्रदान किए। 'भारत मित्र' को लोकप्रियता के शिखर पर पहुँचानेवाले संपादक बाल मुकुंद गुप्त द्वारा लिखे 'शिव-शंभू के चिट्ठे' धारदार व्यंग्य के अनूठे उदाहरण हैं। 'कर्जन' की खिल्ली उड़ाती यह कविता उल्लेखनीय है—

नानी बोली टेसू लाल
कहती हूँ तुझसे सब हाल
मास नवंबर कर्जन लाट,
उलट चले शासन की खाट,
किया मातरम बंदे बंद,
जोर स्वदेशी का दबवाया
जगह-जगह पर लठ चलवाया।

हंस

1930 में 'हंस' पत्रिका के संपादक मुंशी प्रेमचंद से भी 1,000 रुपए की जमानत माँगी गई। जब कोई भी प्रेस 'हंस' छापने को तैयार नहीं हुआ तो पत्रिका पाँच महीने के लिए बंद हो गई। 1936 में सेठ गोविंद दास का लेख 'स्वतंत्रता' प्रकाशित करने पर 'हंस' से फिर जमानत माँगी गई।

जागरण

प्रेमचंद के 'जागरण' के 27 अक्तूबर, 1932 के अंक में उनकी कहानी 'उसका अंत' प्रकशित हुई, जिसे अंग्रेजों ने अपने ऊपर साधा गया निशाना माना और 'जागरण' और उसकी प्रेस 'सरस्वती' से 1,000 रुपए जुरमाना माँगा। तब प्रेमचंद ने लिखा—

"ऐसे वातावरण में, जबकि हर एक संपादक के सिर पर तलवार लटक रही हो, राष्ट्र का सच्चा राजनीतिक विकास नहीं हो सकता। अधिकारियों के हाथ में

इतना अधिकार दे दिया गया है कि कोई संपादक अफसरों की आलोचना करके सुख की नींद सो नहीं सकता है। हमें भय है कि इन प्रतिकूल दशाओं में समाचार-पत्रों का बढ़ना-पनपना कठिन हो जाएगा।"

सिर्फ ऊपर उद्धृत अखबार ही नहीं, सैकड़ों ऐसे अखबार देश की विभिन्न भाषाओं में प्रकाशित हुए, जिन्होंने आजादी के आंदोलन के दौर में जनमानस को अंग्रेजों के खिलाफ बगावत करने को उकसाया और राष्ट्र-प्रेम, राष्ट्रवाद का संदेश दिया। ये वे कलम के सिपाही थे, जो—

जिए जब तक लिखे खबरनामे
चल दिए हाथ में कलम थामे।

ब्रिटिश शासन द्वारा दमन, प्रताड़ना, जेल, जुरमाना, फाँसी, तोप या बंदूक से उड़ा दिया जाना, यही सच था भारतीय पत्रकारिता के प्रारंभिक काल का, जिसमें से भारत की स्वतंत्रता का आंदोलन अँगड़ाइयाँ लेता रहा। ऐसी ही विपरीत परिस्थितियों में अटूट राष्ट्रवाद और आस्था का परचम लहराते हुए भारतीय पत्रकारिता ने 1947 में स्वतंत्रता का सूरज देखा। आज जरूरत है, उस जज्बे को याद रखने की, जब पत्रकारिता की साख पर ही सवाल खड़े होने लगे हैं, उस पर बिकाऊ, देशविरोधी, बाजारू जैसे तमगे चिपकाए जाने लगे हैं। आज इस साख को बचाना है तो अतीत से सीखना होगा कि राष्ट्रीयता के मायने क्या होते हैं?

संदर्भ

1. आंचलिक पत्रकार, संपादक—मंगला अनुजा, जून 1997, भोपाल।
2. माधवराव सप्रे स्मृति समाचार-पत्र संग्रहालय में संगृहीत समाचार-पत्रों की मूल प्रतियाँ, भोपाल।
3. 'भारतीय पत्रकारिता : नींव के पत्थर', डॉ. मंगला अनुजा, प्रकाशक : माधवराव सप्रे स्मृति संग्रहालय एवं शोध संस्थान, भोपाल।
4. 'समग्र भारतीय पत्रकारिता', खंड-1 (1780-1900), डॉ. विजयदत्त श्रीधर, लाभचंद प्रकाशन, इंदौर।
5. नेहरू स्मारक संग्रहालय एवं पुस्तकालय, दिल्ली।
6. 'केसरी', 22 जून, 1908।
7. 'गुलामी के खिलाफ कलम और कागज का जिहाद', विजयदत्त श्रीधर, आंचलिक पत्रकार, जून 1997।
8. 'कलम का अग्निपथ' (डॉक्यूमेंटरी फिल्म) 2007 द्वारा, डॉ. विनीता गुप्ता।

9. 'शब्द-यात्रा' (डॉक्यूमेंटरी फिल्म) 2007, द्वारा डॉ. गौरीशंकर रैना एवं डॉ. विनीता गुप्ता। (सौजन्य दूरदर्शन)।
10. साक्षात्कार, वेद प्रताप वैदिक, पूर्व संपादक (नवभारत टाइम्स), 2007।
11. साक्षात्कार, इंदर मल्होत्रा, पूर्व संपादक (द स्टेट्समैन), 2007।
12. साक्षात्कार, कुलदीप नैयर, पूर्व संपादक (द टाइम्स ऑफ इंडिया), 2007।
13. साक्षात्कार, नवीन सूरी, संपादक (मिलाप), 2007।
14. साक्षात्कार, अच्युतानंद मिश्र, पूर्व कुलपति, माखनलाल चतुर्वेदी राष्ट्रीय पत्रकारिता एवं जनसंचार विश्वविद्यालय, 2007।
15. साक्षात्कार, बृजेंद्र त्रिपाठी, अध्यक्ष, साहित्य अकादमी, 2007।

□

9

भारतेंदु युग : समकालीन साहित्य और पत्रकारिता में राष्ट्रीयता के भाव

—प्रो. अशोक त्यागी

साहित्य अपने युगीन परिवेश की भूमिका पर ही रचा जाता है। पत्रकारिता भी तत्कालीन साहित्य की श्रेणी में आती है, अत: उसका समय तथा परिस्थिति से प्रभावित होना निश्चित है। युगबोधता तथा जनाकांक्षाओं को वाणी देने का सारस्वत कर्म पत्रकारिता तथा कालजयी साहित्य का धर्म होता है। यही भाव हम 1857 की क्रांति से पूर्व तथा पश्चात् के लेखन में देखते हैं। विदेशी साम्राज्य के मध्य भी राष्ट्रीय चेतना का उद्‌भव लेखन की पवित्र भावनाओं का उद्घाटन कर रहा था और इस बात का संकेत भी था कि प्राचीन भारत अपने गौरवशाली अतीत, आध्यात्मिक मूल्यों, इतिहास तथा महान् परंपराओं के प्रति परम आस्थावान हो रहा है, जो उसके सामाजिक तथा राजनीतिक पुनरुत्थान की प्रेरणाशक्ति बन रही हैं। इस संक्रमण कालखंड में प्राचीन भारत के राष्ट्रीय चेतना का प्रादुर्भाव तथा शताब्दियों से विदेशी आक्रमणकारी बर्बर शासकों की दासता से विमुक्त होने की आहट स्पष्ट सुनाई देने लगी थी।

यह कहना उचित नहीं होगा कि भारत में राजनीतिक चेतना तथा राष्ट्रीय जागरूकता का प्रभाव 20वीं शताब्दी में विभिन्न आंदोलनों तथा कांग्रेस के प्रयासों से दिखाई देता है। सत्य यह है कि अंग्रेजी शासन के कुछ दशकों के पश्चात् भी देश में राजनीतिक चेतना का उदय तथा स्वत्व प्राप्ति की कामना का जन्म हो चुका था। राष्ट्रीय भावना का उदय भी इस काल की अनन्य विशेषता है। मुगल काल के पतन तथा देश की दुर्दशा के पश्चात् के ब्रिटिश साम्राज्य की व्यवस्थागत प्रणाली ने देश को प्रशासनिक अनुशासन प्रदान किया था, अत: तत्कालीन लेखन में कहीं राजभक्ति के भाव थे तो राष्ट्र-प्रेम की अतीव भावना भी थी यही कारण था कि सन् 1857 के प्रथम स्वतंत्रता संग्राम के पश्चात् भी भारतीय शब्द शिल्पियों की लेखनी इतनी स्वतंत्र नहीं थी कि वे निर्भय होकर राष्ट्रीय चिंता तथा लोक-वेदना को अभिव्यक्ति प्रदान कर सकें। भारतेंदु हरिश्चंद्र जैसा राष्ट्रवादी कवि, जो भारत

की दुर्दशा लिखता है, लेकिन कहीं-न-कहीं अंग्रेजी साम्राज्य की प्रशंसा भी करता है। वे लिखते हैं कि—

अंग्रेज राज सुखसाज सजे सब भारी,
पै धन विदेस चलि जात यहै अति ख्वारी।

सन् 1857 के विद्रोह की मूल प्रेरणा में भारतीय धन का ब्रिटेन में जाना भी था, उसी दर्द को भारतेंदु भी प्रकट करते हैं, लेकिन उससे पहले अंग्रेजी राज का गुणगान भी करते हैं। पर यहाँ यह समझना आवश्यक है कि इसका प्रयोजन अंग्रेजी साम्राज्य को प्रतिष्ठित करना नहीं है, अपितु राष्ट्र-चेतना को जनव्यापी बनाना है। यह कार्य केवल लेखकों तथा पत्रकारों के माध्यम से ही नहीं हुआ, बल्कि अनेक विचारक भी थे, जिन्होंने अंग्रेजों के साथ सहयोग, सामंजस्य, सद्भाव और सहज विश्वास का परिचय दिया, लेकिन जन शोषणकारी नीतियों और उपेक्षाओं की जमकर आलोचना भी की। वास्तविकता यह है कि इस समय के सामाजिक तथा राजनीतिक नेता तथा कलमकार ब्रिटेन के संपर्क को आवश्यक तथा शुभ मानते थे। मुगल काल में विध्वंस होते मंदिर तथा तलवार के बल पर धर्मांतरण जैसी घटनाओं से मुक्ति की प्रसन्नता देश को थी। यह मानसिक संतोष देशभक्ति का ही एक रूप था, इसलिए समाज के विशिष्ट जन ब्रिटेन से संबंध को शुभ और आवश्यक मानते थे। इसका कारण यह था कि शताब्दियों से दासता में जीनेवाला समाज अपना आत्मबल खो चुका था। उसको राष्ट्रीयता के संस्कारों से धीरे-धीरे प्रशिक्षित करने की आवश्यकता का अनुभव भी हो रहा था, जो विविधतामयी भारतीय सामाजिक संरचना तथा दासता के कारण विकसित हुई मानसिक तथा शैक्षिक दशा को जानते थे, वे स्पष्ट रूप से ब्रिटिश साम्राज्य से टकराने से बचना चाहते थे, उन्हें उचित समय की प्रतीक्षा थी। कांग्रेस के वरिष्ठ नेता गोपाल कृष्ण गोखले ने सन् 1907 में अपने एक भाषण में कहा था कि 'मैं चाहता हूँ कि मेरा भारत विश्व के महान् राष्ट्रों के मध्य स्थान प्राप्त करे, धर्म, साहित्य, विज्ञान तथा कला के क्षेत्र में भारतीयों का नाम हो, लेकिन मेरी यह इच्छा साम्राज्य के भीतर है। इसका अर्थ यह नहीं है कि राजभक्ति भारतीय विचारकों, साहित्यकारों तथा पत्रकारों के लिए अभीष्ट रही हो। वे परिस्थितियों की संवेदनशीलता को समझते थे, लेकिन भारतीय जनमानस को देश की महान् संस्कृति तथा उसके वीरत्वपूर्ण गौरव से भी अवगत करा रहे थे। राष्ट्र चेतना का

अभाव न होकर समसामयिक परिवेशगत अनुबंध था, जो उसके हृदय को नहीं, मस्तिष्क को स्वीकार्य था।

यदि हम प्रथम स्वतंत्रता संग्राम से संबद्ध कालखंड को देखें तो पत्रकारिता, साहित्य और सामाजिक आंदोलन विशुद्ध राष्ट्रीयता की धरातल पर थे। संग्राम से काफी पहले ही क्रांति की पूर्वपीठिका तैयार होनी आरंभ हो गई थी। असंतोष तथा अविश्वास के स्वर राष्ट्रीय परिप्रेक्ष में गुंजित होने लगे थे। इन स्वरों को समवेत ध्वनि में बंगाल की धरती पर सुना गया और फिर ये पूरे देश की वाणी बनते चले गए। बंगाल में ताराचंद चक्रवर्ती (1804–1855), रसिक कृष्ण मलिक (1810–1858) और दक्षिणारंजन मुखोपाध्याय (1814–1874) आदि प्रभृति विचारकों ने ब्रिटिश साम्राज्य की आलोचना की और अपने लेखन के माध्यम से आम आदमी को परिचित कराया। प्रथम स्वतंत्रता संग्राम के पश्चात् ब्रिटिश साम्राज्य ने प्रेस पर प्रतिबंधात्मक कानूनों को लादना आरंभ कर दिया था। ऐसा नहीं था कि देश के कलमजीवियों ने इसको सहजता के साथ स्वीकार किया। उसका विरोध भी किया गया। कलम के सिपाही अपने लेखन के माध्यम से ही राष्ट्र सेवा का कार्य कर रहे थे। उनको यह स्वीकार्य नहीं था कि कलम की दिशा और उसके दायित्वों पर तटबंध लगा दिए जाएँ। सन् 1880 को लालमोहन घोष के नेतृत्व में पत्रकारों, लेखकों तथा विचारकों के एक प्रतिनिधिमंडल ने ज्ञापन तैयार किया और कुछ अन्य प्रकरणों के साथ प्रेस पर प्रतिबंध का विरोध किया।

भारत की राष्ट्रीयता सदा संस्कृति से समन्वित रही है। अतः सांस्कृतिक उत्थान का संकल्प राष्ट्रीयता के उन्नयन का ही प्रबल संकल्प है। प्रथम स्वतंत्रता संग्राम से पूर्व तथा पश्चात् के साहित्य तथा पत्रकारिता में हम इस भाव को स्पष्ट देखते हैं। अतीत का गौरव तथा वर्तमान दयनीयता के द्विविध भाव को भारतेंदु 'भारत दुर्दशा' में प्रकट करते हैं। वे पहले भारत के महान् नायकों का स्मरण करते हैं और देश को बताते हैं कि उनका देश वीरों तथा ज्ञानवंत महापुरुषों की प्रसूता भूमि रहा है, लेकिन अब क्या है ? वे कहते हैं कि—

अब जहं देखूँ, तह दुःखहि दुःख दिखाई,
हा हा भारत दुर्दशा देखी न जाई।

यहाँ यह भी समझना आवश्यक है कि एक ओर तो समकालीन पत्रकार तथा साहित्यकार विदेशी सत्ता के प्रति परोक्ष प्रहार भी कर रहा था, उसके साथ उसका

दायित्व देश की सामाजिक स्थिति को परिमार्जित करना भी था। यहाँ यह स्पष्ट करना भी आवश्यक है कि उस समय के कलमजीवी केवल विनोद विलास या आत्मतोष के लिए लेखन या पत्रकारिता नहीं कर रहे थे, वे यह समझ चुके थे कि विश्व का सर्वाधिक ज्ञानवंत देश भारत अपनी सामाजिक निर्बलता के कारण अशिक्षित तथा बर्बर आक्रमणकारियों से हारता चला गया। अत: उनका ध्येय सामाजिक जीवन में आई विकृतियों का उन्मूलन करना प्राथमिक कार्य था। तत्कालीन पत्रकारिता पर सिंहावलोकन करते हैं तो पाते हैं कि उस समय की पत्रकारिता की देशभक्ति समाज सुधार के रूप में भी प्रकट हुई। परदा प्रथा का प्रबल तथा तार्किक विरोध किया गया। इसी प्रकार नारी शिक्षा की अनिवार्यता पर पत्रकारिता के माध्यम से जनचेतना पैदा करने का प्रयास भी किया जाता रहा। अंग्रेजी शासन में श्रमिकों की दीन-हीन स्थिति पर भी तत्कालीन लेखकों ने तथ्यात्मक तथा संवेदनात्मक आलेख तथा रचनाएँ लिखीं, जो पत्र-पत्रिकाओं में अनवरत प्रकाशित भी होती रहीं। यही कारण था कि प्रथम स्वतंत्रता संग्राम के लिए ब्रिटिश साम्राज्य ने भारतीय पत्रकारिता को अशांति तथा हिंसा का कारण बताया। सन् 1857 के विद्रोह के पश्चात् भारतीय पत्रकारिता पर अनेक प्रकार के प्रतिबंध लगा दिए गए। लॉर्ड केनिंग ने भारतीय समाचार-पत्रों तथा पत्रिकाओं को राजद्रोह फैलानेवाला कहा, लेकिन राष्ट्रीयता के स्वरों को अंग्रेजों का प्रतिबंध रोक नहीं सका। या तो प्रत्यक्ष या फिर लक्षणा या व्यंजना का सहारा लेकर सरकार की गलत नीतियों की आलोचना की जाने लगी।

यह सत्य है कि प्रथम स्वतंत्रता संग्राम के दौरान समाचार-पत्रों का विस्तार बहुत कम था, लेकिन जितना था, अति प्रभावशाली था। स्मरण रहे कि प्रथम क्रांति वर्ष में ही 'पयाम-ए-आजादी' का प्रकाशन आरंभ हुआ था। अंग्रेजों की लाख कोशिश के पश्चात् भी इस पत्र ने राष्ट्रीय जागरण का कार्य नहीं रोका। कम प्रसार संख्या होने के पश्चात् भी यह पत्र क्रांति का अग्रदूत बन गया। अंग्रेजों की क्रूर तथा अधिनायकवादी व्यवस्था ने राजद्रोह का आरोप लगाकर इस समाचार-पत्र को बंद कर दिया और संपादक को क्रांतिकारियों की भाँति मृत्युदंड दिया।

सन् 1857 में प्रथम स्वतंत्रता संग्राम से पहले 'समाचार सुधावर्षण', 'दूरबीन' और 'सुलतान-उल-अखबार' ने अंतिम मुगल शासक के उस फरमान को प्रकाशित किया था, जिसमें कहा गया था कि 'अंग्रेजों को भारत से बाहर कर दो'। इन तीनों समाचार-पत्रों को तत्काल बंद करा दिया गया था और बाद में

लॉर्ड केनिंग के कुख्यात कानून 'केनिंग ऐक्ट' के आने पर संपादकों को कठोर दंड दिया गया।

भारत की आजादी की लड़ाई द्विविध रही है। एक सेनानी वे थे, जिनके हाथों में बंदूक थी, लेकिन दूसरे वे थे, जिनके पास किसी प्रकार का कोई अस्त्र-शस्त्र नहीं था। वे भारतमाता के साधक के साथ माँ सरस्वती के महान् उपासक थे। उनके हाथ में केवल लेखनी थी। उस कालखंड में उनकी लेखनी आग उगल रही थी। जब चारों ओर संगीन का साया था, प्रतिबंधों का राक्षस पत्र-पत्रिका के कार्यालय के बाहर प्रहरी बना खड़ा था, फिर भी माँ भारती को समर्पित लेखनी राष्ट्रीयता का गान करती रही। ब्रिटिश साम्राज्य के भारत में पैर जमाने के साथ ही साहित्य तथा पत्रकारिता की दिशा में भी बदलाव आ गया। अब कवि नायिका के नख-शिख वर्णन तथा श्रृंगारिका के भावलोक से बाहर आकर आम आदमी के दर्द की वाणी भी बनने लगे थे। यह दर्द औपनिवेशिक संदर्भों में दिया गया था, जिस कारण देश का शिल्पकार तथा कृषक दो जून की रोटी को मोहताज होने लगा। देश में अकाल की स्थिति पैदा होने लगी। सन् 1876 और 1878 के मध्य विकट दुर्भिक्ष की स्थिति पैदा हो गई। दिल्ली दरबार में साम्राज्यवाद के प्रतिनिधि लाखों का व्यय अपने विलासतापूर्ण जीवन पर कर रहे थे। यह एक ऐसा समय था, जब अंग्रेजों के समर्थक नेता भी आलोचना करने लगे। अब इन नेताओं की राजभक्ति में देशभक्ति के भाव भी स्पष्ट परिलक्षित होने लगे, स्थिति इतनी खराब हो चुकी थी कि अंग्रेज किसानों से 50 प्रतिशत से लेकर 83 प्रतिशत तक लगान लेते थे।

ऐसे विपरीत कालखंड में आम आदमी की आवाज कौन बने? कौन उस दर्द को प्रकट करे? ऐसे में देश भर में नवीन लेखन चेतना का विकास हुआ। यह चेतना प्रथम स्वतंत्रता संग्राम की प्रेरणा भूमि भी बनी। 30 मई, 1826 को पं. युगल किशोर शुक्ल ने हिंदी का प्रथम पत्र 'उदंत मार्तंड' का प्रकाशन आरंभ किया। उसके कुछ समय बाद यानी 10 मई, 1829 को 'बंगदूत' का प्रकाशन आरंभ हो गया। सन् 1854 में कलकत्ता से 'सामाचारवर्षण' का प्रकाशन आरंभ हुआ। इसके पश्चात् विभिन्न स्तरों पर पत्रकारिता के क्षेत्र में क्रांति आ गई। लेखन की इस वैचारिक क्रांति पर अंग्रेजों का उत्पीड़न जारी रहा। भारतीय स्वातंत्र्य चेतना का प्रसार करनेवाली भारतीय पत्रकारिता अंग्रेजों की दमनकारी नीतियों के कारण अधिक विकसित न हो सकी।

डॉ. वशिष्ट नारायण सिंह के अनुसार, सन् 1857 में प्रथम स्वतंत्रता संग्राम के बाद भारतीय जनता में उद्वेलन की स्थिति थी। वह अपना अधिकार समझने

का धीरे-धीरे प्रयास करने लगी थी, परंतु अंग्रेजी शासकों के चाबुक के चलते असहाय थी। उसे कोई रास्ता दिखानेवाला नहीं था। समाचार-पत्र तो निकलने लगे थे, लेकिन हिंदी प्रदेश की जनता उनसे अनभिज्ञ थी। ऐसे समय में भारतेंदु बाबू हरिश्चंद्र ने अपनी आयु के 17वें वर्ष अर्थात् 1867 में 'कवि वचन सुधा', 1873 में 'हरिश्चंद्र' मैगजीन, 1874 में 'हरिश्चंद्र चंद्रिका' और हिंदी की पहली महिला पत्रिका 'बालाबोधिनी' का प्रकाशन कर समाज को जो आईना दिखाने का काम किया, वह अपने आप में अद्‌भुत व अविस्मरणीय था। उनकी पहल से हिंदी भाषा ही संपुष्ट नहीं हुई, वरन् स्वतंत्रता संग्राम की मजबूत पृष्ठभूमि तैयार हुई।

भारतेंदु की प्रेरणा से पं. बालकृष्ण भट्ट ने सितंबर 1877 में 'हिंदी प्रदीप' का प्रकाशन आरंभ किया। यह अपने समय का सर्वाधिक चर्चित तथा राष्ट्रवादी समाचार-पत्र था और इसका प्रकाशन भी अनवरत होता रहा। ऐसा नहीं है कि केवल पत्रकारिता ही राष्ट्रवाद की गर्जना कर रही थी, बल्कि विशुद्ध साहित्य में भी आजादी की माँग उठने लगी थी। यह अवश्य था कि साहित्य लाक्षणिक तथा प्रतीकात्मक शैली में अधिक होता था। सन् 1908 में माधव की एक रचना 'बंदर सभा' महाकाव्य प्रकाशित हुई, जिसमें अंग्रेजों को बंदर की तरह बताया गया था। इस कविता से अंग्रेज शासक कुपित हो गए और कवि पर कारवाई की गई। यह कविता 'हिंदी प्रदीप' में प्रकाशित हुई थी। अर्थदंड के पश्चात् पत्र को पुनः प्रकाशन की अनुमति मिली। इस घटना के दो वर्ष पश्चात् भट्टजी ने माधव की एक अन्य कविता प्रकाशित कर दी। इसका स्वर पहले से अधिक कठोर तथा कर्कश था। इस कविता का शीर्षक था 'क्या हैं'। इस रचना से अंग्रेज इतने कुपित हुए कि 'हिंदी प्रदीप' पर तीन हजार रुपए जुरमाना कर दिया, न देने पर हमेशा के लिए बंद करने का आदेश दे डाला। इतना धन न होने के कारण भट्टजी ने 'हिंदी प्रदीप' को हमेशा के लिए बंद कर दिया। 'हिंदी प्रदीप' ने जो लेखकों को प्रखर राष्ट्रवाद की राह दिखाई, वह भारत के इतिहास में अमरता कायम कर गई। यहाँ यह स्पष्ट करना आवश्यक है कि 19वीं शताब्दी में कुछ ऐसे भी हिंदी पत्र थे, जो अंग्रेजों से सहायता की आशा करते थे, लेकिन भारतेंदु युग में दृष्टि पूरी तरह से बदल गई। जो अपना घर फूँके, वही कबीर का हमराही हो सकता है, इस दर्शन पर समाचार-पत्रों का प्रकाशन आरंभ होता है। सन् 1868 से 'कवि वचन सुधा' एक कविता की पत्रिका निकाली, परंतु बाद में उसमें गद्य भी सम्मिलित होता रहा। पहले वह मासिक थी,

1875 में साप्ताहिक हो गई और अगले दस वर्ष तक हिंदी तथा अंग्रेजी में निकलती रही। उस पत्र की क्या नीति थी, उसका दिग्दर्शन उसके मुख पृष्ठ पर छपनेवाले उस सिद्धांत वाक्य से मिलता है, जिससे यह ज्ञात होता है कि देश के प्रति कितनी चाहत उस समय के पत्रकारों तथा लेखकों में थी—

खल-गननसों सज्जन दु:खी मति होंहिं, हरिपद मति रहै।
अपधर्म छूटै, स्वत्व निज भारत गहै, करदु:ख बहै।
बुध तजहिं मत्सर, नारिनर सम होंहिं, जग आनंद लहै।
तजि ग्रामकविता, सुकविजन की अमृतबानी सब कहै।

इस पत्र में इस प्रकार 'स्वत्व निज भारत गहै, करदु:ख बहै, नारिनर सम होंहिं' जैसे विचार प्रकट किए गए थे, जो उस समय के लिए क्रांतिकारी थे।

भारतेंदु युग की पत्रकारिता तथा साहित्य लेखन से भारतीयों की हीन भावना क्षीण हुई और वे अपने गौरवशाली अतीत पर गौरवान्वित अनुभव करने लगे, जिससे स्वतंत्रता आंदोलन का एक स्वस्थ धरातल तैयार हुआ। यदि सूक्ष्मता से तत्कालीन साहित्य तथा पत्रकारिता का अध्ययन करें तो वह दो मोर्चों पर संघर्ष कर रही थी—पहला, भारतीयों में आत्मबल पैदा करना तथा दूसरा, स्वतंत्रता के महत्त्व को प्रतिपादित करना। इस काल के कलमकार इसमें काफी सफल भी रहे, जिसका प्रभाव द्विवेदी युग के साहित्य तथा पत्रकारिता में भी देखा जा सकता है; लेकिन 20वीं शताब्दी के आते-आते भारतेंदु लेखकों के तेवरों में भी परिवर्तन आ गया था। अब उन्होंने साम्राज्यवाद की प्रशंसा कर देशभक्ति को प्रकट करने की कला को त्याग दिया था। बालमुकुंद गुप्त जैसे कवि भी थे, जो भारतीयों को जागाने का आह्वान करते हैं। वे मानते हैं कि भारतीयों की उदासीनता के कारण ही देश को परतंत्रता का विषपान करना पड़ा है। अत: वे माँ दुर्गा की प्रार्थना करते हैं और 'भारतीयों में राष्ट्रीय चेतना का संचार हो' की चाहत प्रकट करते हैं। भारतेंदु युग के अंतिम दशक में कविता का मिजाज तो बदला, साथ ही संदेश संप्रेषण में भी अंतर आ गया। प्रताप नारायण मिश्र माता भारत को गौरवान्वित करते हुए लिखते हैं कि 'जय जय जगत् शिरोमणि भारत'। वस्तुत: राष्ट्रवाद का जन्म सांस्कृतिक गौरव तथा आस्था से अनुप्रेरित होता है। इस काल की पत्रकारिता तथा लेखन पूरी तरह से सांस्कृतिक उत्थान का कालखंड भी रहा। आर्य समाज आंदोलन तथा स्वामी विवेकानंद ने भी क्षीण होती सांस्कृतिक आस्था को प्राणवायु प्रदान की। इसका प्रभाव भी तत्कालीन

लेखन पर हुआ। स्वामी दयानंद सरस्वती ने स्वराज को सर्वश्रेष्ठ माना। असल में स्वराज तथा सांस्कृतिक राष्ट्रवाद की भावना को उत्प्रेरित करने में आर्य समाज तथा स्वामी विवेकानंद का काफी बड़ा सहयोग रहा है। दूसरी ओर 1857 के विद्रोह के कारणों तथा परिणामों को देश विस्मृत नहीं कर पाया था। वह पीढ़ी अभी जिंदा थी, जिसने बर्बर अंग्रेजों द्वारा भारतीयों को सरेआम फाँसी पर लटकाते देखा था। जो सुप्त आक्रोश था, वह स्वदेशी आंदोलन के रूप में प्रकट होने लगा। सबसे महत्त्वपूर्ण अभियान भारतेंदु द्वारा आरंभ किया गया। उन्होंने स्वदेशी आंदोलन की आधारशिला रखी और एक संकल्प-पत्र जारी किया, जिसमें लोगों को यह शपथ दिखाई गई थी कि वे भविष्य में ब्रिटेन का निर्मित कोई भी सामान प्रयोग नहीं करेंगे। उन्होंने अपने इस संकल्प-पत्र को 'कवि वचन सुधा' में भी प्रकाशित किया। बालकृष्ण भट्ट अपने 'चलन' नामक निबंध में देश की दुर्गति का मार्मिक वर्णन करते हैं और देशवासियों को स्वदेशी के प्रति जागरूक भी करते हैं।

भारतेंदु युग में जिस स्वदेशी आंदोलन की नींव रखी गई और दो दशक पश्चात् वीर सावरकर ने उसको राष्ट्रीय चेतना का अस्त्र बनाया और लगभग चार दशक पश्चात् गांधीजी ने उसको स्वीकार किया, वह उस समय का आंदोलन था, जब चारों ओर अंधकार तथा उत्पीड़न की हवा बह रही थी। आज सुखद तथा स्वतंत्र वातावरण में हम देशभक्ति का गान कर सकते हैं, लेकिन उस समय की कल्पना करें, जब देश की जनता भी चेतनारहित थी और शासक की मानव-मूल्यों के प्रति किसी प्रकार की आस्था भी नहीं थी। लेखक डॉ. रामेश्वर लाल खंडेलवाल तब ही उस काल की देशभक्ति को महान् मानते हैं।

द्विवेदी युग के साथ शताब्दी का परिवर्तन भी हो जाता है। सामाजिक जीवन में शिक्षा तथा राष्ट्रीय संस्कारों के विस्तार के साथ राष्ट्रीय विषयों में सामाजिक जीवन में परिमार्जन का संकल्प भी जोड़ दिया गया।

जब 'सरस्वती' पत्रिका का प्रकाशन आरंभ हुआ तो साहित्य तथा पत्रकारिता में सकारात्मक परिवर्तन आया और काव्य की सौंदर्यबोधता का स्थान सामाजिक संबंधों में सौंदर्य स्थापन की भावना ने लेना आरंभ कर दिया। हमारे लेखक राष्ट्रीय विषय पर जितने मुखर थे, वे सामाजिक प्रश्नों पर उतने ही गंभीर होते चले गए। जातीय भावना, बाल विवाह, अंधविश्वास, नारी उत्पीड़न आदि विषयों पर तेजी के साथ लेखनी चलनी आरंभ हुई। आजादी के मायने केवल राजनीतिक निर्णय में स्वत्व

की भावना नहीं है, अपितु सामाजिक कुरीतियों को दूर करना भी स्वाधीनता का एक रूप है। हमारे पत्रकार तथा लेखक यह जान चुके थे कि भारतीय विदेशियों से वीरत्व तथा शौर्य के अभाव के कारण पराजित नहीं हुए, बल्कि समाज की गलत व्यवस्था ने उनको अपमानजनक पराजय का सामना करने के लिए विवश किया। जब सशक्त तथा क्षमतायुक्त भारत की परिकल्पना की जाती है तो ऐसे स्वस्थ समाज की कामना होती है, जहाँ समत्व का भाव हो, नारी का सम्मान हो, प्राकृतिक संसाधनों पर सबका अधिकार हो। कोई भी स्वयं को वंचित न समझे।

आचार्य महावीर प्रसाद द्विवेदी काव्यात्मक आह्वान समाज से करते हुए कहते हैं कि समाज में बहुविध दोष हैं, इन दोषों के कारण भारत राष्ट्र को कितनी हानि हुई है, इस पर विचार करो तथा दोषरहित समाज की स्थापना करो। इसी प्रकार श्रीधर पाठक भी इसी भावना को अपनी एक कविता में प्रकट करते हैं।

यही कारण है कि प्रथम स्वतंत्रता संग्राम के पश्चात् पत्रकारिता तथा साहित्य के क्षेत्र में नवजागरण काल का उदय होता है। इसमें राष्ट्रभाव तथा देशभक्ति के समन्वित स्वरूप में सामाजिक परिष्कार को भी स्थान दिया गया। प्रत्येक दृष्टि से देश को सशक्त तथा स्वच्छ बनाने की इच्छा प्रत्येक कलमकार की रही है। पत्रों तथा साहित्य का विस्तार अधिक नहीं था, लेकिन प्रभाव व्यापक था।

सच तो यह है कि चाहे 19वीं शताब्दी हो या फिर 20वीं, पत्रकारिता तथा लेखन को खुला परिवेश नहीं मिला। ब्रिटिश सरकार के प्रतिबंधों ने कलम के प्रभाव को बाधित कर रखा था, लेकिन उसके पश्चात् भी साहित्य सृजना का कार्य राष्ट्रनिष्ठ भाव से चलता रहा। एक विशेष तथ्य यह भी है कि इस कालखंड में प्राच्य तथा पाश्चात्य संस्कृति का संघर्ष भी पत्रकारिता के माध्यम से दिखाई देता है। यह अनुभव कराने का प्रयास किया गया कि किसी समय भारत विश्व में सर्वश्रेष्ठ था। भारतीय संस्कृति की आध्यात्मिक ऊर्जा यूरोप की भौतिकवादी संस्कृति के प्रबल वेग में स्वय को असहाय अनुभव करने लगी थी। तब पत्रकारिता तथा लेखन में अतीत के गौरवगान का अध्याय भी जुड़ गया। कुल मिलाकर प्रथम स्वतंत्रता संग्राम के काल से संबंद्ध पत्रकारिता तथा साहित्य ने राष्ट्रनिष्ठ भाव से अपने दायित्वों का पालन किया। चाहे देश का आर्थिक क्षेत्र हो या फिर राजनीतिक वातावरण, कलमकार की लेखनी ने सत्य को उजागर किया। इसके लिए उसको अर्थदंड, सजा, यहाँ तक कि मौत का सामना भी करना पड़ा, पर लेखनी ने अपना धर्म नहीं त्यागा।

सामाजिक तथा सांस्कृतिक क्षेत्र में इस काल के कलमकारों ने देश का अतुलनीय मार्गदर्शन किया। समाज में सुधार आंदोलन को वैचारिक आधार पर आगे चलाया और देशवासियों को सांस्कृतिक श्रेष्ठता से अवगत किया। आधुनिक हिंदी साहित्य तथा पत्रकारिता का प्रथम चरण अपनी उल्लेखनीय तथा त्यागमय, तपमय कार्य के कारण अनुकरणीय, वंदनीय तथा प्रशंसनीय है।

संदर्भ

1. 'हिंदी साहित्य का इतिहास', संपादक डॉ. नगेंद्र, पृ. 449।
2. 'हिंदी साहित्य का इतिहास', आचार्य रामचंद्र शुक्ल, पृ. 40।
3. 'आधुनिक हिंदी साहित्य की मानवतावादी भूमिकाएँ', लेखक डॉ. देवेश ठाकुर, पृ. 149।
4. 'इंडियन लिबरलिज्म', लेखक बी.एन. नायक, पृ. 17।
5. 'हिस्टरी ऑफ पॉलिटिकल थॉट', लेखक बी. मजूमदार, पृ. 231।
6. 'आधुनिक काव्यधारा का सांस्कृतिक स्रोत', लेखक डॉ. केसरी नारायण शुक्ल, पृ. 44।
7. 'भारतेंदु ग्रंथावली', खंड-प्रथम, पृ. 469।
8. 'हिंदी प्रदीप', अंक जुलाई 1880, पृ. 10।
9. 'हिंदी प्रदीप के अंक जनवरी 1891, सितंबर 1884 तथा अप्रैल से जून 1891 का अवलोकन प्रार्थित है।
10. 'भारतेंदु युग', लेखक डॉ. रामविलास शर्मा, पृ. 12।
11. 'हिंदी पत्रकारिता की विकास यात्रा', लेखक विष्णु पंकज, पृ. 12।
12. 'कुछ दस्तावेज', लेखक डॉ. अरविंद सैनी, पृ. 57।
13. 'फॉर्टी ईयर्स ऑफ प्रोग्रेस एंड रिफॉर्म', लेखक करकरिया, पृ. 94।
14. 'इकोनॉमिक हिस्टरी ऑफ इंडिया', लेखक आर.सी. दत्त, पृ. 10।
15. 'भारत में पत्रकारिता', लेखक आलोक तोमर, पृ. 15।
16. 'हिंदी विवेक', अंक जनवरी 2016।
17. स्फुट कविता, दुर्गास्मृति, कवि बाल मुकुंद गुप्त, पृ. 31।
18. 'नागरी नीरद', 8 सितंबर, 1892।
19. स्वामी दयानंद सरस्वती द्वारा विरचित सत्यार्थ प्रकाश।
20. 'कवि वचन सुधा', अंक 23 मार्च, 1887।
21. बालकृष्ण भट्ट निबंधावली, पृ. 66।
22. आधुनिक हिंदी कविता में प्रेम तथा सौंदर्य, पृ. 224।
23. 'सरस्वती', फरवरी 1902।
24. 'देहरादून' पृ. 10।
25. 'विजयिनी विलाप', राधाकृष्ण ग्रंथावली, पृ. 8।

□

10

प्रथम स्वतंत्रता आंदोलन में पत्रकारिता का योगदान

—रवि पराशर

विषय है पहले स्वतंत्रता संग्राम, यानी 1857 की प्रथम राष्ट्रीय क्रांति में पत्रकारिता का योगदान। पत्रकारिता में गिरावट वाले मौजूदा दौर में पत्रकारिता करते हुए साफ-सुथरी छवि बनाए रख पाना बहुत मुश्किल होता है। ईश्वर की कृपा से इसमें मुझे तो कामयाबी मिली है। आज की अधिकांश पत्रकारिता व्यक्तिगत प्रतिष्ठा बनाने और उसे बचाए रखने का ही माध्यम रह गई है। 1857 में भी यह व्यक्तिगत प्रतिष्ठा का प्रश्न तो निश्चित ही रहा होगा, लेकिन इसके साथ ही राष्ट्रीयता की भावना को बढ़ावा देने और अंग्रेजों की ज्यादतियों का विरोध करने का भी माध्यम थी। उस समय अंग्रेज, अखबारों के संपादकों, प्रकाशकों, एक शब्द में कहें तो पत्रकारों को प्रताड़ित कर रहे थे तो आज मीडिया मालिक उन्हें नियंत्रित कर रहे हैं। पात्र बदल गए हैं, परिस्थितियाँ कमोबेश वैसी ही हैं।

किसी भी दौर में किसी समग्र क्रांति, चाहे वैचारिक हो या आमने-सामने के सीधे युद्ध जैसी रक्तरंजित प्रतिक्रिया पर आधारित हो, तात्कालिक नहीं हो सकती। इसका आधार कई दशकों का दमनचक्र हुआ करता है। भारत में पहला स्वतंत्रता संग्राम 10 मई, 1857 को मेरठ से ही शुरू हुआ था। हालाँकि देशव्यापी या कहें कि उत्तर भारतीय स्तर पर पहली क्रांति का बिगुल 31 मई को बजना था, लेकिन 21 दिन पहले ही अंग्रेजों के अत्याचार से ऊबकर हिंदू और मुसलमान दोनों समुदायों के सिपाहियों ने अंग्रेज अफसरों को सँभलने का मौका दिए बिना उन्हें धूल चटा दी। तय समय से पहले ही इस क्रांति का शुरू होना ही शायद इसकी असफलता की एक बड़ी वजह भी बनी।

उस समय सूचनाओं के आदान-प्रदान के सभी संसाधनों पर अंग्रेज शासन का ही नियंत्रण था, लिहाजा इसमें कोई संदेह नहीं है कि जिस विस्तृत पटल पर 1857 के स्वतंत्रता संग्राम का ताना-बाना पूरी गोपनीयता के साथ बुना जा सका, इसमें उस समय प्रकाशित हो रहे हिंदी, उर्दू और कुछ देशज भाषाओं के समाचार-पत्रों का

बड़ा हाथ रहा होगा। समाचार-पत्र ही उस समय सूचनाओं के आदान-प्रदान के बड़े माध्यम थे। विरोध की मानसिकता बनने और नकारने के लिए मन में आत्मविश्वास पैदा होने और उसके पुख्ता होते जाने में वक्त लगता है, फिर विरोध के लिए संगठित होने में भी समय लगता है। इस लिहाज से देखें तो भारत में सबसे पहले प्रकाशित हुए अखबार ने ही 1857 के स्वतंत्रता संग्राम का सूत्रपात करने में नींव का काम किया, यह कह सकते हैं।

29 जनवरी, 1780 को ईस्ट इंडिया कंपनी के विद्रोही स्वभाव के कर्मचारी जेम्स ऑगस्टस हिक्की ने कलकत्ता से पहला अंग्रेजी साप्ताहिक 'बंगाल गजट' या 'कलकत्ता जनरल एडवरटाइजर' कलकत्ता से छापा। इसमें कंपनी के अंग्रेज अफसरों के भ्रष्टाचार, घूसखोरी और मानवाधिकार उल्लंघन के समाचार धड़ल्ले से छपने लगे तो हड़कंप मच गया। इस दुस्साहसी पत्रकार हिक्की ने उस समय के गवर्नर जनरल वॉरेन हेस्टिंग्स और सुप्रीम कोर्ट के चीफ जस्टिस के बीच मिलीभगत की खबरें छाप दीं। इसके खिलाफ दमनचक्र चला। हिक्की पर केस चला और उसे सजा हो गई। जेल से भी कुछ महीने तक उसने प्रकाशन की व्यवस्था की, लेकिन आखिरकार 23 मार्च, 1782 को इसका प्रकाशन बंद हो गया। 'बंगाल गजट' की खबरों का ही असर था कि वॉरेन हेस्टिंग्स और सुप्रीम कोर्ट के चीफ जस्टिस के बीच साँठ-गाँठ का मसला ब्रिटेन की महारानी तक पहुँचा और दोनों के खिलाफ 1788 में महाभियोग चला।

1857 का प्रथम स्वतंत्रता संग्राम इसके 75 वर्ष बाद हुआ, लेकिन अंग्रेजी काल में भारत में प्रकाशित हुए समाचार-पत्रों ने दिखा दिया कि अगर साहस हो तो इस माध्यम से सर्वोच्च सत्ता को भी बुरी तरह झकझोरा जा सकता है। इसके बाद हम जानते हैं कि अंग्रेजी के साथ ही दूसरी क्षेत्रीय भाषाओं और हिंदी के बहुत से समाचार-पत्र निकले और बंद होते रहे। अधिकांश सत्ता विरोधी अखबारों के प्रकाशकों और संपादकों को लंबी सजाएँ मिलीं, आर्थिक जुरमाने हुए। भारत में हिंदी का पहला पत्र 'उदंत मार्तंड' कलकत्ता से 30 मई, 1926 में साप्ताहिक के रूप में प्रकाशित हुआ। यह पं. युगल किशोर शुक्ल ने शुरू किया। इसके 71 अंक ही निकल पाए। पैसे की कमी के कारण दिसंबर 1827 में यह बंद हो गया। भारत के स्वतंत्र होने से करीब चार दशक पहले तक हिंदी, क्षेत्रीय भाषाओं, उर्दू, फारसी और अंग्रेजी भाषाओं के बहुत से पत्रकारों ने अंग्रेजी शासन की कड़ी आलोचना

की और प्रताड़नाएँ सहीं। जेल गए, जुरमाने भरे, लेकिन झुके नहीं। यह सही है कि पत्रकारिता से जुड़े अधिकतर महानुभाव पैसे के मामले में समर्थ थे, किंतु उनमें से बहुतों ने बाद में विपन्नता झेली।

एक आँकड़े के अनुसार, 1833 में भारत में 20 समाचार-पत्र थे। 1850 में इनकी संख्या 28 हो गई और तीन साल बाद 35 पत्र भारत में प्रकाशित होने लगे। पत्रों की संख्या में उल्लेखनीय वृद्धि नहीं हुई। अंग्रेजी शासन के दमन और आर्थिक तंगी की वजह से बहुत से पत्र जल्दी बंद हो गए। अधिसंख्य पत्र कई महीनों से लेकर दो-तीन साल तक जीवित रहे। हिक्की के बंगाल बजट से असहज हुई ईस्ट इंडिया कंपनी के अधिकारियों ने अपने पक्ष में माहौल बनाने के लिए कुछ समाचार-पत्रों में पैसा लगाना शुरू किया। 1857 के समय कौन से समाचार-पत्र और पत्रिकाएँ प्रकाशित हो रहे थे या फिर इससे पहले कितने पत्र-पत्रिकाएँ अंग्रेजी शासन के दमन और दूसरे कारणों से बंद हो गए थे, इसकी जानकारी गूगल और संदर्भ ग्रंथों से ली जा सकती है। इतना तय है कि प्रथम स्वतंत्रता आंदोलन के महाविस्फोट का आधार बनाने में पत्र-पत्रिकाओं ने अहम भूमिका निभाई।

स्वतंत्रता आंदोलन के अग्रणी नेता अजीमुल्ला खान ने 8 फरवरी, 1857 को दिल्ली से 'पयाम-ए-आजादी' पत्र प्रारंभ किया। इस पत्र ने स्वतंत्रता आंदोलन का पक्ष प्रबलता से लिया। यह अधिक समय तक नहीं चल पाया। ब्रिटिश सरकार ने इसे बंद कराने में एड़ी-चोटी का जोर लगा दिया। अंग्रेज सरकार इस पत्र से इतनी डर गई थी कि जिसके पास भी इस पत्र की प्रति मिलती, उसे विद्रोही करार देकर गोली मार दी जाती थी। राष्ट्रीय विचारों और गुलामी विरोधी विचारवाले और भी बहुत से पत्र-पत्रिकाएँ प्रकाशित किए गए।

1857 के स्वतंत्रता आंदोलन के नाकाम होने के बाद अंग्रेजों ने इसे बहुत छोटी घटना सिद्ध करने की पूरी कोशिश की। इसे सिपाहियों की बगावत करार दिया गया। लेकिन अब सिद्ध हो चुका है कि यह न तो सिर्फ सिपाहियों का विद्रोह था, न असंतुष्ट राजे-रजवाड़ों का विद्रोह था, बल्कि अंग्रेजों के खिलाफ यह पूरे भारतीय समाज का समग्र आंदोलन था। साम्यवाद के प्रणेता कार्ल मार्क्स और फ्रेडरिक एंजेल्स तक ने माना है कि 1857 में भारत में जनविद्रोह हुआ था। तत्कालीन सोवियत संघ में मार्क्सिस्ट एंड लेनिनिस्ट संस्थान और प्रोग्रेसिव पब्लिसर्श ने इन दोनों के निबंध 'फर्स्ट इंडियन वॉर ऑफ इंडिपेंडेंस' शीर्षक से छापे थे। ये आर्टिकल

न्यूयॉर्क के 'डेली ट्रिब्यून' में छपे थे। कार्ल मार्क्स का मत था कि पहले स्वतंत्रता संग्राम ने पूरे भारत को आंदोलित किया था, लेकिन शक्तिशाली नेता नहीं होने की वजह से यह विफल हो गया। उनका तर्क है कि अगर यह सिर्फ सामंतों का विद्रोह होता तो यह महाराष्ट्र और विभिन्न गैर-हिंदी भाषी इलाकों तक पूरे जोश से नहीं फैलता।

प्रथम स्वाधीनता आंदोलन के समय अगर समूचे उत्तर भारत और खासकर मेरठ के पत्र-पत्रिकाओं की बात करें तो एक आँकड़े के अनुसार, 1850 तक उत्तर क्षेत्र में कुल 22 छापेखाने थे। लखनऊ का आँकड़ा इसमें शामिल नहीं है। मेरठ में दो मुद्रणालय थे, ऐसा पता चलता है। इसके अलावा दिल्ली में दो, आगरा में सात, वाराणसी में चार, कानपुर, बरेली, शिमला और इंदौर में एक-एक मुद्रणालय थे। हिंदी के साथ ही उर्दू का भी बोलबाला था। मेरठ में भी शुरुआती दिनों में उर्दू के ही पत्र निकले। पता चलता है कि 1850 के आसपास मेरठ से एक पत्र 'जाम-ए-जमशेद' प्रकाशित होता था। मेरठ के पास सरधना में अंग्रेज सिपाही से शादी कर ईसाई धर्म अपनानेवाली समरू बेगम ने भी इस ओर ध्यान दिया। वहाँ 1848 में प्रेस खुला। 1857 में जमीलुद्दीन हिज्र मेरठ से पत्र प्रकाशित करते थे। वे दिल्ली के 'सादिक-उल अखबार' के संपादक भी थे। आंदोलन नाकाम होने के बाद जब बहादुर शाह पर केस चला तो इस अखबार का उल्लेख बार-बार आया। इस वजह से हिज्र को गिरफ्तार किया गया और तीन साल जेल की सजा सुनाई गई।

शोध करने पर एक तथ्य और पता चलता है कि बंगाल से प्रकाशित पत्र-पत्रिकाओं की भावना अंग्रेज सरकार के विरोध की थी, जबकि बंबई और मद्रास के समाचार-पत्र अपेक्षाकृत रूप से अंग्रेजों के समर्थन में रहे। भारतीय भाषा में पहला पत्र 1816 में निकला। इससे पहले के प्रकाशक और संपादक विदेशी थे। 1816 में गंगाधर भट्टाचार्य ने 'बंगाल गजट' बांग्ला भाषा में छापना शुरू किया। उसके बाद राजा राममोहन रॉय समेत बहुत से देशभक्त संपादकों ने पत्र-पत्रिकाएँ प्रकाशित कीं, जिनमें अंग्रेजों के अत्याचारों के विरोध के साथ ही समाज में व्याप्त कुरीतियों पर भी कड़े प्रहार किए गए।

बहरहाल, 1857 का आंदोलन नाकाम होने के बाद अंग्रेजों ने पत्रकारिता का दमन तेजी से किया। 1907 में प्रयाग से शुरू हुआ उर्दू साप्ताहिक 'स्वराज' ढाई वर्ष तक छपा और इसके 75 अंक निकले। प्रकाशन के पूरे दौर में इससे आठ संपादक

जुड़े और विद्रोही तेवरों की वजह से सभी को अलग-अलग मिलाकर सौ साल से अधिक की सजा, देश निकाला और जुरमाना हुआ। 'स्वराज' के संस्थापक-संपादक थे शांतिनारायण भटनागर। उन्होंने जमीन-जायदाद बेचकर 'स्वराज' शुरू किया था। 1907 में प्रयाग से प्रकाशित उर्दू साप्ताहिक 'स्वराज' के संपादक के लिए छपे विज्ञापन में लिखा गया था—'जौ की दो सूखी रोटी, एक गिलास पानी और हमेशा जेल जाने की तैयारी वाला संपादक चाहिए।' फिर भी पत्र को आठ संपादक मिले। पं. मदनमोहन मालवीय की प्रेरणा से पुरुषोत्तम दास टंडन ने संपादकों के पक्ष में केस लड़े। मालवीयजी ने ही जेल जानेवाले पत्रकारों के परिवारों का भरण-पोषण किया। उर्दू अखबार की मदद के लिए उनकी आलोचना हुई तो उन्होंने उत्तर दिया कि प्रेस की आजादी उनके लिए सर्वोपरि है और वे ऐसा नहीं करते तो विचार की स्वतंत्रता समाप्त करने के दोषी होते।

कुल मिलाकर 1857 के आंदोलन में हिंदी, उर्दू और कई क्षेत्रीय भाषाओं के पत्र-पत्रिकाओं ने महत्त्वपूर्ण भूमिका निभाई थी। लेकिन एक बात हमें ध्यान में अवश्य रखनी चाहिए कि पत्रकारिता और प्रकाशन के लिए तब भी पूँजी का महत्त्व उतना ही था, जितना आज है। कहने का अर्थ है कि अखबार या मीडिया से जुड़ा कोई भी माध्यम जैसे न्यूज चैनल इत्यादि चलाने के लिए पैसा आज भी चाहिए। अंतर बस इतना है कि तब धनी लोगों में सामाजिक चेतना फैलाने के लिए घर फूँक तमाशा देखने की हिम्मत थी और आज मीडिया के जरिए घर भरने, सत्ता से निकटता हासिल करने, समाज में पहचान बनाने और सेल्फ गवर्नेंस की बात कहकर निरंकुशता का माहौल बनाने की प्रवृत्ति ही प्रमुख है।

□

11

प्रथम स्वंतत्रता संग्राम (1857) और समकालीन पत्रकारिता का वैचारिक स्वरूप

—पंकज कुमार

यद्यपि 1857 का विद्रोह महज सिपाही विद्रोह के रूप में शुरू हुआ था, तथापि यह ब्रिटिश शासन से भारतीय जनता की मुक्ति के संघर्ष के इतिहास में सबसे महत्त्वपूर्ण अध्यायों में से एक है। इस विद्रोह ने इतना व्यापक रूप लिया कि उस समय के कुछ पर्यवेक्षकों ने इसे 'राष्ट्रीय विद्रोह' की संज्ञा दी। हालाँकि 1857 के विद्रोह की प्रकृति के बारे में शुरू से ही मतभेद रहा है। बेंजामिन डिजरैली ने जुलाई 1857 में ब्रिटिश आधिकारिक कथन का खंडन करते हुए कहा था, "साम्राज्यों का पतन मात्र चर्बीयुक्त कारतूसों द्वारा नहीं हो सकता, ऐसा निश्चित कारणों और निश्चित कारणों के एकत्र होने के अवसर पर ही होता है।" उपरोक्त पंक्तियों के संदर्भ में यह प्रश्न निश्चित रूप से सामने आता है कि क्या यह एक सैनिक विद्रोह था या फिर राष्ट्रीय विद्रोह?

तात्पर्य यह है कि शुरुआत सिपाही विद्रोह से हुई और बाद में आजादी की इस लड़ाई में किसान और दस्तकार भी शामिल हो गए। आम जनता के इस जुड़ाव की वजह न सिर्फ विदेशी राज के तौर पर ब्रिटिश शासन की नापसंदगी थी, बल्कि वह आर्थिक तंगहाली के चलते भी साथ आई। 1857 का विद्रोह प्राचीन और मध्य काल की परंपरागत और बिना किसी धर्म पर आधारित राजनीति का एक उदाहरण है। यह किसी जाति या धर्म का विद्रोह नहीं था, बल्कि इसमें हिंदू, मुसलमान, सिख सभी शामिल थे। दरअसल, इसमें हिंदू-मुसलिम, रजवाड़े-किसान सबने कंधे-से-कंधा मिलाकर सहयोग किया था। वस्तुतः 1857 की क्रांति निजी स्वाभिमानों के राष्ट्रीय स्वाभिमान में बदल जाने की अभिव्यक्ति भी थी और इस संदर्भ में यहाँ वर्णित है। 1857 के संग्राम को प्रवाहमय बनाए रखनेवाले समाचार-पत्रों का योगदान महत्त्वपूर्ण है।

समाचार-पत्र विविध सामाजिक और सांस्कृतिक तत्त्वों का विश्लेषणात्मक संश्लेषण होता है, जो भाव संप्रेषण का मात्र स्थूल साधन न होकर किसी भी राष्ट्र के

संगति, संज्ञान, संशोधन तथा सहचारिता का प्रखर साधक भी होता है। समाचार-पत्र समाज को जोड़ता है, खंडित नहीं करता है। समाचार-पत्र समाज का मात्र प्रतिबिंब न होकर समष्ठिता का नियामक भी होता है, जो उस सत्य का व्यापक चित्रण करता है, जो समूल मनुष्य के हित को संपादित करे। राष्ट्रकवि 'दिनकर' ने कलम की सार्थकता को इन शब्दों में व्यक्त किया है—

'कलम देश की बड़ी शक्ति है, भाव जगानेवाली,
दिल ही नहीं दिमागों में भी आग लगानेवाली'

किंतु लेखनी जब तक ओज का संचार न करे, तब तक उसकी सार्थकता प्रमाणित नहीं होती। कलम की शक्ति के पक्षघर मानते हैं—

"कलम की स्याही लिखती है तसवीर इतिहास की,
जगाती है स्नेह, दिखलाती दीवानगी,
देश के सपूतों का वीरत्व जगाती है,
जागते रहो 'तुम' यह संदेश सुनाती है,
कलम की ताकत के आगे नतमस्तक हुए शूरवीर
न्योछावर कर दी जिंदगी अपने दिन शेष गिन।"

सुप्रसिद्ध पाश्चात्य नाटककार विलियम शेक्सपीयर ने लिखा है कि भावनाएँ पूरे विश्व पर शासन करती हैं।

अखबार अन्याय, अत्याचार, असत्य, भ्रष्टाचार के विरुद्ध सशक्त हथियार सिद्ध हुआ है। समाचार-पत्र जनमानस को एक ऐसी निष्पक्ष दृष्टि प्रदान करते हैं, जिससे जनता स्वयं सत्य एवं असत्य, सही एवं गलत का भेद कर सके। अपनी बात को जबरन दूसरों पर थोपना, यह समाचार-पत्रों का कार्य नहीं है। प्रेसकर्मियों के लिए सभी राजनीतिक दल एवं सभी नेता एक समान हैं। पक्षपात का आदर्श पत्रकारिता में कोई स्थान नहीं है। आयरलैंड के महान् राजनेता और दार्शनिक एडमंड बर्क ने एक बार इंग्लैंड के 'हाउस ऑफ कॉमंस' में संवाददाताओं की गैलरी को इंगित करते हुए कहा था, "यहाँ देश का चौथा स्तंभ बैठा हुआ है, जो शेष तीनों स्तंभों से भी अधिक महत्त्वपूर्ण है।" दशकों पहले कही गई यह बात आज भी अत्यधिक प्रासंगिक है। जेम्स एंलिस के अनुसार, समाचार-पत्र समाज का दर्पण है, जोकि अपने देश की जनता का प्रतिनिधित्व करते हैं। समाचार-पत्र जनता की बात सरकार तक एवं सरकार की बात जनता तक पहुँचाते हैं। समाचार-पत्र लोकतंत्र के

सजग प्रहरी हैं। भारतीय राष्ट्रीय आंदोलन के समय महान् शायर अकबर इलाहाबादी का यह नारा अत्यधिक लोकप्रिय था—

'खींचों न कमान को, न तलवार निकालो।
जब तोप मुकाबिल हो, तो अखबार निकालो।'

इन समाचार-पत्रों ने अखिल भारतीय चेतना का सृजन किया और सिद्ध कर दिया कि—

'झुक जाती है तलवार भी बात के आगे,
झुक जाती है सरकार भी अखबार के आगे,
उँगली पर नचाती है यह सरमाएदार को,
सड़कों पर नचाती है यह लीडर की कार को,
मुर्दे को होश देती है अखबार नवीसी
जिंदे को जोश देती है अखबार नवीसी'

एक स्वस्थ एवं संतुलित पत्रकारिता से ही स्वस्थ समाज का निर्माण संभव है। समाचार-पत्र एवं समाज का अंतर्संबंध इतना व्यापक है कि इन्हें एक-दूसरे से अलग करना संभव नहीं है। जनता इस बात के लिए समाचार-पत्रों की ऋणी है कि वे समवेत स्वर में उनकी आवाज बुलंद करते हैं—

समाचार-पत्र है प्रजातंत्र के प्रहरी, जनमत के निर्माता।
बंधुत्व के सच्चे संवाहक, उत्पीड़ित मानवता के त्राता।

समाचार-पत्रों का संक्षिप्त इतिहास

समाचार-पत्रों का प्रारंभिक उद्‌गम स्थल इटली है। अतः इटली के वेनिस सिटी में 13वीं शताब्दी में ही समाचार-पत्रों का उदय हो चुका था। सन् 1440 ई. में हॉलैंड के 'जॉनगुटेन' ने टाइप का आविष्कार किया, इसके बाद प्रिंटिंग प्रेस अस्तित्व में आया। तब दुनिया के अधिकांश देशों (राज्यों) में प्रभुत्ववादी या निरंकुश शासन-व्यवस्था प्रभावी थी, जिसके शासक वर्ग को सर्वशक्तिमान तथा सर्वगुण संपन्न समझा जाता था, अपने अस्तित्व को बनाए व बचाए रखने के लिए शासक वर्ग प्रेस की आजादी के पक्षधर नहीं थे। ध्यातव्य है कि भारत में समाचार-पत्रों का इतिहास यूरोपीय लोगों के भारत में पर्दापण के साथ प्रारंभ हुआ। सर्वप्रथम पुर्तगाली जाति ने भारत में मुद्रणालय की प्रतिस्थापना की।

ईस्ट इंडिया कंपनी ने 1684 ई. में मुंबई में एक मुद्रणालय स्थापित किया, परंतु आनेवाले सौ साल तक कंपनी के प्रदेशों में किसी प्रकार का कोई समाचार-पत्र प्रकाशित नहीं हुआ, ताकि कंपनी के अपकर्म, अमानुषिक कृत्य तथा निजी व्यापार का समाचार लंदन तक न पहुँच पाए। कंपनी के असंतुष्ट अधिकारी विलियम बोल्ट्स ने खुले तौर पर 1776 ई. में निजी व्यापार की भर्त्सना की, साथ ही अपने पक्ष सें त्याग-पत्र भी दे दिया। वह इसे समाचार-पत्र में प्रकाशित करना चाहता था। प्रतिक्रियास्वरूप शासकीय पक्ष ने उस पर सख्त काररवाई कर उसकी समस्त योजना को नेस्तनाबूद कर उसे इंग्लैंड के लिए रवाना कर दिया। इसलिए पहली बार समाचार-पत्र 'द बंगाल गजट' को प्रकाशित करने का सौभाग्य जेम्स आगॅस्टस हिक्की को 1780 ई. में प्राप्त हुआ। जल्दी ही उसके अखबार पर प्रतिबंध लगा दिया, क्योंकि उसके अखबार ने निष्पक्ष रूप से मुख्य न्यायाधीश, गवर्नर जनरल तथा सरकारी अधिकारी की तीखी आलोचना की, जो ईस्ट इंडिया कंपनी के सदस्यों को स्वीकार नहीं था। इसके बाद पत्रकारों की संख्या में ह्रास होने की अपेक्षा तीव्र गति से वृद्धि हुई। 1780 ई. में प्रकाशित होनेवाला दूसरा समाचार-पत्र 'इंडिया' बना। तत्कालीन प्रकाशित होनेवाले समाचार-पत्रों में—'कलकत्ता गजट' 1784 ई. में; 'बंगाल जनरल', 'द कलकत्ता अम्यूजमेंट' दोनों 1785 ई. में; 'कलकत्ता कर्निकल' 1786 ई. में; 'मद्रास कुरियर' 1788 ई. में; 'कलकत्ता कैरियर', 'एशियाटिक मिरर' कलकत्ता से; बंबई से 'हेराल्ड', मद्रास से 'मद्रास गजट' आदि। 19वीं सदी के पूर्वार्ध में 'उदंत मार्तंड' (1826 ई.), 'बंगदूत' (1829 ई.), 'प्रजामित्र' (1834 ई.), 'मार्तंड' (1846 ई.) कलकत्ता से तथा 'सुधाकर' (1850 ई.) काशी से निकलते थे।

समाचार-पत्रों की विशेषताएँ

तत्कालीन समाचार-पत्रों में परस्पर प्रतिस्पर्धा की भावना भी प्रस्फुटित नहीं हुई थी, बल्कि एक-दूसरे के पूरक हुआ करते थे। प्रायः सभी समाचार-पत्र निर्विकार भाव से एक-दूसरे के प्रति सहयोगात्मक रवैया अख्तियार करते हुए अपनी गुणवत्ता पर ध्यान केंद्रित किया करते थे, जो वर्तमान युग में कहीं दृष्टिगोचर नहीं होती। उस समय समाचार-पत्रों की संख्या अधिक थी, अतः सभी समाचार-पत्रों ने अपने लिए एक दिन निर्धारित कर लिया था। परिणामस्वरूप

विभिन्न समाचार-पत्र भिन्न-भिन्न दिन प्रकाशित हुआ करते थे। ज्यादातर समाचार-पत्र साप्ताहिक होते थे। इनकी भाषा अंग्रेजी व क्षेत्रीय अन्य भारतीय भाषाएँ थीं।

इस काल में प्रकाशित होनेवाले समाचार-पत्रों का क्षेत्र असीमित नहीं होता था। प्रत्युत्त सिर्फ कंपनी के अधिकारियों, व्यापारियों तथा मिशनरियों तक ही सीमित था। जहाँ अंग्रेजी भाषा के समाचार-पत्रों में भारतीय हितों के पोषण, रुचि तथा संरक्षण का पूर्णतः अभाव व्याप्त रहता था, वहीं भारतीय भाषाओं के समाचार-पत्रों में सार्वजनिक विषयों के परिप्रेक्ष्य में पर्याप्त जानकारी दी जाती थी, ताकि पाठकों का बौद्धिक विकास हो सके। तत्कालीन सभी भाषाओं के समाचार-पत्रों में निहायत निजी एवं व्यक्तिगत विषयों पर परिचर्चाएँ अल्प मात्रा में होती थीं।

प्रथम स्वतंत्रता संग्राम (1857) के समकालीन समाचार पत्र-पत्रिकाएँ

1857 की जनक्रांति के समय जनसंचार माध्यम के नाम पर सिर्फ प्रिंट पत्रकारिता थी। उस युग की पत्र-पत्रिकाओं के पन्ने पलटने पर पता चलता है कि तब मीडिया दो वर्गों में बँटा था। एक वर्ग ने अंग्रेजों की हाँ में हाँ मिलाते हुए जनक्रांति को विफल बगावत करार देकर इसका विरोध किया था। वहीं दूसरे वर्ग ने 1857 की जनक्रांति का समर्थन किया था। पहले वर्ग में अंग्रेजों के समर्थन में खबरें छापनेवाले अखबारों की अगुवाई 'इंग्लिशमैन' नामक पत्र करता था। 'इंग्लिशमैन' जैसे पत्रों के उलट, दूसरे वर्ग के पत्र 1857 के संग्राम को अंग्रेजी सत्ता के विरुद्ध स्वतंत्रता सेनानियों के बलिदानों से भरा एक सुनियोजित महासंग्राम मानते थे। इस वर्ग के पत्रों की राय में यह ऐसा महासंग्राम था, जिसमें भारतीय सिपाहियों ने बेमिसाल बहादुरी दिखाई और अंग्रेजों के अत्याचार और आर्थिक बदहाली से पीड़ित प्रजा ने डटकर मुकाबला किया।

हिंदी का पहला समाचार-पत्र 'समाचार सुधावर्षण' इसी वर्ग का एक प्रमुख पत्र था। वह 1857 की जनक्रांति के साथ था। कोलकाता से श्यामसुंदर सेन के संपादन में निकला यह पत्र ब्रितानी सरकार के विरुद्ध शोले उगलता था। यह द्विभाषी पत्र था। आरंभिक दो पृष्ठ हिंदी के रहते थे और शेष दो बांग्ला के। 'समाचार सुधावर्षण' की तुलना 'पयाम-ए-आजादी' से की जाती है। 'पयाम-

ए-आजादी' भी द्विभाषी पत्र था। वह उर्दू व हिंदी में निकलता था। पहले वह उर्दू में निकला, फिर हिंदी भी उससे जुड़ गई। 'पयाम-ए-आजादी' अपने नाम के अनुरूप ही आजादी का संदेश लेकर आया था। इसका प्रकाशन अजीमुल्ला खान के संपादन में 8 फरवरी, 1857 को दिल्ली से शुरू हुआ। बहादुर शाह जफर के पुत्र बेदार बख्त इसके प्रकाशक-मुद्रक थे। 'पयाम-ए-आजादी' के संस्थापकों में महान् सेनानी नाना साहेब धोंधू पंत भी थे। 'पयाम-ए-आजादी' से 1857 की क्रांति के बारे में कई महत्त्वपूर्ण तथ्यों का पता चलता है। इसी पत्र ने बहादुर शाह जफर का 'संपूर्ण घोषणा पत्र' भी छापा था। यह घोषणा-पत्र 1857 की जनक्रांति का एक विरल दस्तावेज है। इसे बहादुर शाह जफर ने 25 अगस्त, 1857 को जारी किया था। यहाँ 'पयाम-ए-आजादी', 'समाचार सुधावर्षण' और 'हिंदू पेट्रियट' जैसे क्रांति समर्थक पत्रों के जो उद्धरण दिए गए, वे इस मायने में भी बेहद तात्पर्य पूर्ण हैं कि तब प्रेस पर प्रतिबंध लगा हुआ था। फिर भी पत्रों ने अंग्रेजी हुकूमत की परवाह नहीं की और वे जनता की आकांक्षा को वाणी देते रहे।

मई से सितंबर यानी चार महीने तक दिल्ली पर बागियों का कब्जा रहा। उस दौरान शहर में तीन साप्ताहिक अखबार निकलते थे। उसमें अपनी खबरों और टिप्पणियों के कारण 'दिल्ली-उर्दू-अखबार' का महत्त्वपूर्ण स्थान था। इनके अलावा उस वक्त के 'सिरा-जुल-अखबार', 'अकबर-अल-जफर' के बदले नाम से 'सादिक-उल-अखबार'। 1857 में शुरू हुए 'दिल्ली-उर्दू-अखबार' के मालिक और संपादक थे मौलवी मोहम्मद बकर। इसके अंकों की प्रिंट लाइन में प्रकाशक के तौर पर सैयद अब्दुल्ला का नाम जाता था। अखबार में मोहम्मद बकर के बेटे मोहम्मद हुसैन आजाद द्वारा लिखी गई एक कविता भी पहले पेज पर छापी गई है। कविता का शीर्षक है—'निदेशात्मक क्रांति का समय लेखन'। 21 जून के अंक में अंग्रेजों से ढेर सारी शिकायतें की गई हैं।

भारतीयों द्वारा अंग्रेजी में प्रकाशित होनेवाला समाचार-पत्र साप्ताहिक 'बंगाल गजट', जिसके संपादक गंगाधर भट्टाचार्य थे। कशिसेन के संपादन में 'समाचार दर्पण' (1818 ई.), मार्शमैन के द्वारा 'दिग्दर्शन' (1818 ई.), राजा राममोहन रॉय के संपादन में 'संवाद कौमुदी' (1821 ई.), 'मिरातउल' (1822 ई.), 'चंद्रिका', 'ब्रह्मनिकल मैगजीन' (1822 ई.), अंग्रेजी भाषा में

'दैनिक बंबई' (1822 ई.) समाचार-पत्रों के साथ प्रगतिशील व राष्ट्रीय प्रवृत्ति वाले समाचार-पत्रों का दौर आया। राजा राममोहन रॉय ने अपने समाचार-पत्रों के माध्यम से समाज-सुधार का प्रचार-प्रसार किया। परंपरागत रूढ़िवादी विचारधाराओं पर भी तीक्ष्ण प्रहार किया, जो मानवीय मूल्यों के अवहेलना करते थे, तथापि समाचार-पत्रों के प्रकाशित होने का सिलसिला अभी नहीं थमा। 1830 ई. में द्वारकानाथ टैगोर, प्रसन्न कुमार टैगोर तथा राजा राममोहन रॉय के अकाट्य प्रयास से बंगाल में 'बंगदूत' समाचार-पत्र का संपादन हुआ। इसी क्रम में बंबई से गुजराती भाषा में 'जामे जमशेद', 1831 ई. में 'रास्त गोफ्तार', जिसके संपादक दादाभाई नौरोजी थे तथा 'अखबारे सौदागर' का प्रकाशन 1851 ई. में प्रारंभ हो गया। पत्रकारिता के स्वर्णिम इतिहास में जेम्स सिल्क बकिंघम का नाम महत्त्वपूर्ण है। बकिंघम ने ही समाचार-पत्रों को जनता के प्रतिबिंब के रूप में प्रतिस्थापित किया था। बाकिंघम ने बड़ी कुशलता से 'कलकत्ता जनरल' का संपादन किया। उसकी निष्पक्ष पत्रकारिता ने कंपनी अधिकारियों, विशेषकर जॉन एडम्स तथा लॉर्ड हेस्टिंग्स को उद्वेलित कर दिया, जिसका खामियाजा पत्रकारों के आदर्श बन चुके बकिंघम को भुगतना पड़ा। 1823 ई. में उन्हें सजा के तौर पर वापस इंग्लैंड जाना पड़ा। जेम्स ऑगस्टस हिक्की तथा जेम्स सिल्क बकिंघम को पत्रकारिता का मील का पत्थर माना जाता है।

समाचार-पत्रों को कुचलनेवाले अधिनियम

समाचार-पत्रों का पत्रेक्षण अधिनियम-1799 : इस अधिनियम के तहत लॉर्ड वेलेस्ली ने समस्त एंग्लो इंडियन या भारतीय समाचार-पत्रों पर नियंत्रण या सेंसर पूरी सख्ती से लागू कर दिया; किंतु लॉर्ड हेस्टिंग्स ने लॉर्ड वेलेस्ली द्वारा निर्धारित किए गए नियमों में रियायत बरतकर समाचार-पत्रों व अन्य पत्रकारिता के स्रोतों के लिए अपने सकारात्मक व वैचारिक संगतता से युक्त प्रगतिशील और उदारवादी विचार पूरे देश में लागू कर देने के पश्चात् 1818 ई. में समाचार-पत्रों के होनेवाले पूर्व पत्रेक्षण नियम को निरस्त कर खारिज कर दिया।

अनुज्ञप्ति नियम, 1823 : जॉन एडम्स को 1823 ई. में कार्यवाहक जनरल के रूप में नियुक्त किया गया, जो घोर निरंकुशवादी मनोवृत्तिवाला था, अतः उसने पदासीन होते ही अपनी प्रतिक्रियात्मक वृत्तियों को मूर्तरूप देकर समाचार-पत्रों के

लिए और अधिक कठोर व रूढ़ नियम लागू कर दिए। जॉन एडम्स ने ही जे.एस. बकिंघम को अपदस्थ कर इंग्लैंड के लिए रवाना कर दिया था।

भारतीय समाचार-पत्रों का स्वतंत्र होना, 1835 : विलियम बैंटिंक ने भी समाचार-पत्रों के प्रति तार्किक व न्यायोचित व्यवहार अपनाया, कारणतः वह इसे असंतोष से रक्षा का अभिद्वार मानता था; किंतु वास्तव में समाचार-पत्रों का 'मुक्तिदाता' कार्यवाहक गवर्नर-जनरल चार्ल्स मेटकाफ ही कहलाए, जिन्होंने 1823 के अनुज्ञप्ति नियम को पूरी तरह समाप्त करके 'लिबरेशन ऑफ दि इंडियन प्रेस अधिनियम' पारित कर दिया। समाचार-पत्रों के प्रति यह सहानुभूतिपूर्ण नीति 1857 तक बरकरार रही।

अनुज्ञप्ति अधिनियम-1857 : भारत के प्रथम स्वतंत्रता संग्राम अर्थात् 1857 के महाविद्रोह से एकाएक उत्पन्न हो गई संहारक आपातकालीन स्थिति के निवारण हेतु या इससे निपटने के लिए 1857 के अधिनियम संख्या-15 के अनुसार पुनः अनुज्ञप्ति अधिनियम पारित कर लागू कर दिया गया। सरकार ने लाइसेंस प्रदान करने एवं उसे रद्द करने का अधिकार अपने पास रखा। लॉर्ड कैनिंग के इस अधिनियम को 'गलाघोंटू कानून' नाम दिया गया। यह ऐक्ट हिंदी व अंग्रेजी पत्रों पर समान रूप से लागू था।

पंजीकरण अधिनियम-1867 : 1867 में पंजीकरण अधिनियम संख्या 25 से 1835 के मैटकाफ के अधिनियम को संपूर्णतः संशोधित कर समाचार-पत्र तथा पुस्तकों के लिए एक नवीन अधिनियम लागू किया गया, जिसके अनुसार मुद्रणालयों को सुगमतापूर्वक तथा समाचार-पत्रों को नियमिततापूर्वक कार्यान्वित करना था। तब तक 'समाचार एजेंसी' रायटर (1860 ई. में) का गठन हो चुका था।

राष्ट्रीय भाषा समाचार-पत्र अधिनियम-1878 : भारत में जब समाचार-पत्रों का दौर प्रारंभ हुआ, उसके कुछ दिनों के पश्चात् ही अंग्रेजी भाषा के समाचार-पत्रों के साथ-साथ राष्ट्रीय भाषाओं के समाचार-पत्र भी प्रकाशित होने लगे। आरंभिक अवस्था में अंग्रेजी व राष्ट्रीय भाषाओं के समाचार-पत्रों के लिए एक ही प्रकार के अधिनियम निर्धारित थे, किंतु 1857 के महाविद्रोह के पश्चात् समाचार-पत्रों से भारतीय व एंग्लो इंडियन भेदभाव की बू स्पष्टतः दृष्टिगोचर होने लगी। अभिप्रायतः संप्रति अंग्रेजी समाचार-पत्र सरकार के प्रबल समर्थक हो गए थे,

क्योंकि 1857 के महाविद्रोह ने उन्हें अत्यधिक उद्वेलित या उद्विग्न व आक्रोशित कर दिया था। भारत के वायसराय बनकर आए लॉर्ड लिटन की भी भर्त्सना जी भरकर की। लिटन ने अपनी होनेवाली घोर आलोचनाओं की प्रतिक्रियास्वरूप 'वर्नाक्युलर प्रेस ऐक्ट' पारित कर राष्ट्रीय भाषाओं के समाचार-पत्रों की स्वाधीनता को संघातित किया, जिससे अनेक भारतीय समाचार-पत्रों, यथा—'सहचर', 'सोमप्रकाश', 'ढाका प्रकाश', 'भारत मिहिर' आदि को इस अधिनियम के कारण काफी क्षति उठानी पड़ी।

उक्त काल के समाचार-पत्रों का एकमात्र उद्देश्य पाठकों का मनोरंजन करना भर था, साथ-ही-साथ समाचार-पत्र के संपादकों को लोकमत के बिगड़ने से ज्यादा कंपनी के अधिकारियों का भय सालता रहता था। उस समय समाचार-पत्रों के संपादन हेतु कोई कानून निर्धारित नहीं था। समाचार-पत्र कंपनी के अधिकारियों के रहमो-करम पर ही आश्रित थे। अंग्रेजी संपादकों को तो वे अपने विरुद्ध एक शब्द लिखने पर दमनकारी रुख अपनाते हुए सजा के तौर पर इंग्लैंड भेज देते थे, परंतु भारतीय संपादकों को इस प्रकार का दंड कदापि नहीं दिया जा सकता था, सिवाए प्रेस पर सख्त प्रतिबंध लगाने के।

संदर्भ

1. बी.एल. ग्रोवर, 'आधुनिक भारत का इतिहास', एस. चाँद पब्लिकेशन, नई दिल्ली, 2003।
2. विपिनचंद्र, 'आधुनिक भारत का इतिहास', ओरियंट व्लैकस्वान, नई दिल्ली, 2009।
3. विपिनचंद्र, 'भारत का स्वतंत्रता संघर्ष', हिंदी माध्यम कार्यान्वय निदेशालय, दिल्ली विश्वविद्यालय।
4. Malini Bhattacharya, '1857 And The Hindoo Patriot'. People's Democracy, 2011.
5. Subhrangshu Gupta, 'Amrita Bazar Patrika may be relaunched' The Tribune, 2006.
6. Registrar of Newspapers for India Archived 2015.
7. 'Nehru Memorial library digitised', The Times of India, 28 May, 2011.
8. 'India National News media'. Mondo Times, 13 May, 2018.
9. 'Newspapers in India : Will subscription revenue overtake ad revenue?', Campaign India, 2018.

10. Pioneer launches Hindi edition in Lucknow.
11. Uma Das Gupta, 'The Indian Press 1870-1880 A small World of Journalism', 1977.
12. 'Newspaper – Britannica Online Encyclopedia'.
13. 'Journalism Magazine', Journlism.co.uk. 2012.
14. 'Hindi Newspaper', Dainik Jagran, 23 January, 2015.
15. N. Ram, Newspaper futures : India and the world, The Hindu, 2007.
16. 'प्रतियोगिता दर्पण', हिंदी मासिक पत्रिका, आगरा, जून 2003।
17. 'हिंदुस्तान', दैनिक समाचार-पत्र, मेरठ।

□

12

उर्दू पत्रकारिता का सामाजिक सुधार तथा राष्ट्रीय चेतना में विकास

(विशेष संदर्भ स्वतंत्रता पूर्व)

—यासिर अरफात

चाहे 18वीं तथा 19वीं शताब्दी का समाज सुधार आंदोलन हो या फिर राष्ट्रीय चेतना का विषय, उर्दू पत्रकारिता ने महत्त्वपूर्ण भूमिका का निर्वाह किया। यह एक भ्रम मात्र है कि उर्दू किसी संप्रदाय की भाषा है। उसका उदय भारत की धरती पर हुआ और वहीं उसको भाषायी संस्कार तथा विधान प्राप्त हुए। वस्तुत: वाक्य विन्यास, क्रियापद तथा शब्दावली में सर्वनाम, क्रिया तथा सर्वनाम की एकरूपता होने के कारण उसको 'हिंदी की बहन' कहा जा सकता है। उर्दू भाषा ने भी अपने राष्ट्रीय तथा सामाजिक कर्तव्य का पूर्ण मनोभाव से पालन किया है। यदि हम उर्दू के साहित्यिक विकास के यथार्थ को देखते हैं तथा उसके मुद्रित साहित्य को जनव्यापी बनाने के स्वरूप का अध्ययन करते हैं तो पाते हैं कि आर्य समाज आंदोलन के दौरान उर्दू साहित्य का सर्वाधिक प्रकाशन तथा प्रसार हुआ। आर्य समाज के अधिकांश मूल ग्रंथ उर्दू में ही लिखे गए थे और उनको प्रकाशित भी किया गया। 19वीं शताब्दी के उत्तरार्ध में आर्य समाज ने समाज सुधार के लिए उर्दू को ही अपनी अभिव्यक्ति के रूप में स्वीकार किया। वैसे दयानंद सरस्वती का संबंध गुजरात से था, लेकिन उनका कार्यक्षेत्र मुख्यत: पंजाब सहित उत्तर भारत रहा। इस नाते इस क्षेत्र में प्रचलित उर्दू भाषा को ही उन्होंने आर्य समाज के प्रचार का उपकरण बनाया।

19वीं शताब्दी में आर्य समाज के व्यापक साहित्य का प्रकाशन हुआ और यह दौर 20वीं शताब्दी के पूर्वोदय तक चलता रहा। आर्य समाज के इन विद्वानों में लाला साईंदास, स्वामी श्रद्धानंद, पं. गुरुदत्त विद्यार्थी, पं. लेखराम, महात्मा हंसराज, लाला लाजपत राय, स्वामी दर्शनानंद सरस्वती, महाशय कृष्ण, महाशय राजपाल, मेहता जैमिनी जी, पं. चमूपति, मास्टर लक्ष्मण आर्य, पं. गंगाप्रसाद उपाध्याय आदि को ले सकते हैं, जिन्होंने उर्दू भाषा में अपने मौलिक ग्रंथों की रचना की। पंजाब के अन्य विद्वानों एवं लेखकों की सूची भी काफी विस्तृत हैं, जिन्होंने अनेक मौलिक ग्रंथ उर्दू

भाषा में लिखे हैं, जिनमें से अधिकांश का अभी तक हिंदी व अंग्रेजी भाषाओं (जो आजकल प्रचलन में हैं) में अनुवाद व प्रकाशन नहीं हुआ है।

वस्तुतः आर्य समाज आंदोलन केवल हिंदू समाज का एक सुधारवादी अभियान ही नहीं था, उसके राष्ट्रीय प्रयोजन भी थे। 'सत्यार्थ प्रकाश' में पहली बार स्वराज्य के औचित्य को स्पष्ट किया गया। इसके पश्चात् आर्य समाज के समाचार-पत्रों तथा साहित्य में उसके अनुरूप चेतना तथा आह्वान दिखाई देते हैं। स्पष्ट हो जाता है कि आर्य समाज के स्वराज्य की अवधारणा को जन प्रचारित करने का कार्य उर्दू भाषा के माध्यम से भी किया गया। यहाँ यह स्पष्ट करना आवश्यक है कि आर्य समाज आंदोलन के प्रमुख नेता अधिकांशतः उर्दू के विद्वान् थे। पं. लेखरामजी, लाला लाजपत राय, स्वामी श्रद्धानंद व महाशय कृष्णजी एवं अन्य अनेक प्रमुख विद्वानों का साहित्य मुख्यतः उर्दू में ही है। स्वामी श्रद्धानंदजी एवं महाशय कृष्णजी ने 'सद्धर्म-प्रचारक' व 'प्रकाश' जैसे पत्र उर्दू में ही प्रकाशित किए। आर्य विद्वानों के लेख आदि भी उर्दू की पत्र-पत्रिकाओं आदि में प्रकाशित होते थे। अतः धर्म, अध्यात्म, संस्कृति, समाज से संबंधित महत्त्वपूर्ण सामग्री इन उर्दू पुस्तकों एवं पत्र-पत्रिकाओं में विद्यमान है।

यह सही है कि भारत में पत्रकारिता का उदय औपनिवेशिक काल में अंग्रेजों द्वारा किया गया, लेकिन उनका लक्ष्य भारतीय जनमानस की भावनाओं को अभिव्यक्ति देना नहीं रहा था। भारत में पत्रकारिता का श्रीगणेश ईस्ट इंडिया कंपनी के एक कर्मचारी जेम्स ऑगस्टस हिक्की ने किया था। उन्होंने 29 जनवरी, 1780 को कोलकाता से एक साप्ताहिक अखबार 'हिकेज गजट' के नाम से प्रकाशित करना आरंभ किया, जो कालांतर में 'कलकत्ता जनरल एडवरटाईजर' के नाम से प्रसिद्ध हुआ। यह एक आधारशिला थी, जिसको समय के साथ विस्तार मिलना आरंभ हो गया। इसके पश्चात् भाषायी पत्रकारिता का दौर आरंभ हुआ।

उर्दू का सबसे पहला अखबार 'जाम-ए-जहाँनुमा' भी मई 1822 में कोलकाता से प्रकाशित हुआ। वैसे तो यह समाचार-पत्र अपने आरंभिक दौर में अंग्रेजों का समर्थक प्रतीत होता था, लेकिन उसने भारत के अतीत का गौरवगान कर सामाजिक चेतना का विस्तार देने का कार्य किया। उर्दू का प्रथम समाचार-पत्र किसी मुसलिम द्वारा नहीं, अपितु एक व्यावहारिक हिंदू हरिहर दत्त द्वारा प्रकाशित किया गया, जिसका संपादन उर्दू के विद्वान् और मुंशी सदासुख करते थे। मूल रूप से इस

समाचार-पत्र का उद्देश्य समाज सुधार था, लेकिन यह राष्ट्रीय विषयों पर भी अपनी राय प्रकट करता था। यह साप्ताहिक पत्र के रूप में प्रकाशित होता था, लेकिन यह पत्र सदा अंग्रेजों के कोपभाजन का शिकार होता रहा। विदेशी सरकार के दबाव में इसका प्रकाशन कभी-कभी फारसी में भी होता था। इस पत्र ने अपने राष्ट्रीय दायित्वों का भी पालन किया, जिसकी वजह से इसे अंग्रेजी सरकार की ज्यादातियों का शिकार होना पड़ा। इस अखबार ने अंग्रेजों द्वारा पंजाब के सिख राज्य पर हमला करने की तैयारी का भंडाफोड़ कर दिया था, जिसकी वजह से इस अखबार को ही बंद कर दिया गया था और संपादक को जेल भेज दिया गया। भारतीय भाषायी पत्रकारिता पर यह पहला औपनिवेशिक प्रहार था, जो किसी उर्दू समाचार-पत्र पर हुआ था।

भारत में उर्दू पत्रकारिता सदा तेवरी रही है, उसका स्वभाव विद्रोह रहा। सन् 1857 में प्रकाशित होनेवाले 'पयाम-ए-आजादी' समाचार-पत्र ने स्वत्रंतता आंदोलन को एक नवीन दिशा प्रदान की। भारत की राष्ट्रीयता के विकास में सर्वाधिक त्याग उर्दू पत्रकारिता का रहा है। इसके माध्यम से स्वतंत्रता और राष्ट्रीय एकता का संदेश पूरे भारत में पहुँचाया जाता था। इस कारण से ही इसको साम्राज्यवादी शक्ति का कोपभाजन होना पड़ता था। यही कारण है कि पत्रकारिता के क्षेत्र में पहला प्रतिबंध तथा पहला बलिदान उर्दू पत्रकारिता के हिस्से में ही आता है। जंग-ए-आजादी में शहीद होनेवाला पहला पत्रकार उर्दू अखबार का ही एक संपादक था, वह पत्रकार मौलवी मुहम्मद बाकिर थे, जो दिल्ली से उर्दू अखबार निकाला करते थे। 20वीं शताब्दी में लाला लाजपत राय ने जालंधर ने 'हिंद समाचार' का प्रकाशन आरंभ किया और लाहौर से 'मिलाप' तथा 'प्रताप' जैसे उर्दू के समाचार-पत्र भी प्रकाशित हुए। ये दोनों समाचार-पत्र आर्य समाज से प्रभावित थे, अत: इनमें प्रखर राष्ट्रवाद की भावना दिखाई देती थी।

सबसे महत्त्वपूर्ण बात यह है कि यदि 'वंदे मातरम्' युवाओं को राष्ट्रीयता की वेदी पर बलिदान होने के लिए प्रेरित कर रहा था तो 'इनकलाब जिंदाबाद' का नारा भी था, जो देश में क्रांति का प्रेरक बल बन गया था। इसके अतिरिक्त पं. रामप्रसाद बिस्मिल, जो महान् क्रांतिकारी थे, आर्य समाजी भी थे, उनका समस्त लेखन उर्दू में है और वे उच्च कोटि के शायर भी थे। वैसे एक नज्म, जो बिल्मिल अजीमाबादी की लिखी थी, रामप्रसाद बिल्मिल के नाम से प्रसिद्ध हुई, वह देश के बलिदानियों

के लिए वेद मंत्र बन गई। इस कविता में कवि भारतमाता के लिए अपना शीश देने की बात करता है और अत्याचारी को चुनौती भी देता है कि वह देखना चाहता है कि हत्यारी व्यवस्था में कितनी ऊर्जा है कि वह असंख्य बलिदानियों का संहार कर सके। कवि कहता है कि—

सरफरोशी की तमन्ना अब हमारे दिल में है।
देखना है जोर कितना बाजू-ए-कातिल में है॥

अंग्रेजी शासनकाल में यह विदेशी शासकों को बहुत बड़ी चुनौती थी। यह ठीक है कि देश की स्वतंत्रता के लिए सबने अपना कुछ-न-कुछ बलिदान दिया, लेकिन उर्दू के तेवर अधिक तीखे रहे। मीठी, दिलकश जुबान का गौरव उर्दू का प्राप्त था, जिसके लेखन, भाषण और शायरी ने भारतीयों के दिलों को छूने, आजादी के असली मायने समझाने और अंग्रेजों के अत्याचार से आगाह करने के साथ उनकी नई-नई साजिशों का परदाफाश करने का काम किया और स्वतंत्रता का मार्ग प्रशस्त किया।

'वतन की फिक्र कर नादां, कयामत आनेवाली है। तेरी बरबादियों के मशवरे हैं आसमानों में।' जैसे आह्वान समाचार-पत्रों में प्रकाशित होते थे। यह रचना किसी भी भारतीय को उत्तेजित करनेवाली है और उसको देश की आजादी के लिए संघर्ष की प्रेरणा देनेवाली है। यहाँ हम यह चूक कर जाते हैं कि आजादी के आंदोलन में केवल उनको जानते हैं, जो राजनीतिक आधार पर अपनी लड़ाई लड़ रहे थे, लेकिन इस बीच हम उनको भूल जाते हैं, जो कलम सें आजादी के जंगी थे। स्वतंत्रता पूर्व की उर्दू पत्रकारिता सामाजिक सरोकारों तथा सार्वजनिक हित से जुड़कर ही पत्रकारिता सार्थक बनती प्रतीक होती है। उसने सामाजिक तथा राष्ट्रीय दायित्वों का परिपालन पूर्ण मनोभाव से किया। इतना तय है कि इस मनोभाव में राष्ट्र की सामाजिक एकता के भाव निहित रहे हैं। इस सत्य से कोई इनकार नहीं कर सकता कि उर्दू पत्रकारिता के प्रसार तथा संवर्धन में हिंदू पत्रकारों तथा लेखको का उल्लेखनीय योगदान रहा है। इससे साफ है कि उस समय उर्दू देश की आवाज बन चुकी थी। उसमें किसी प्रकार का कोई क्षेत्रीय विभाजन नहीं था। उस युग की पत्रकारिता विविध आयामों पर कार्य कर रही थी। सामाजिक सरोकारों को व्यवस्था की दहलीज तक पहुँचाने और प्रशासन की जनहितकारी नीतियों तथा योजनाओं को समाज के सबसे निचले तबके तक ले जाने के दायित्व के निर्वाह के साथ देश में भाईचारा बनाए रखने के

अतिरिक्त आजादी की माँग को तेज करना भी उनकी प्राथमिकता रही थी। तत्कालीन शायरी में भी आम आदमी की भावनाओं को जाग्रत् करने का भावनात्मक आह्वान छिपा हुआ है। जैसे एक शायर कहते हैं कि—

'न समझोगे तो मिट जाओगे, ऐ हिंदोस्तां वालों।
तुम्हारी दास्तां तक भी, न होगी दास्तानों में।'

यह संयोग कहा जाएगा कि आजादी से पूर्व की उर्दू पत्रकारिता में जो लोग आए, वे अपने क्षेत्र के महान् विद्वान् तथा साहित्यकार भी थे। इसलिए तत्कालीन उर्दू पत्रकारिता जहाँ आजादी के आंदोलन की जोत बनी, वहीं साहित्य को भी नवीन आयाम प्रदान किए।

संदर्भ

1. पत्रकारिता का इतिहास और प्रश्न—लेखक कृष्ण बिहारी मिश्र।
2. भारतीय पत्रकारिता कोश—संपादक विजय दत्त श्रीधर।
3. उर्दू पत्रकारिता का भविष्य—संपादक, संजय द्विवेदी।
4. चौथी दुनिया में प्रकाशित लेख 'उर्दू पत्रकारिता की दिशा और दशा'।

□

13

स्वतंत्रता पूर्व तथा पश्चात् की पत्रकारिता में मूल्य अंतर

—डॉ. अनीता 'उन्मुक्त'

स्वतंत्रता के सात दशक की वैचारिक यात्रा, जो पत्रकारिता तथा साहित्य में समाहित है या इन दो विधा में मुखर हो रही है, वह आजादी से पूर्व की पत्रकारिता से मूल्यों के आधार पर किस प्रकार भिन्न होती जा रही है? यह निश्चित ही अध्ययन का विषय है। सन् 1857 की क्रांति केवल कुछ उत्साहित युवाओं की तत्कालीन परिस्थितिगत उदित देशभक्ति का परिणाम नहीं थी, बल्कि वह विगत तीन दशकों से विकसित पत्रकारिता के राष्ट्रीय भाव की अभिव्यक्ति थी। यह वह कालखंड था, जब न केवल राष्ट्रीयता की भावनाएँ करवट ले रही थीं, अपितु देश अतीत के गौरवशाली अध्यायों की ओर भी लौट रहा था। भाषाएँ अपना निश्चित आकार ग्रहण करने की प्रक्रिया में थीं, विचारों तथा दर्शनों की बौद्धिक बयार एक चेतनाशील पीढ़ी का निर्माण कर रही थी। दूसरी ओर साम्राज्यवादी शक्तियों के साथ संघर्ष की सिंह गर्जना भी तत्कालीन पत्रकारिता तथा साहित्य में दिखाई दे रही थी।

वैसे तो 15वीं शताब्दी में ही भक्ति आंदोलन के माध्यम से सांस्कृतिक राष्ट्र भारत को पुनः जाग्रत् करने का कार्य व्यापक आधार पर आरंभ हो चुका था। इसका परिणाम यह भी निकला कि देश में अनेक योद्धा समूहों तथा स्वतंत्र राज्यों का निर्माण शुरू हो गया। फिर से मंदिरों से शंख की ध्वनि आने लगी थी, लेकिन पूर्ण राजनीतिक आजादी की कामना को 19वीं शताब्दी में पंख लगे। पहले जो कार्य संत, कवि कर रहे थे, ब्रिटिश काल में वह कार्य पत्रकारों ने किया।

सात दशक से अधिक की आजादी की सृजनात्मक यात्रा और वर्तमान संदर्भों में पत्रकारिता की भूमिका का विश्लेषण करना भी अनिवार्य हो गया है। यदि हम सामान्य नजर से भी देखें तो पाएँगे कि वर्तमान समाचार-पत्र से पृथक् आजादी पूर्व की पत्रकारिता का ध्येय रहा है—आजादी से पहले राष्ट्रवाद की ज्योति को प्रज्वलित करना, संघर्षों तथा प्रतिबंधों के मध्य इसका प्रकाशन

होता रहे, चाहे जेल क्यों न जाना पड़े, लेकिन कलम की धार कमजोर न हो, यह संकल्प था। ध्येय साफ था कि राष्ट्र की आत्मा को प्रकट करना, चाहे क्रांतिकारियों की वाणी को प्रकाशित कर या फिर सांस्कृतिक भारत, जो सुप्त हो चुका है, उसको जाग्रत् करना। लक्ष्य बहुत विराट् तथा जटिल होने पर भी लेखनी अनवरत चलती रही। वर्तमान में पत्रकारिता का ध्येय बदल गया है। अब वह मध्यकालीन संत की भूमिका में नहीं है, संपादक आत्मसमर्पित लेखनी के सैनिक नहीं होते, वे वेतनभोगी कर्मचारी की स्थिति में आ चुके हैं। जो समाचार-पत्र आजादी से पहले विचारों की सात्त्विक धारा को भी पाठकों तक पहुँचाता था, अब वहाँ विचार नहीं, सनसनी है, समाचारों से भी मनोरंजन पाने की चेष्टा है। जबकि वर्तमान का सत्य यह है कि व्यक्ति रोटी नहीं, बल्कि विचारों की भूख से परेशान है। जीवन की व्यस्तता के मध्य वह विचारों से रिक्त हो चुका है। विचारों की शून्यता व्यक्ति को तनावग्रस्त तथा भीतर से खोखला बना देती है। जिस प्रकार के समाचारों को मीडिया पाठकों को परोस रहा है, वे अधिकांश नकारात्मक होते हैं। ऐसा लगता है कि मीडिया नकारात्मक का प्रचार तथा प्रसार माध्यम बन चुका है। इसका प्रभाव हम समाज पर स्पष्ट देख भी रहे हैं। विभिन्न प्रकार के रोग, जो मानसिक तनाव के कारण पैदा होते हैं, वह निरंतर नकारात्मकता से जुड़े रहने के कारण हैं। वस्तुतः पत्रकारिता सकारात्मकता का वाहक होनी चाहिए। हो सकता है कि आज की बाजारवादी संस्कृति में ऐसा पत्रकारिता धर्म के कुछ लोगों को यह पुरातनवादी लग रहा हो, लेकिन वह एक महायोद्धा के रूप में आम आदमी के हितों के लिए सदा संघर्ष करता रहता है। विगत तीन दशकों में पत्रकारिता के क्षेत्र में क्रांतिकारी पविर्तन आए हैं। अब वह आधुनिक तकनीक से परिपूर्ण हो गई है। किसी भी पत्रकार के लिए सूचना तकनीक के आधारभूत तत्त्वों को समझना आवश्यक हो गया है। नई पीढ़ी पत्रकारिता को विशुद्ध व्यवसाय के रूप में देखती है। उसके लिए लोक-संस्कार तथा लोक-शिक्षक का कोई महत्त्व नहीं रह गया है। पहले पत्रकारिता के साथ एक ध्येय भी होता था। कहीं-न-कहीं ध्येयनिष्ठता का प्रभाव पत्रकारिता में हर स्थान पर दिखाई देता था, वह अब लुप्त है। मीडिया को एक उत्पादन समझा जाने लगा है। इसलिए वह बाजारवाद तथा भीड़वाद का अंग बनता जा रहा है। पहले कहा जाता था कि पत्रकारिता आम आदमी की प्रवक्ता होती है। पत्रकारिता का मूल सिद्धांत आज भी यही है, लेकिन व्यवहार से

इसका कोई संबंध नहीं है। मोटे तौर पर हम यह देखते हैं कि पत्रकारिता के पीत स्वरूप के कारण समाज में कटुता तथा संघर्ष का संचार भी हुआ है। बाकायदा नियम है कि जातीय संघर्ष में वर्गों की पहचान नहीं की जानी चाहिए। लेकिन इस मर्यादा का पालन नहीं होता। विशेषकर वंचित समाज में आक्रोश पैदा करने तथा उनको समाज की मुख्य धारा से काटने में मीडिया की घातक भूमिका रही है। यह बात समझ से परे है कि हिंदी के शब्दों की वर्तनी परिवर्तित कर और सनसनी पैदा कर मीडिया आम आदमी का कौन सा भला कर रहा है ? हिंदी भाषा के मूल स्वरूप तथा उसके संस्कारों को बदलने का दुखद प्रयास किया जा रहा है। आज के दौर में अनावश्यक रूप से हिंदी के मूल शब्दों के स्थान पर विदेशी शब्दों के प्रयोग किया जा रहा है। पहले कहा जाता था कि हिंदी के सरलीकरण के लिए ऐसा किया जाता है, लेकिन अब पहले से अधिक विदेशी शब्दों का प्रयोग हो रहा है। कभी-कभी तो ऐसा प्रतीत होता है कि यह वाक्य हिंदी भाषा का हो ही नहीं सकता। प्रत्येक भाषा का अपना परिचय होता है, जो वाक्य-विन्यास तथा शब्दकोश से निर्धारित किया जाता है। हम उर्दू को एक स्वतंत्र भाषा के रूप में मानते हैं। उसका कारण केवल यह है कि खड़ी बोली की यह शैली, जिसमें अरबी-फारसी के शब्दों का बाहुल्य हो, वह उर्दू कही जाती है। अन्यथा वाक्य संरचना, सहायक क्रिया तथा सर्वनाम दोनों के समान हैं। यह भी सही है कि विकासमान भाषा में अन्य भाषाओं के शब्दों का समावेश होता है। लेकिन जब किसी विशेष भाव को लेकर हिंदी में शब्द हैं तो उसके स्थान पर दूसरी भाषा के शब्दों का प्रयोग शब्द भंडार तथा हिंदी के मूल स्वरूप की हत्या है। वर्तमान में यह हत्या युवाओं के मध्य पहचान बनाने के लिए की जा रही है। इस प्रकार का आग्रह केवल हिंदी के लिए ही क्यों है ? उर्दू तथा अंग्रेजी पत्रकारिता के सरलीकरण के लिए इस प्रकार के कथित प्रयास क्यों नहीं होते ? इसका अर्थ है कि हिंदी के प्रति दुराग्रह तथा हीन ग्रंथि उसकी हत्या कर रही है। तर्क प्रचलित शब्दों के प्रयोग का दिया जाता है। जो शब्द इस धरा की माटी से ज़ुड़ा है और जिसमें भारतीय संस्कार हैं, वह कैसे अप्रचलित हो सकता है ? यदि कहीं वह अप्रचलित भी है तो पहले तो जनमाध्यमों में उसका प्रयोग होगा, तब ही वह जन प्रचारित भी होगा। हिंदी भाषा की विशिष्टता को पत्रकारिता के माध्यम से नष्ट करने का प्रयास नहीं होना चाहिए, यदि यह क्रम नहीं रुका तो हिंदी भाषा के स्थान

पर बोली बनकर रह जाएगी। प्रायः देखा जाता है कि जो हिंदी पत्रकारिता के क्षेत्र में कार्यरत हैं, वे भी विशुद्ध हिंदी भाषा का प्रयोग नहीं करते। जिन व्यक्तियों पर हिंदी को जनप्रचारित करने का दायित्व है, वे ही उसको लेकर पूर्वग्रहग्रस्त हैं। इस स्थिति में हिंदी का विश्व भाषा बनाने का स्वप्न कैसे सार्थक होगा?

तीन दशकों के भीतर हिंदी पत्रकारिता में अभिव्यक्ति के साथ अनुभूति पक्ष में भी परिवर्तन आया है। चाहे फीचर पृष्ठ हो या समाचार-पत्र, आम आदमी की वेदना को कोई स्थान नहीं मिल पा रहा है। कभी-कभी ऐसा लगता है कि पत्रकारिता के माध्यम से पूँजीवादी सोच तथा स्वच्छतावाद को संरक्षित करने का क्रम चल रहा है। फीचर पृष्ठों पर जीवन-शैली से संबंधित वह सामग्री प्रकाशित होने लगी है, जिसका आम आदमी के जीवन से कोई संबंध नहीं होता।

भाषागत तथा भावगत संस्कारों को जीवित रखने में पत्रकारिता की महत्त्वपूर्ण भूमिका हो सकती है, इसका कारण भी है। पत्रकारिता सदा लोकशिक्षण की भूमिका में रही है। जनमानस पर उसका प्रत्यक्ष प्रभाव पड़ता है। उसके द्वारा प्रचारित तथा प्रकाशित तथ्य विचार बनकर सामान्य जन की सोच बन जाते हैं। अतः इस कार्य को हम बहुत पवित्र मानते हैं। लेकिन जब उपभोक्तावाद के संस्कारों में पत्रकारिता घिर जाती है तो उसका कोई ध्येय नहीं होता, वह विशुद्ध व्यापार बन जाती है। जबकि पत्रकारिता की ध्येयनिष्ठता तथा लोकहितकारी धारणा होती है। भारतीय हिंदी पत्रकारिता, चाहे वह प्रकाशनीय माध्यम के रूप में हो या फिर प्रसारणीय माध्यम के रूप में, वहाँ कहीं भी आम आदमी समस्याओं पर समाधानपरक दृष्टि दिखाई नहीं देती। क्रिकेट खिलाड़ी विराट कोहली के विवाह को कवर करने के लिए भारतीय माध्यम इटली तक चले जाते हैं, लेकिन आंध्र प्रदेश या उड़ीसा के उन गाँवों में कोई नहीं जाता, जहाँ आज भी भुखमरी का पहरा है। कोई इस बात पर ध्यान नहीं देता कि देश में सांप्रदायिक सौहार्द कैसे कायम हो? सच यह है कि हमें काफी सुधार करना होगा।

एक युग था, जब हिंदी पत्रकारिता राजा-महाराजा के अनुदान तो प्राप्त करती थी, लेकिन आम आदमी की व्यथा पर केंद्रित रहती थी। हिंदी पत्रकारिता का जागृति काल भारतेंदु काल में आया। हिंदी पत्रकारिता का यह समय सन् 1867 से 1900 तक चला। इस युग के एक छोर पर 'भारतेंदु हरिचंद्र मैगजीन' था तो दूसरी ओर नागरीप्रचारिणी सभा द्वारा अनुमोदन प्राप्त 'सरस्वती'। इन 33

वर्षों में प्रकाशित पत्रों की संख्या 300–350 से ऊपर है और ये नागपुर तक फैले हुए हैं। अधिकांश पत्र मासिक या साप्ताहिक थे। मासिक पत्रों में निबंध, नवल कथा, उपन्यास, वार्त्ता आदि के रूप में कुछ अधिक स्थायी संपत्ति रहती थी, परंतु अधिकांश पत्र 12–16 पृष्ठों से अधिक नहीं जाते थे और उन्हें हम आज के शब्दों में विचार-पत्र ही कह सकते हैं। साप्ताहिक पत्रों में समाचारों और उन पर टिप्पणियों का भी महत्त्वपूर्ण स्थान था। वास्तव में दैनिक समाचार के प्रति उस समय विशेष आग्रह नहीं था और कदाचित् इसलिए उन दिनों साप्ताहिक और मासिक पत्र कहीं अधिक महत्त्वपूर्ण थे। उन्होंने जनजागरण में अत्यंत महत्त्वपूर्ण भाग लिया था।

उन्नीसवीं शताब्दी के इन 25 वर्षों का आदर्श भारतेंदु की पत्रकारिता थी। कवि वचन सुधा, हरिचंद्र मैगजीन, श्री हरिश्चंद्र चंद्रिका, बालबोधिनी, स्त्रीजन की पत्रिकाओं के रूप में भारतेंदु ने इस दिशा में पथ-प्रदर्शन किया था। उनकी टीका-टिप्पणियों से अधिकरी तक घबराते थे और 'कवि वचन सुधा' के पंच पर रुष्ट होकर काशी के मजिस्ट्रेट ने भारतेंदु के पत्रों को शिक्षा विभाग के लिए लेना भी बंद करा दिया था। इसमें संदेह नहीं कि पत्रकारिता के क्षेत्र में भी भारतेंदु पूर्णतया निर्भीक थे और उन्होंने नए-नए पत्रों के लिए प्रोत्साहन दिया। हिंदी प्रदीप, भारतजीवन आदि अनेक पत्रों का नामकरण भी उन्होंने ही किया था। उनके युग के सभी पत्रकार उन्हें अग्रणी मानते थे। स्वतंत्रता से पूर्व तथा पश्चात् की पत्रकारिता में मूल अंतर यह ही आ गया कि पहले समाचार-पत्र विचार-पत्र होते थे तथा वर्तमान में समाचार-पत्र नकारत्मक घटनाओं का समूह। विषय यह है कि पत्रकारिता के धर्म की रक्षा के प्रति संकल्प भावना में भी कमी आई है। व्यावसायिकता के चलते समाचार-पत्र एक उत्पाद हैं। उत्पाद का गणित सदा लाभ-हानि पर आधारित होता है।

जब जेम्स ऑगस्टस हिक्की ने 29 जनवरी, 1780 में पहला भारतीय समाचार-पत्र 'बंगाल गजट' कलकत्ता से अंग्रेजी में निकाला तो उसका आदर्श वाक्य था कि 'सभी के लिए खुला, फिर भी किसी से प्रभावित नहीं।' अपने निर्भीक आचरण और विवेक पर अड़े रहने के कारण हिक्की को अनेक बार अंग्रेजों का कोपभाजन बनना पड़ा। लेकिन वह पत्र भारतीय संस्कृति सापेक्ष नहीं था, केवल प्रशासनिक दोषों को प्रकट करता था। 1861 के इंडियन काउंसिल ऐक्ट के बाद समाज के

उच्च वर्ग में उभरी राजनीतिक चेतना से भारतीय व गैर-भारतीय दोनों भाषा के पत्रों की संख्या बढ़ी। 1861 में बंबई में 'टाइम्स ऑफ इंडिया', 1865 में इलाहाबाद में 'पायनियर', 1868 में 'मद्रास मेल' का, 1875 में 'कलकत्ता स्टेट्समैन' का और 1876 में लाहौर में 'सिविल एंड मिलटरी गजट' का प्रकाशन आरंभ हुआ। ये सभी समाचार-पत्र अंग्रेजों के समर्थक थे। इनके प्रकाशक तथा पाठक दोनों ही समाज के उच्च वर्ग से संबंध रखते थे।

1878 में मद्रास में वीर राधवाचारी और अन्य देशभक्त भारतीयों ने अंग्रेजी साप्ताहिक 'हिंदू' की स्थापना की। 1889 से यह दैनिक हुआ। 'हिंदू' का दृष्टिकोण उदारवादी था। लेकिन इसने इंडियन नेशनल कांग्रेस की राजनीति की आलोचना के साथ ही उसका समर्थन भी किया। राष्ट्रीय चेतना का समाज सुधार के क्षेत्र में भी प्रसार हुआ। बंबई में 1890 में 'इंडियन सोशल रिफॉर्मर' अंग्रेजी साप्ताहिक की स्थापना हुई। समाज सुधार ही इसका मुख्य लक्ष्य था। 1899 में सच्चिदानंद सिन्हा ने अंग्रेजी मासिक 'हिंदुस्तान रिव्यू' की स्थापना की, जो अंग्रेजों का समर्थक समाचार-पत्र था। गांधीजी ने 4 जून, 1903 में 'इंडियन ओपिनियन' साप्ताहिक पत्र का प्रकाशन किया, जिसके एक ही अंक से अंग्रेजी, हिंदी, तमिल, गुजराती भाषा में छह कॉलम प्रकाशित होते थे। उस समय गांधीजी दक्षिण अफ्रीका में रहते थे। सन् 1919 में गांधी ने 'यंग इंडिया' का संपादन किया और इसके माध्यम से अपने राजनीतिक दर्शन, कार्यक्रम और नीतियों का प्रचार किया। 1933 के बाद उन्होंने 'हरिजन' बहुत सी भाषाओं में प्रकाशित करना आरंभ किया।

यदि हम अतीत में जाएँ तो सांस्कृतिक राष्ट्रवाद की भावना का प्रचार राजा राममोहन रॉय द्वारा किया गया। उन्होंने सन् 1821 में बंगाली पत्र 'संवाद कौमुदी' को कलकत्ता से प्रकाशित किया। 1822 में फारसी भाषा का पत्र 'मिरात-उल-अखबार' और अंग्रेजी भाषा में 'ब्रेहेनिकल मैगजीन' निकाला। स्वयं राजा राममोहन रॉय ने कहा था कि 'मेरा उद्देश्य मात्र इतना है कि जनता के सामने ऐसे बौद्धिक निबंध उपस्थित करूँ, जो उनके अनुभव को बढ़ाएँ और सामाजिक प्रगति में सहायक सिद्ध हो। मैं अपनी शक्ति भर शासकों को उनकी प्रजा की परिस्थितियों का सही परिचय देना चाहता हूँ और प्रजा को उनके शासकों द्वारा स्थापित विधि व्यवस्था से परिचित कराना चाहता हूँ, ताकि जनता को शासन अधिकाधिक सुविधा

दे सके। जनता उन उपायों से अवगत हो सके, जिनके द्वारा शासकों से सुरक्षा पाई जा सके और अपनी उचित माँगें पूरी कराई जा सकें।' महाराष्ट्र से प्रकाशित होनेवाले 'केसरी समाचार' पत्र का लोकचेतना में काफी योगदान है। तिलक और उनके साथियों ने पत्र प्रकाशन की उद्घोषणा में कहा था कि हमारा दृढ़ निश्चय है कि हम हर विषय पर निष्पक्ष ढंग से तथा हमारे दृष्टिकोण से जो सत्य होगा, उसका विवेचन करेंगे। निस्संदेह आज भारत में ब्रिटिश शासन में चाटुकारिता की प्रवृत्ति बढ़ रही है। सभी ईमानदार लोग यह स्वीकार करेंगे कि यह प्रवृत्ति अवांछनीय तथा जनता के हितों के विरुद्ध है। इस प्रस्तावित समाचार-पत्र 'केसरी' में जो लेख छपेंगे, वे इनके नाम के ही अनुरूप होंगे।

स्वतंत्रता आंदोलन के अग्रणी नेता अजीमुल्ला खान ने 8 फरवरी, 1857 को दिल्ली से 'पयाम-ए-आजादी' पत्र प्रारंभ किया। शोले की तरह अपनी प्रखर व तेजस्वी वाणी से जनता में स्वतंत्रता की भावना भर दी। अल्पकाल तक जीवित रहे इस पत्र से घबराकर ब्रिटिश सरकार ने इसे बंद कराने में कोई कसर नहीं छोड़ी। 'पयाम-ए-आजादी' पत्र से अंग्रेज सरकार इतनी आतंकित हुई कि जिस किसी के पास भी इस पत्र की कॉपी पाई जाती, उसे गद्दार और विद्रोही समझकर गोली से उड़ा दिया गया। अन्य को सरकारी यातनाएँ झेलनी पड़ती थीं। इसकी प्रतियाँ जब्त कर ली गईं, फिर भी इसने जनजागृति फैलाना जारी रखा।

उस समय के भारतीय नेता यह जानते थे कि अंग्रेज हिंदू-मुसलिमों के मध्य घृणा पैदा कर सकते हैं। अतः द्विभाषी पत्रों का प्रकाशन आरंभ किया। ये पत्र हिंदी और उर्दू दोनों में होते थे। प्रमुख समाचार-पत्रों में 'मजहरुल सरुर', 'भरतपुर', 1850, 'पयाम-ए-आजादी', दिल्ली 1857, 'ज्ञान प्रदायिनी', लाहौर 1866, 'जबलपुर समाचार', प्रयाग 1868, 'सरिश्ते तालीम', लखनऊ 1883, 'राजपूताना गजट', अजमेर 1884, 'बुंदेलखंड अखबार', ललितपुर 1870, 'सर्वाहित कारक', आगरा 1865, 'हिंदी प्रकाश', 'हिंदी उर्दू गुरुमुखी', अमृतसर 1873, 'मर्यादा परिपाटी समाचार', 'संस्कृत हिंदी आगरा' 1873 आदि कुछ समाचार-पत्र थे, जो विभिन्न भाषाओं में प्रकाशित होते थे।

स्वतंत्रता के पश्चात् पत्रकारिता के लक्ष्य में ही परिवर्तन नहीं हुआ, बल्कि उसकी प्रस्तुति में भी बदलाव आ गया। विशेषकर हिंदी पत्रकारिता में भाषायी गरिमा तथा शुद्धता को प्राथमिकता देनी बंद हो गई और समाचारों में वैचारिकता

तथा सकारात्मकता के स्थान पर नकारात्मकता को महत्त्व दिया जाने लगा, जबकि आजादी से पहले की पत्रकारिता अधिक राष्ट्रनिष्ठ और गंभीर थी।

संदर्भ

1. दैनिक 'पब्लिक एशिया' में प्रकाशित कृष्ण कुमार का आलेख, अंक 6 अगस्त, 1994, पृ. 6।
2. 'साप्ताहिक हिंदू सभा वार्ता' में प्रकाशित इंद्र देव का आलेख, अंक 12 जनवरी, 1984, पृ. 8।
3. 'हिंदी पत्रकारिता और उसके संदर्भ', लेखक, डॉ. राहुल प्रजापति, पृ. 37।
4. 'हिंदी साहित्य में भारतेंदु का योगदान' लेखक, अरविंद मानव, पृ. 112।
5. 'पत्रकारिता के प्रथम चरण', लेखक, वीर सिंह तोमर, पृ. 41।
6. 'तिलक का जीवन', लेखक, पुरुषोत्तम, पृ. 17।
7. 'साप्ताहिक हिंदू सभा वार्त्ता', 15 अगस्त, 1989।

□

14

स्वतंत्रता संग्राम में कलम के सिपाहियों की क्रांतिकारी भूमिका

—प्रो. (डॉ.) नीरज कर्ण सिंह एवं राघव कुमार झा

'पत्रकारों के पैरों के छालों से इतिहास लिखा जाता है।' महान् कवयित्री महादेवी वर्मा की यह उक्ति भारत के स्वतंत्रता संग्राम में पत्रकारिता की भूमिका को परिभाषित करती है। एक ऐसे समय, जब राष्ट्र की अवधारणा नहीं थी, देश छोटी-छोटी सैकड़ों रियासत में बँटा हुआ था, देश-दुनिया की बात तो दूर, लोग कूप-मंडूक बनकर सिर्फ अपने या अपनों के बारे में सोचते थे, देश में पत्रकारिता के युगपुरुषों ने अपनी कलम के माध्यम से लोगों को उनकी कुंभकर्णी निद्रा से जगाकर उनमें चेतना का संचार किया। उन्हें स्वाधीनता की अहमियत का अहसास कराया, बताया कि दुनिया के अन्य देशों में लोगों ने स्वाधीनता कैसे हासिल की है और उसके लिए क्या मूल्य चुकाने पड़ते हैं ? इन पत्रकारों ने समाज में स्वाधीनता के लिए बेचैनी पैदा की। परिणामस्वरूप लोगों में जागरूकता आई और स्वदेश-प्रेम की भावना घर करने लगी। समाज में सामूहिक प्रयास से गुलामी की बेड़ियों को काटने का जज्बा पैदा हुआ। इस तरह स्वतंत्रता पाने की देशव्यापी मुहिम चल पड़ी।

स्वतंत्रता आंदोलन में पत्रकारिता की भूमिका कितनी महत्त्वपूर्ण थी, इसका अंदाजा इस तथ्य से लगाया जा सकता है कि सभी मूर्धन्य राजनेता या तो अपनी पत्र-पत्रिकाएँ निकालते थे या उनके लेख नियमित रूप से किसी-न-किसी पत्र-पत्रिका में छपते थे।

सदियों की गुलामी से अभिशप्त, जात-पात, धर्म-संप्रदाय में बँटे समाज और सड़ी-गली सामाजिक कुरीतियों को ढो रहे लोगों को समसामयिक पत्रकारिता ने नई दिशा दिखाई। देश-दुनिया से परिचय कराया और ज्ञान की बातें बताईं। नतीजतन लोगों में जागरूकता आई। उनमें एक राष्ट्र के रूप में अपनी पहचान बनाने का बोध आया और आखिरकार दुनिया के मानचित्र पर भारत एक स्वतंत्र राष्ट्र के रूप में अस्तित्व में आ गया।

ऐतिहासिक पृष्ठभूमि

सदियों की गुलामी की वजह से स्वाधीनता की अहमियत भुला चुके समाज में देश-प्रेम की अलख जगाने में पत्रकारिता ने ऐसी महत्त्वपूर्ण भूमिका निभाई, जिसके बिना 15 अगस्त, 1947 को स्वतंत्रता हासिल करना टेढ़ी खीर था। समाज के प्रबुद्ध वर्ग ने लोगों की सुषुप्त चेतना को जगाने के लिए पत्रकारिता को हथियार बनाया।

अंग्रेजी पत्रकारिता

जेम्स ऑगस्टस हिक्की ने 29 जनवरी, 1780 को पहला भारतीय समाचार-पत्र 'बंगाल गजट' कलकत्ता से निकाला। इसमें ब्रिटिश शासन पद्धति की कटु आलोचना की गई। हिक्की को इसके लिए जेल की यातना भुगतनी पड़ी, लेकिन इससे हिक्की की मुहिम पर असर नहीं पड़ा। जो चिनगारी उन्होंने जलाई थी, वह धीरे-धीरे प्रज्वलित होती गई। 'अमृत बाजार पत्रिका', 'बॉम्बे क्रॉनिकल', 'बॉम्बे सेंटिनल', 'हिंदुस्तान टाइम्स', 'हिंदुस्तान स्टैंडर्ड', 'फ्री प्रेस जर्नल' और 'नेशनल हेराल्ड' जैसे प्रतिष्ठित दैनिक और साप्ताहिक पत्र छपने लगे। सुरेंद्रनाथ बनर्जी ने 1874 में बंगाली पत्र का प्रकाशन और संपादन किया। इसमें छपे एक लेख के लिए उन्हें 2 महीने कारावास की सजा मिली। दयाल सिंह मजीठिया ने 1877 में लाहौर में 'दैनिक ट्रिब्यून' की स्थापना की। 1878 में मद्रास में वीर राघवाचारी ने 'साप्ताहिक हिंदू' की स्थापना की, 1889 से यह दैनिक पत्र हो गया। 1890 में 'इंडियन सोशल रिफॉर्मर' साप्ताहिक की स्थापना हुई। इसका मुख्य लक्ष्य समाज सुधार था। 1899 में सच्चिदानंद सिन्हा ने मासिक 'हिंदुस्तान रिव्यू' की स्थापना की। 1900 में जी.ए. नटेशन ने मद्रास से 'इंडियन रिव्यू' और 1907 में कलकत्ता से रामानंद चटर्जी ने 'मॉडर्न रिव्यू' का प्रकाशन शुरू किया। महामना मदनमोहन मालवीय ने इलाहाबाद से 1907 में 'अभ्युदय' और 1909 में 'लीडर' का संपादन किया। 1913 में फिरोजशाह मेहता ने 'बॉम्बे क्रॉनिकल' निकाला। 1919 में महात्मा गांधी ने 'यंग इंडिया' का संपादन किया, 1933 के बाद उन्होंने 'हरिजन' का भी प्रकाशन शुरू किया। 1919 में मोतीलाल नेहरू ने इलाहाबाद से 'इंडिपेंडेंट' (दैनिक) का प्रकाशन शुरू किया। 1922 में एम. पन्निकर के संपादकत्व में 'हिंदुस्तान टाइम्स' (दैनिक) का प्रकाशन शुरू हुआ। यह समाचार-पत्र आज भी चल रहा है।

भाषायी पत्रकारिता

आजादी की अग्निशिखा को अनवरत प्रज्वलित रखने में हिंदी एवं विभिन्न क्षेत्रीय भाषाओं की पत्रकारिता का अहम योगदान है। हिंदी पत्रकारिता की शुरुआत 'उदंत मार्तंड' से हुई, जोकि 30 मई, 1826 को कोलकाता के कोलू टोला मोहल्ले से पं. युगल किशोर शुक्ल के संपादन में प्रारंभ हुआ। लेकिन सही अर्थ में भाषायी पत्रकारिता का जनक राजा राममोहन रॉय को माना जाता है। उन्होंने 1821 में बंगाली पत्र 'संवाद कौमुदी' को कलकत्ता से प्रकाशित किया और 1822 में फारसी भाषा का पत्र 'मिरात-उल-अखबार' निकाला। उन्होंने 10 मई, 1829 को कलकत्ता से 'हिंदू हेराल्ड' का प्रकाशन शुरू किया, जिसके 'बंगदूत' नाम से बांग्ला, हिंदी और फारसी में तीन संस्करण अलग से प्रकाशित होते थे। 28 जनवरी, 1830 को 'संवाद प्रभाकर' पत्र का प्रकाशन शुरू हुआ। इसी के कुछ समय बाद 'हिंदी-उर्दू अखबार' का प्रकाशन शुरू हुआ। इसके संपादक मौलाना अब्दुल को तोप से बाँधकर उड़ा दिया गया। अंग्रेजों के इस दानवी अत्याचार ने संपादकों में नए जोश का संचार किया। 1857 में 'पयाम-ए-आजादी' का प्रकाशन शुरू हुआ। प्रथम स्वतंत्रता संग्राम में इसकी महत्त्वपूर्ण भूमिका के लिए इसे 'जंग-ए-आजादी' का अखबार भी कहा जाता है।

15 अगस्त, 1867 को हिंदी पत्रकारिता में 'भारतेंदु युग' की शुरुआत हुई। उन्होंने काशी से 'कवि वचन सुधा' का प्रकाशन शुरू किया। उन्होंने 'हरिश्चंद्र मैगजीन' और 'बालाबोधनी' पत्रिका का भी प्रकाशन शुरू किया। 23 मार्च, 1874 की 'कवि वचन सुधा' में स्वदेशी के व्यवहार के लिए एक 'प्रतिज्ञा-पत्र' प्रकाशित हुआ। इसी स्वदेशी को आगे चलकर महात्मा गांधी ने अंग्रेजों से लड़ने का एक प्रमुख हथियार बनाया। डॉ. रामविलास शर्मा ने इस प्रतिज्ञा-पत्र की अहमियत पर प्रकाश डालते हुए कहा, "हरिश्चंद्र की कलम से भारतीय जनता में अंग्रेजी राज के नाश का वारंट लिख दिया था। जिस समय दादाभाई नौरोजी भारतीय धन के विदेश जाने के आँकड़े दे रहे थे और अंग्रेजों के विरुद्ध अपना क्षोभ जता रहे थे, उस समय भारतेंदु 'पै धन विदेस चलि जात' हैं अति ख्वारी' लिख रहे थे।" भाषायी पत्रकारिता पर दबाव बनाने के लिए सरकार ने 1878 में 'वर्नाक्युलर प्रेस ऐक्ट' बनाया। इसके तहत संपादकों पर भारी जुरमाना लगाने और उन्हें जेल भेजने की काररवाई शुरू हो गई, लेकिन सरकार भाषायी पत्रकारिता

को कुचल नहीं पाई। अखबारों की संख्या तेजी से बढ़ती चली गई। 1881 में विष्णु शास्त्री और बाल गंगाधर तिलक ने 'केसरी' और 'मराठा' का प्रकाशन शुरू किया। 'केसरी' में लिखे लेख के कारण तिलक को 18 महीने कारावास की सजा भुगतनी पड़ी।

1884 में 'हरिश्चंद्रिका' तथा मदनमोहन मालवीय के संपादन में 'हिंदोस्थान' प्रकाशित हुआ। उधर लाला लाजपत राय ने पंजाब से 'वंदे मातरम्' निकाला। इस दौर का प्रमुख पत्र था 'स्वराज्य', जो आजादी की लड़ाई में विशेष योगदान देकर अमर हो गया। इसके संपादक होने का अर्थ था—काले पानी की सजा भुगतना। 'स्वराज्य' के संपादक पद पर नियुक्ति के लिए विज्ञापित निम्नलिखित पंक्तियाँ अविस्मरणीय हो चुकी हैं—'चाहिए स्वराज्य के लिए एक संपादक। वेतन दो सूखी रोटियाँ, एक गिलास ठंडा पानी और हर संपादकीय के लिए 10 साल जेल।' महात्मा गांधी ने 4 जून, 1903 को 'इंडियन ओपीनियन साप्ताहिक' पत्र का प्रकाशन शुरू किया, जिसके एक ही अंक से अंग्रेजी, हिंदी, तमिल और गुजराती में छह कॉलम प्रकाशित होते थे। उन्होंने जुलाई 1919 में हिंदी-गुजराती में 'नवजीवन' का प्रकाशन शुरू किया। गांधीजी ने हिंदी में 'हरिजन सेवक' तथा गुजराती में 'हरि बंधु' का प्रकाशन भी शुरू किया, जो आजादी के समय तक चलता रहा। अंग्रेजी शासन में पत्रकारिता से जुड़ना काँटों की सेज पर सोना था, लेकिन उस समय के प्रबुद्ध वर्ग ने इस चुनौती का सामना डटकर किया। पत्रकारों ने अपनी संपत्ति दाँव पर लगाकर और कर्ज लेकर अखबार निकाला तथा जनमानस में चेतना का संचार किया। इसी के परिणामस्वरूप 15 अगस्त, 1947 को स्वाधीनता का सूरज निकल पाया।

समसामयिक पत्र-पत्रिकाओं के आदर्श वाक्य

स्वतंत्रता संग्राम के दौरान पत्रकारिता कैसी थी, यह समझने के लिए समसामयिक पत्र-पत्रिकाओं के आदर्श वाक्य और उनमें निहित त्याग, बलिदान और निर्भीकता की भावना को समझना जरूरी है। भारत के पहले समाचार-पत्र 'बंगाल गजट' का आदर्श वाक्य था—'सभी के लिए खुला, फिर भी किसी से प्रभावित नहीं।' इसके संपादक जेम्स ऑगस्टस हिक्की ने अपना उद्देश्य ही घोषित किया था—"अपने मन और आत्मा की स्वतंत्रता के लिए अपने शरीर को बंधन

में डालने में मुझे मजा आता है।" समाचार-पत्र की शुरुआत ही विद्रोह की घोषणा से हुई।

भारत में भाषायी पत्रकारिता के जनक राजा राममोहन रॉय ने अपने पत्रों के प्रकाशन के उद्देश्य पर प्रकाश डालते हुए कहा, "मेरा उद्देश्य मात्र इतना है कि जनता के सामने ऐसे बौद्धिक निबंध उपस्थित करूँ, जो उनके अनुभव को बढ़ाएँ और सामाजिक प्रगति में सहायक सिद्ध हों। मैं अपनी शक्ति भर शासकों को उनकी प्रजा की परिस्थितियों का सही परिचय देना चाहता हूँ और प्रजा को उनके शासकों द्वारा स्थापित विधि व्यवस्था से परिचित कराना चाहता हूँ, ताकि जनता को शासन अधिकाधिक सुविधा दे सके। जनता उन उपायों से अवगत हो सके, जिनके द्वारा शासकों से सुरक्षा पाई जा सके और अपनी उचित माँगें पूरी कराई जा सकें।"

भारतेंदु हरिश्चंद्र ने 'कवि वचन सुधा' के माध्यम से स्त्री-पुरुष के संगठित प्रयास का आह्वान किया और 'नर नारि सम होंहि' की आवाज बुलंद की। लोकमान्य बाल गंगाधर तिलक और उनके साथियों ने 'केसरी' और 'मराठा' के प्रकाशन की उद्घोषणा में कहा, "हमारा दृढ़ निश्चय है कि हम हर विषय पर निष्पक्ष ढंग से तथा हमारे दृष्टिकोण से जो सत्य होगा, उसका विवेचन करेंगे। निस्संदेह आज भारत में ब्रिटिश शान में चाटुकारिता की प्रवृत्ति बढ़ रही है। सभी ईमानदार लोग यह स्वीकार करेंगे कि यह प्रवृत्ति अवांछनीय तथा जनता के हितों के विरुद्ध है। इस प्रस्तावित समाचार-पत्र 'केसरी' में जो लेख छपेंगे, वे इनके नाम के ही अनुरूप होंगे।" वारिंद्र घोष के युगांतरकारी पत्र 'युगांतर' के एक अंक में तो बम कैसे बनाया जाता है, यह भी बताया गया था। सन् 1909 में इसका जो अंतिम अंक प्रकाशित हुआ, उस पर इसका मूल्य था—'फिरंगदि कांचा माथा' (फिरंगी का तुरंत कटा हुआ सिर)। पूर्वी उत्तर प्रदेश के मिर्जापुर से प्रकाशित 'खिचड़ी समाचार' का आदर्श वाक्य था—

'अन्याय भूख को हारनहार
दे न्याय स्वाद आनंद डकार
स्वातंत्र्य प्रजा को बल अधार।
देवै यह खिचड़ी समाचार॥'

यू.पी. के देवरिया से निकलनेवाली 'क्षत्रिय पत्रिका' में क्षत्रियों को ललकारते हुए कहा गया—

"क्षत्रिय गण जीते रहो, उचित करते रहो। हमीं तुम्हारे शत्रु हैं, हमारा गोरा रंग देखो, हमीं ने तुमसे लोगों को पराधीन किया है। बस हमारे ही ऊपर वीरता के हाथ साफ करो और स्वतंत्र हो जाओ, क्या बात है अंबरीष, रघु, दिलीप आदि महात्माओं के कुल में न जनमे हो, बस ऐसे ही काम करो, जिसमें बिना कहे कुल परिचय मिले।"

जुलाई 1903 के अंक में प्रयाग से निकलनेवाली साहित्यिक पत्रिका 'सरस्वती' ने स्वदेशी की भावना पुष्ट करते हुए लिखा—

'अपना बोया आप ही खावें,
अपना कपड़ा आप बनावें।'

'सरस्वती' में नवंबर 1906 में लिखा—

'हे भामिनियों, कुल कामिनियों ये चूड़ियाँ हैं परदेशियों की।
कलंक भारी पहनो इन्हें जो, छोड़ो, जरा तो मन में लजाओ॥'

1900 में गाजीपुर से 'जासूस' का प्रकाशन शुरू हुआ। इस पत्र में लिखा गया—'डरिए मत यह कोई भकौआ नहीं है। धोती सरकाकर भगिए मत, यह कोई सरकारी सी.आई.डी. नहीं है।'

सांप्रदायिक सौहार्द का संदेश

हिंदू, मुसलमान दोनों इस बात को बखूबी समझते थे कि सांप्रदायिकता साम्राज्यवादियों का एक कारगर हथियार है। लिहाजा पत्रकारिता के माध्यम से सांप्रदायिक वैमनस्य के खिलाफ लड़ाई तेज की गई। एक से अधिक भाषाओं में कई अखबार निकाले गए। इनमें द्विभाषी पत्रों की संख्या इस प्रकार थी—

हिंदी और उर्दू पत्र

मजहरूल सरूर, भरतपुर, 1850
पयाम-ए-आजादी, दिल्ली, 1857
ज्ञान प्रदायिनी, लाहौर, 1866
जबलपुर समाचार, प्रयाग, 1863
सरिश्ते तालीम, लखनऊ, 1883
रादपूताना गजट, अजमेर, 1884
बुंदेलखंड अखबार, ललितपुर, 1870

सर्वाहित कारक, आगरा, 1865
खैर ख्वाहे हिंद, मिर्जापुर, 1865
जगत समाचार, प्रयाग, 1868
जगत आशना, आगरा, 1873
हिंदुस्तानी, लखनऊ, 1883
परचा धर्मसभा, फर्रुखाबाद, 1889
समाचार सुधावर्षण, हिंदी और बांग्ला, कलकत्ता, 1854
हिंदी प्रकाश, हिंदी, उर्दू, गुरुमुखी, अमृतसर, 1873
मर्यादा परिपाटी समाचार, संस्कृत हिंदी, आगरा, 1873

"खींचो न कमानों को, न तलवार निकालो,
जब तोप मुकाबिल हो, तो अखबार निकालो।"

मशहूर शायर अकबर इलाहाबादी की ये पंक्तियाँ भारतीय स्वाधीनता संग्राम में क्रांतिकारियों के लिए प्रेरणा का स्रोत बन गईं। समाज को उसकी दीन-हीन दशा से अवगत कराने और सामाजिक कुरीतियों के खिलाफ मुहिम चलानेवाली पत्र-पत्रिकाएँ क्रांतिकारियों के हाथ में आकर हथियार बन गईं, जिनका इस्तेमाल उन्होंने अंग्रेजी शासन की जड़ पर चोट करने में किया। जगदीश प्रसाद चतुर्वेदी ने लिखा है—"जहाँ तक क्रांतिकारी आंदोलन का संबंध है, भारत का क्रांतिकारी आंदोलन बंदूक और बम के साथ नहीं, समाचार-पत्रों से शुरू हुआ।"

जेम्स ऑगस्टस हिक्की और राजा राममोहन रॉय ने पत्रकारिता के माध्यम से सुषुप्त भारतीय समाज में चेतना की जो चिनगारी भड़काई, उसने देखते-देखते शोला का रूप ले लिया। 1857 के प्रथम स्वतंत्रता संग्राम के दौरान अगर क्षेत्र, जाति और धर्म की सीमा से ऊपर उठकर संगठित शक्ति के साथ स्वतंत्रता सेनानियों ने अंग्रेजों से लोहा लिया तो उसमें समसामयिक पत्र-पत्रिकाओं की महत्त्वपूर्ण भूमिका थी। हालाँकि कई कारणों से पहला स्वतंत्रता संग्राम सफल नहीं हो पाया, लेकिन कलम के सिपाहियों ने हार नहीं मानी। 1857 के आंदोलन की विफलता का विश्लेषण किया और समाज को उसकी खामियों का आईना दिखाकर उसे संगठित शक्ति की अहमियत का अहसास कराया। क्रांतिकारियों ने कलम की आग से जनता में आजादी के लिए बेचैनी पैदा की। यह कलम की ही

ताकत थी, जिसने इस बेचैनी को आजादी के लिए 'करो या मरो' की भावना में परिवर्तित कर दिया।

भारतमाता को गुलामी की बेड़ियों से आजाद कराने के लिए हजारों सपूतों ने अपने प्राणोत्सर्ग कर दिए। तब जाकर 15 अगस्त, 1947 का ऐतिहासिक दिन आया और देश स्वतंत्र हुआ।

कहने की जरूरत नहीं रह जाती कि भारत को अंग्रेजों की गुलामी से मुक्ति दिलाने में कलम के सिपाहियों की भूमिका महत्त्वपूर्ण ही नहीं, अग्रगण्य है।

□

15

अभी शेष है लक्ष्य तक जाना

—प्रो. राममोहन पाठक

विचारों की गंगा निरंतर प्रवाहवान रहती है, अनवरत अग्रसर होना उसका स्वभाव है। विचारों का उद्‌गम हमारे मानस तट पर होता है, विचारों की जो परंपरा है, वह निरंतर चलती रहती है। गतिमान तथा प्रवाहवान विचार गंगा का ही परिणाम थी 1857 की क्रांति। अंग्रेजों द्वारा यह प्रचारित किया गया कि भारत कभी देश नहीं रहा। लेकिन इस भ्रामक सोच को सन् 1857 की क्रांति निर्मूल प्रमाणित करती है। भारत एक गौरवशाली तथा स्वाभिमानी राष्ट्र है, इसको इस क्रांति ने सिद्ध किया। यही भाव सन् 2019 में भी परिलक्षित हो सकते हैं, क्षेत्रीय पूर्वग्रहों के स्थान पर समग्रता को स्थापित किया जा सकता है, आपको अपनी अस्मिता की रक्षा के लिए 1857 के प्रथम स्वतंत्रता संग्राम का संदेश यही है—'उठो जागो और जो कुछ श्रेष्ठ है, उसे प्राप्त करो। तब तक चैन मत लो, जब तक श्रेष्ठता की मंजिल तक न पहुँच जाओ।'

स्वतंत्रता संग्राम के बारे में यही बात माकूल है। हमारे आजादी की जो लड़ाई थी, यह स्वतंत्रता संग्राम उसका एक पड़ाव था। हमारी लड़ाई की मंजिल नहीं थी। मंजिल 1947 भी नहीं, मंजिल तो वह है, जो गांधीजी खड़े करके गए कि स्वतंत्रता की जो उपलब्धियाँ हैं, स्वतंत्रता के जो हमारे कार्य हैं, हमारे जो लाभ हैं, जो सर्वधर्म सद्‌भाव है, सर्वभाव है, समूह भाव है, जिसे 'सोशलिज्म' कहा गया, स्वतंत्रता संग्राम से जो कुछ हमने पाया है, उसका लाभ उस अंतिम व्यक्ति तक पहुँचना चाहिए, जिसके पास न तो मीडिया के कैमरे की नजर जाती है, न ही उसके ऊपर लेखनी उठती है। 1857 का संदेश यही है कि हम उसको सुनें, समझें और रचें तथा भारत का निर्माण करें। भारत का एक-एक बच्चा, 130 करोड़ में से जो एक आप हैं, आपकी रचना देश को मजबूत बनाएगी। जो प्रथम स्वतंत्रता संग्राम का संदेश था कि कैसे हमने अंग्रेजों को हटाया और स्वतंत्रता की तरफ अपना कदम बढ़ाया! वे स्वतंत्रता सेनानी, जिन्होंने अपनी जान दे दी, उन्होंने अपना निर्माण ही अन्याय के प्रतिकार के लिए किया था। मंगल पांडे को जब फाँसी पर चढ़ाया गया तो वह राष्ट्र

निष्ठा रचना का एक ऐसा चरण था, जो इतिहास का साक्षी बना और हमारे लिए आदर्श उदाहरण बना। ऐसी ही रचना हमें करनी है, स्वतंत्रता संग्राम से संदेश लें और यह जो संसार की हमारी परंपरा है, उससे संदेश लें। मंगल पांडे की एक प्राणों की आहुति हमारे लिए ऐसी प्रेरणा का संदेश बन सकती है और इसकी रचना करें।

पत्रकारिता में मिशन का तत्त्व है। अगर मिशन का तत्त्व न होता तो पत्रकारिता बेकार है। जिनको केवल नौकरी करनी है, वह पैसे के लिए इस नौकरी को न करें, क्योंकि यह मिशन का काम है। स्वतंत्रता सेनानी इतने दिनों से सोचते थे, रचते थे, फिर आकार देते थे, फिर उसको लागू करते थे। एक कहावत है—'जो रचेगा, वह बचेगा'। अगर हम रहेंगे तो हम लोकतंत्र के रूप में हम बचेंगे, हम यानी लोकतंत्र। वे जो रचना करेंगे, वही बच सकता है और इस रचना के कर्म में हमें अपने प्राणों की आहुति या किसी भी तरह के बलिदान को भूलना नहीं चाहिए। अकबर इलाहाबादी ने एक बात कही थी—"खींचो न कमानो को, न तलवार निकालो, जब तोप मुकाबिल तो अखबार निकालो।" यह जो आजादी की लड़ाई का हथियार था—'क्या बना, अखबार बना।' यह शांतिपूर्ण अहिंसक आंदोलन का सूत्र मीडिया था और मीडिया ने जब अखबार की ताकत को बढ़ाया तो सभी हिल जाते थे। भारतीय जनमानस को समझने की जरूरत है। एक आदर्श मुसलिम अखबार निकला, उस जमाने में जिसने अंग्रेजों की नींव को, ईस्ट इंडिया ट्रेडिंग कंपनी को हिलाने की कोशिश की।

अहिंसक सत्याग्रह की प्रेरणा कहाँ से मिली? अहिंसक सत्याग्रह की प्रेरणा पत्रकारिता ने दी। 21 सितंबर, 1956 को निकले हुए रनलंका के अखबार में, जो गुप्त अखबार था, जिसे सबसे छुपकर बाँटा करते थे, उसमें लिखा था—"मित्रो, आगे बढ़ो, अंग्रेज अत्याचारियों को तुम कभी भी ताकतवर मत समझना, तुम्हारी ताकत अटूट है, भारतमाता तुम्हें बुला रही हैं। भारतमाता के बुलावे को छोड़कर तुम अंग्रेजों के पीछे मत भागो। बनारस में एक साहित्यकार हैं, एक पत्रकार हैं, जिन्हें राजा की उपाधि दी गई है, उनके चक्कर में तुम मत पड़ो। तुम अंग्रेजों को अपना गुलाम समझो, तुम गुलाम नहीं हो।" उसके बाद 1919 में एक और पत्र प्रचलित हुआ था, जब जलियाँवाला बाग गोलीकांड हुआ था, तब उस समय अकबर इलाहाबादी ने लिखा था, "हम आह भी भरते हैं तो हो जाते हैं बदनाम, वो कत्ल भी करते हैं तो चर्चा नहीं होती।"

आजादी की लड़ाई के लिए हथियार बने, उन सबका प्रेरणास्रोत 1857 की समकालीन पत्रकारिता थी। 'स्वराज' नाम का एक अखबार 1856 में दक्षिण से निकला था। यह पहला मासिक समाचार-पत्र था और उसके बाद साप्ताहिक समाचार-पत्र निकलने लगा। 1857 का जो प्रथम स्वतंत्रता संग्राम था, उसके जो अभिलेख हैं, उस समय के जो प्रकाशित पत्र हैं, उनका एक संग्रह नेशनल लाइब्रेरी, कोलकाता में है और नेहरू म्यूजियम में है। मीडिया का एजेंडा सेटिंग रोल है कि वह देश के एजेंडा सेट करे, देश के लक्ष्य को सेट करे। प्रथम स्वतंत्रता संग्राम से हम यह सीख सकते हैं। हमको आगे बढ़ना है।

□

16 पत्रकारिता : सर्वोच्च धर्म

—डॉ. उदय प्रताप सिंह

स्वतंत्रता आंदोलन को हम सीमित दायरे में कैद नहीं कर सकते। भारत के लिए प्रत्येक वह प्रयास आजादी की जंग है, जिसमें राष्ट्रीयता के किसी भी पक्ष पर हो रहे अनैतिक तथा बर्बर प्रहार का उत्तर देने के लिए देश के रणबाँकुरों ने हुँकार भरी हो। सन् 1857 की क्रांति अंग्रेजों के विरुद्ध पहली व्यापक जंग थी। हम लोग उस भारत और संस्कृति के हैं, जहाँ पर पूरे भारत को हम एक मानते हैं, भारत की पवित्र धरा हमारे लिए पुण्य भूमि है। लेकिन वे स्थल हमारे लिए और अधिक सम्मान देने योग्य है, जहाँ के परिवेश ने किसी ऐसे सपूत की कर्मभूमि होने का गौरव प्राप्त किया हो, जहाँ आत्मबलिदान की गाथा का सृजन हुआ हो। इस नाते मैं मेरठ की धरती को बारंबार प्रणाम करता हूँ, क्योंकि स्वतंत्रता की अलख केवल मेरठ की धरती ने जगाई थी और वह अलख 90 वर्षों बाद 1947 में हमारी आजादी के रूप में हमारे सामने आई। अगर हम इतने पर ही गर्व करते हैं तो यह हमारे लिए अधूरा स्वप्न होगा भारत को बनाने का।

प्रथम स्वतंत्रता संग्राम हम 1857 से मानते जरूर हैं, लेकिन मुगलों और अंग्रेजों के खिलाफ हमारे देश में राणा प्रताप से लेकर अनेक माँ भारती के सपूतों ने तमाम युद्ध लड़े। उनको भी हमें रेखांकित करना चाहिए, क्योंकि कोई भी प्रवृत्ति, चिनगारी, भावधारा, विचारधारा अचानक ही प्रकट होती है, लेकिन उसका एक लंबा इतिहास होता है, उसका एक स्रोत होता है। एक धारा बहती रहती है, वह धारा प्रकट होती है, जैसे गंगा जमुना की धारा प्रकट होती है, तब उसे हम देखते हैं और नहीं तो पत्थरों में घूमती रहती है, बल खाती रहती है। अभी उसका अस्तित्व है, लेकिन जो चीजें प्रकट होती हैं, उनको हम मान लेते हैं कि यह हमारी चेतना है। 1857 में जो चेतना हमारे सामने आई स्वाधीनता की, आजादी की उस चेतना को पत्रकारों ने कितना सजाया, सँवारा और केवल हिंदी में नहीं, सभी भारतीय भाषाओं के पत्रकारों ने अपनी-अपनी भाषा में इस जोत को जगाने का काम किया है। हिंदी शायद उसमें

आगे रही हो, कदाचित् हिंदी ने उसमें और बढ़-चढ़कर हिस्सा लिया हो, क्योंकि हिंदी के बोलनेवालों की, प्रयोग करनेवालों की संख्या ज्यादा है। इसलिए स्वाभाविक है हिंदी में यह चेतना ज्यादा जाग्रत् हुई हो, इसके साथ-ही-साथ यह हमारा स्वतंत्रता का प्रथम संग्राम है।

हमारे पत्रकारों ने उस समय इतनी प्रताड़ना सहन कर, उत्पीड़न सहकर उसको आगे बढ़ाया। क्रांतिकारी उसको पढ़ते थे और दूसरे दिन क्रांति हो जाती थी। जब छापेखाने पर प्रतिबंध लगा दिया था तो हमारे पत्रकार हाथों से पूरी-पूरी रात बैठकर लिखते थे और सुबह पूरे शहर में वह फैल जाता था कि गांधीजी आज यह करनेवाले हैं, नेहरूजी यह करनेवाले हैं, बाकी के तमाम स्वतंत्रता सेनानी आज यह करनेवाले हैं। पूरे देश में इसका प्रचार होता था। नेहरूजी हमेशा कहा करते थे कि हमारी आजादी खतरे में है। हमारी आजादी आज भी खतरे में है, क्योंकि जो विदेशी चीजें हमारे दिमाग में घुसती जा रही हैं, वे शायद हमें हमारी गुलामी की ओर ले जा रही हैं। उस गुलामी से बचने के लिए हमें अपने देश पर, अपने इतिहास पर, अपने महापुरुषों पर, अपने साहित्य पर, अपनी संस्कृति और सभ्यता पर विशेष विश्वास रखना होगा, विशेष गर्व करना होगा।

भारत के इतिहास का पूर्ण लेखन होना चाहिए। इस पूर्ण लेखन का केंद्र कोई बड़ी संस्था होना चाहिए, क्योंकि यहाँ से जो चिनगारी निकली थी, वह चिनगारी पूरे देश में गई थी और वह एक ऐसी आग बन गई थी कि पूरा ब्रिटिश साम्राज्य भस्म हो गया था। आज की जो नई पीढ़ी है, उनको उनसे प्रेरणा लेनी चाहिए और बराबर संघर्ष करना चाहिए अपनी लेखनी के माध्यम से। हम देखते हैं कि विदेशी अखबारों में जो पहला पेज होता है, उस पर छपता है कि आज देश में कौन सा बड़ा विकास हुआ। हमारे देश में यह छपता है कि आज कौन सा गैंगस्टर पकड़ा गया। वहाँ के और यहाँ के अखबारों में बहुत अंतर है। अगर यहाँ के पत्रकारिता के विद्यार्थी देश की, समाज की संस्कृति और सभ्यता की समस्याओं को अपने पत्रकारिता के माध्यम से धार दे सकते हैं तो यह बहुत सफल होगा। इस समय देश और समाज को मूल्यगत पत्रकारिता की आवश्यकता है। इस दिशा में कार्य किए जाएँ तो उत्तम रहेगा।

□

17

क्रांति की धरा मेरठ की पत्रकारिता

—प्रो. (डॉ.) दिलीप कुमार

हम सभी को विदित है कि गांधीजी ने पत्रकारिता को कभी एक व्यवसाय के रूप में स्वीकार नहीं किया। वे एक मिशनरी पत्रकार थे और वे इस बात को अच्छी तरह समझते थे कि उनके मिशन की सफलता के लिए पत्रकारिता एक अत्यंत सशक्त माध्यम है।

वैसे इस देश ने पिछली सदी में आजादी की लड़ाई के दौरान पत्रकारिता का स्वर्णकाल भी देखा है। देश की आजादी, समाज सुधार और जन समस्याओं को समर्पित ऐसे अखबारों और पत्रकारों की सूची लंबी है। बहुत कम लोगों को पता है कि देश में जनपक्षधर पत्रकारिता के इस दौर की शुरुआत उन्नीसवीं सदी में उर्दू के एक अखबार से हुई थी। आमजन के मसले उठानेवाला पहला उर्दू अखबार 'जाम-ए-जहाँनुमा' सन् 1822 में कलकत्ता से निकला था। सामाजिक समस्याओं के प्रति लोगों को जागरूक करने और प्रशासन का ध्यान आकृष्ट कराने में इस अखबार ने महत्त्वपूर्ण भूमिका निभाई थी। 'जाम-ए-जहाँनुमा' के पंद्रह साल बाद 1837 में दिल्ली से देश का दूसरा उर्दू अखबार निकला। अखबार का नाम था—'उर्दू अखबार दिल्ली' और उसके यशस्वी संपादक थे—मौलाना मुहम्मद बाकिर देहलवी। 'उर्दू अखबार दिल्ली' ज्वलंत सामाजिक मुद्दों पर जनचेतना जगानेवाला और देश के स्वाधीनता संग्राम को समर्पित देश का पहला लोकप्रिय अखबार था और मौलवी बाकिर पहले ऐसे निर्भीक पत्रकार थे, जिन्होंने हथियारों के दम पर नहीं, कलम के बल पर आजादी की लड़ाई लड़ी और खूब लड़ी। मौलवी बाकिर देश के पहले और आखिरी पत्रकार थे, जिन्हें स्वाधीनता संग्राम में प्रखर भूमिका के लिए अंग्रेजी हुकूमत ने मौत की सजा दी थी। आज गौरतलब बात यह है कि देश की मीडिया अभी अपनी विश्वसनीयता के सबसे बड़े संकट से गुजर रही है। अपवादों को छोड़ दें तो मीडिया की प्रतिबद्धता अब देश के आमजन के प्रति नहीं, राजनीतिक सत्ता और उससे जुड़े लोगों के प्रति है। कुछ मामलों में यह प्रतिबद्धता बेशर्मी की

तमाम हदें पार करने लगी है। वह इलेक्ट्रॉनिक मीडिया हो या प्रिंट मीडिया, उस पर सत्ता और पैसों का दबाव इतना कभी नहीं रहा, जितना आज है। वजह साफ है। चैनल और अखबार चलाना, अब कोई मिशन या आंदोलन नहीं। राष्ट्र के पास जब कोई मिशन, कोई आदर्श, कोई गंतव्य नहीं तो मीडिया के पास भी क्या होगा? 'जो बिकता है, वही दिखता है' के इस दौर में पत्रकारिता अब खालिस व्यवसाय है, जिस पर किसी लक्ष्य के लिए समर्पित लोगों का नहीं, बड़े और छोटे व्यावसायिक घरानों का लगभग एकछत्र कब्जा है। उन्हें अपने न्यूज चैनल या अखबार चलाने और उससे मुनाफा कमाने के लिए विज्ञापनों से मिलनेवाली भारी-भरकम रकम चाहिए और यह रकम उन्हें सत्ता और उससे निकटता से जुड़े व्यावसायिक घराने ही उपलब्ध करा सकते हैं। जो मुट्ठी भर लोग मीडिया को लोकचेतना का आईना और सामाजिक सरोकारों का वाहक बनाने की कोशिशों में लगे हैं, उनके आगे साधनों के अभाव में प्रचार-प्रसार और वितरण का गहरा संकट है। कुल मिलाकर मीडिया का जो वर्तमान परिदृश्य है, उसमें दूर तक कोई उम्मीद नजर नहीं आती। उस दौर में जब देश में कोई सियासी दल नहीं हुआ करता था, जो किसी मुद्दे को लेकर जनांदोलन खड़ा कर सके। किसी राजनीतिक संगठन के अभाव में अखबारों ने ही लोगों को जगाने और आजादी के पक्ष में उन्हें संगठित करने में अहम भूमिका निभाई थी। 1857 में जब स्वतंत्रता सेनानियों ने आखिरी मुगल सम्राट् बहादुर शाह जफर के नेतृत्व में अंग्रेजों के खिलाफ बगावत का बिगुल फूँक दिया तो मौलवी बाकिर हाथ में कलम लेकर इस लड़ाई में शामिल हुए। संग्राम को समर्थन देने के लिए जब उनका अखबार अंग्रेजों की नजर में चढ़ा तो उन्होंने 'उर्दू अखबार दिल्ली' का नाम बदलकर बहादुर शाह जफर के नाम पर 'अखबार उज जफर' कर दिया। अखबार के प्रकाशन का दिन भी उन्होंने बदल दिया। 17 मई, 1857 को इस अखबार ने विद्रोहियों के मेरठ से दिल्ली मार्च के दौरान दिल्ली में उन पर अंग्रेजी फौज के अत्याचार की एक ऐतिहासिक और आँखों देखी रिपोर्ट छापी थी। इस बहुचर्चित रिपोर्ट को विद्रोहियों और दिल्ली के आम लोगों में अंग्रेजी हुकूमत के प्रति आक्रोश पैदा करने में बड़ी भूमिका रही थी। लॉर्ड केनिंग ने 13 जून, 1857 को मौलवी साहब के बारे में लिखा था—"पिछले कुछ हफ्तों में देसी अखबारों ने समाचार प्रकाशित करने की आड़ में भारतीय नागरिकों के दिलों में दिलेराना हद तक बगावत की भावना पैदा कर दी है।"

स्वाधीनता संग्राम के दौरान मौलवी बाकिर के लिखे कुछ उदाहरण उपलब्ध हैं। उन्होंने लोगों को यह कहकर ललकारा था—"मेरे देशवासियो, वक्त बदल गया। निजाम बदल गया। हुकूमत के तरीके बदल गए। अब जरूरत है कि आप खुद को भी बदलो। अपनी सुख-सुविधाओं में जीने की बचपन से चली आ रही आदतें बदलो! अपनी लापरवाही और डर में जीने की मानसिकता बदल दो। यही वक्त है। हिम्मत करो और विदेशी हुक्मरानों को देश से उखाड़ फेंको!" विद्रोहियों की हौसला अफजाई करते हुए उन्होंने लिखा था—"जिसने भी दिल्ली पर कब्जे की कोशिश की, वह फना हो गया। वह सोलोमन हो या फिर सिकंदर, चंगेज खान हो या फिर हलाकु या नादिर शाह, सब फना हो गए। ये फिरंगी भी जल्द ही मिट जाएँगे।" बहुआयामी व्यक्तित्व के मौलवी साहब उस दौर के स्वतंत्रता सेनानियों के बीच अपने लेखन के अलावा अपनी जोशीली तकरीर के कारण भी बहुत लोकप्रिय थे। जब भी विद्रोहियों का हौसला बढ़ाने की जरूरत होती थी, मौलवी साहब को उनकी आग उगलती तकरीर के लिए बुला भेजा जाता था और वे खुशी-खुशी उन निमंत्रणों को स्वीकार भी कर लिया करते थे।

सितंबर के शुरुआत में अंग्रेजों की साजिशों और निर्ममता की वजह से विद्रोही कमजोर पड़ने लगे थे। उनकी पराजयों का सिलसिला भी शुरू हो गया। तबाही सामने दिख रही थी। इसके साथ ही मौलवी बाकिर के अखबार के प्रकाशन और वितरण पर भी गंभीर संकट उपस्थित हो गया। अफरा-तफरी के उस माहौल में अखबार का वितरण मुश्किल हो गया था। 13 सितंबर, 1857 को प्रकाशित अखबार के आखिरी अंक में मौलवी साहब के शब्दों में पराजय का यह दर्द शिद्दत से उभरकर सामने आया था। स्वाधीनता संग्राम में विद्रोहियों की अंतिम पराजय के बाद 14 सितंबर को हजारों दूसरे लोगों के साथ मौलवी बाकिर को भी गिरफ्तार कर लिया गया। दो दिनों तक असहनीय यातनाएँ देने के बाद 16 सितंबर को उन्हें मेजर विलियम स्टीफन हडसन के सामने प्रस्तुत किया गया। हडसन ने अंग्रेजी साम्राज्य के लिए बड़ा खतरा मानते हुए बगैर कोई मुकदमा चलाए, उसी दिन उन्हें मौत की सजा सुना दी। उसी दिन मुगल साम्राज्य के औपचारिक तौर पर समाप्त होने के पहले ही कलम के इस 69 वर्षीय सिपाही को दिल्ली गेट के मैदान में तोप के मुँह पर बाँधकर उड़ा दिया गया, जिससे उनके वृद्ध शरीर के परखच्चे उड़ गए। देश की पत्रकारिता के इतिहास में कलम की आजादी के लिए

मौलवी बाकिर का यह बलिदान सुनहरे अक्षरों में लिखने लायक था, मगर दुर्भाग्य से यह नहीं हुआ। आजादी की लड़ाई के शहीद देश के उस पहले और आखिरी पत्रकार को वह सम्मान नहीं मिला, जिसके वे वाकई हकदार थे। न कभी देश के इतिहास ने उन्हें याद किया और न देश की पत्रकारिता ने। यहाँ तक कि उनकी जन्मभूमि और कर्मभूमि दिल्ली में उनके नाम का एक स्मारक तक नहीं है। आज जब लोकतंत्र का चौथा स्तंभ कहे जानेवाली मीडिया की जनपक्षधरता संदिग्ध है और वह विश्वसनीयता के संकट से रूबरू है तो क्या पत्रकारिता के इतिहास के इस विस्मृत नायक के आदर्शों और जज्बे को याद करने की सबसे ज्यादा जरूरत नहीं है? यह बात भी गौर करने योग्य है कि पत्रकरिता के लिए जो साहित्य मार्गदर्शक का कार्य करता था, आज उसका रूप बदल गया है, खासकर हिंदी की साहित्यिक पत्रकारिता। साहित्यिक पत्रकारिता का सामान्य पत्रकारिता से अंतर और उसका विशिष्ट स्वरूप अब तक कुछ उभर आया होगा। समाचार-पत्र (या समाचार पत्रिकाएँ) जहाँ सूचना पर बल देते हुए सामान्य ज्ञान प्रेषित करते हैं, वहीं साहित्यिक पत्रकारिता का उद्‌देश्य सांस्कृतिक चेतना और परिवेश में परिष्कार लाते हुए पाठक को विशिष्ट ज्ञान प्रविष्टी करना होता है, इसलिए इस क्षेत्र में प्रशिष्टा साहित्य-विवेक और विभिन्न साहित्यिक विधाओं के सूक्ष्म एवं अंतरंग परिचय की आवश्यकता होती है। साहित्य और पत्रकारिता का अंतर रेखांकित करते हुए नेमिशरण मित्तल बताते हैं कि साहित्य का मूल लक्षण उसका शाश्वत स्वरूप तथा चिरंतन तत्त्व है, किंतु पत्रकारिता तात्कालिकता, सामयिकता और क्षणभंगुरता के आयामों में कैद होती है, वैसे तो साहित्य में भी सरसता और सुबोधता पर बल दिया जाता है, लेकिन उसके प्रशिष्ट काला-चरित्र के कारण जटिलता तथा दुर्बोधता और अनेकार्थकता को भी दुर्गुण नहीं माना जाता, साहित्यिक पत्रकारिता की भाषा-शैली पर इसका कुछ-न-कुछ असर तो पड़ता ही है।

सामान्य पत्रकारिता जहाँ लोकमत के निर्माण और उसकी अभिव्यक्ति का माध्यम होती है, वहीं साहित्यिक पत्रकारिता लोकरंजन, लोक शिक्षण और जनरुचि के परिष्कार का प्रयास करती है, इसलिए उसका स्वरूप वैचारिक, संवेदनात्मक और मनोरंजनपरक होता है, लेकिन यहाँ 'संवेदनात्मक' का अर्थ तथाकथित 'शुद्ध साहित्य' के झंडाबरदारों की समाज-निरपेक्ष और विचारधारा से परहेज प्रचारित करनेवाली कृत्रिम और रहस्यात्मक संवेदना से नहीं है। इसी तरह 'मनोरंजन' का

अर्थ व्यावसायिक और बाजारू पत्रिकाओं के फूहड़ और विकृतिपूर्ण समाज-विरोधी और सस्ते मनोरंजन से नहीं है। कहना न होगा कि साहित्यिक पत्रकारिता का उद्देश्य मुक्तिबोध की 'ज्ञानात्मक संवेदन और संवेदनात्मक ज्ञान' की अवधारणा को अपना आदर्श मानकर चलना चाहिए। श्रेष्ठज-साहित्य के आदर्शों और उद्देश्यों से भिन्न आदर्श और उद्देश्य साहित्यिक पत्रकारिता के हो ही नहीं सकते। दोनों एक न होते हुए भी अन्योन्याश्रित हैं। साहित्यिक पत्रकारिता के चरित्र-निरूपण और उसके प्रशिष्ट स्वरूप पर विचार करते हुए हमें गंभीर साहित्यिक पत्रिकाओं को फिल्म, संगीत, राजनीति और धर्म आदि की तरह 'साहित्य' का भी धंधा करनेवाली व्यावसायिक पत्रिकाओं से अलग कर देखना चाहिए। यह अंतर आजादी के पहले से रहा है। यह कहना भी गलत नहीं होगा कि ऐसा अंतर साहित्यिक पत्रकारिता के जन्म के समय से ही रहा है। शुरू से ही साहित्यिक पत्रिकाएँ सदैव सत्ता-तंत्र और व्यवसाय-तंत्र से जुड़ीं या उनकी हितपोषक प्रतिष्ठानों और सेठाश्रित पत्रिकाओं से अलग, बल्कि विरोधी रही हैं, भले ही इस विरोध तथा प्रतिरोध की शैली, उसका स्वरूप कितना ही भिन्न-भिन्न क्यों न हो।

यह अंतर 'उदंत मार्तंड', 'सुधाकर', 'प्रजाहितैषी' या 'पयाम-ए-आजादी' का 'बनारस अखबार' जैसे पत्रों से साफ झलकता है। यह अंतर भारतेंदु की 'कवि वचन सुधा' और धड़फले के हाथ में जाने के बाद की स्तरहीन और पतित 'कवि वचन सुधा' में और भी प्रत्यक्ष है। यह अंतर 'सरस्वती' (महावीर प्रसाद द्विवेदी के संपादन-काल की), 'माधुरी', 'मतवाला', 'सुधा', 'चाँद', 'हंस' (प्रेमचंद के संपादन-काल से लेकर अमृत राय-रामविलास शर्मा-शिवदानसिंह चौहान के प्रगतिवादी-काल तक का), 'विप्लव', 'नय साहित्य', 'रूपाभ' सहित ऐसी ही अनेक छोटी-बड़ी साहित्यिक पत्रिकाओं तथा बाजारू और व्यावसायिक पत्रिकाओं के बीच सदैव रहा है। कहना न होगा कि हमारा 'हिंदी साहित्य का इतिहास' इन महत्त्वपूर्ण पत्रिकाओं से ही अस्तित्व में आया है।

आजादी के बाद यह अंतर 'कल्पना', (बदरी विशाल पित्ती एवं अन्य), 'समालोचक' (रामविलास शर्मा), 'प्रतीक' (अज्ञेय), 'नया पथ' (यशपाल एवं अन्य), 'कृति' (श्रीकांत वर्मा), 'आलोचना' (नामवर सिंह), 'वसुधा' (हरिशंकर परसाई), 'कहानी' (श्रीपत राय), 'लहर' (प्रकाश जैन और मनमोहिनी) और 'नई कहानियाँ' (कमलेश्वार, फिर भीष्म साहनी) जैसी श्रेष्ठा साहित्यिक पत्रिकाओं तथा

व्यावसायिक घरानों की प्रतिष्ठामनी और सेठाश्रयी पत्रिकाओं 'धर्मयुग', 'साप्ताहिक हिंदुस्तान', 'ज्ञानोदय', 'सारिका', 'निहारिका' और 'कादंबिनी' आदि के बीच बड़ा स्पष्ट रहा है। यह अंतर सारी दुनिया में और विश्वत की प्रायः अभी भाषाओं की साहित्यिक पत्रिकाओं और राजसत्ता (भले ही उसे 'जनसत्ता' का झूठा नाम दें) या धनसत्ता की हितपोषक प्रतिष्ठानी पत्रिकाओं में रहा है। इस अंतर के कारण ही दुनिया भर में साहित्यिक पत्रकारिता के क्षेत्र में 'लघुपत्रिका' या 'लिटिल मैगजीन' आंदोलन होते रहे हैं।

हिंदी की साहित्यिक पत्रकारिता के संदर्भ में जब उपर्युक्त अंतर और फलस्वरूप विचारधारात्मक संघर्ष बहुत तीव्र हो गया तो सन् 60 के बाद साहित्यिक और व्यावसायिक पत्रिकाएँ एक-दूसरे के विरुद्ध एक बड़ी लड़ाई में भिड़ गईं, यह लड़ाई कमोबेश आज भी जारी है, इस सातवें दशक के मध्य में ही हिंदी में 'लघु-पत्रिका' आंदोलन के रूप में ऐसा जबर्दस्त साहित्यिक विस्फोट हुआ कि सेठाश्रयी और व्यावसायिक प्रतिष्ठामनी पत्र-पत्रिकाओं का पूरी तरह भट्ठा बैठ गया। उनमें श्रेष्ठ रचनाओं और श्रेष्ठ साहित्यकारों का टोटा पड़ गया।

हिंदी के युवा और युवतर लेखकों, कवियों और आलोचकों ने इन पत्रिकाओं के खिलाफ सफल और जोरदार 'बहिष्कार' अभियान चलाया, यहाँ तक कि प्रतिष्ठित बुजुर्ग कवि-लेखक भी इन पत्रिकाओं में छपने से हिचकिचाने लगे, इनमें छपनेवाले लेखक साहित्यिक मान्यता और साहित्यिक प्रतिष्ठा के लिए तरसते रह गए, जो प्रतिष्ठित और लोकप्रिय लेखक इनमें छपता था, उसे पूरे साहित्य-जगत् का विरोध और बहिष्कार झेलना पड़ता था।

हिंदी का यह लघु-पत्रिका आंदोलन इतना लोकप्रिय और प्रभावी सिद्ध हुआ कि प्रायः सभी भारतीय भाषाओं में साहित्यिक लघु-पत्रिकाओं का ज्वार आ गया। स्मरणीय है कि ऐसे ही विचारधारात्मक और सर्जनात्मक संघर्ष में से ही यूरोप में 'प्रोटेस्ट मूवमेंट' उभरकर सामने आए थे तथा विश्व भर में छा गए थे, हिंदी में उभरा यह 'लघु-पत्रिका आंदोलन' अब तो एक तरह से साहित्येतिहास और साहित्यिक पत्रकारिता के इतिहास का भी अंग बन चुका है। कालांतर में साहित्यिक पत्रिकाओं के स्वरूप में भारी परिवर्तनों के बाद भी उनके लिए 'लघु-पत्रिका' या 'अव्याओकर लोक-प्रचलितवसायिक' पत्रिका नाम ही सर्वमान्य और रूढ़ होकर लोक-प्रचलित हो चुका है। वास्तव में, ऐसी पत्रिकाएँ ही साहित्यिक पत्रिकाएँ है, मानी जाती हैं।

सन् साठ के बाद एक जबरदस्त आंदोलन की तरह आरंभ हुआ लघु-पत्रिकाओं का यह अभियान अनेक उतार-चढ़ावों के बाद, सत्तर और अस्सी के दशकों में प्रगतिशील और वामपंथी रुख अख्तियार कर लेता है। इसकी परिणति इस रूप में होती है कि एक ओर जहाँ उपर्युक्त प्रतिष्ठित पत्रिकाएँ या तो बंद हो जाती हैं अथवा अप्रासंगिक होकर अपना प्रभाव खो देती हैं, वहीं 'आलोचना' (नामवर सिंह एवं नंदकिशोर नवल) के अलावा 'पहल' (ज्ञानरंजन), 'लहर' (प्रकाश जैन और मनमोहिनी), 'प्रगतिशील वसुधा' (कमला प्रसाद), 'उत्तरार्ध' (सव्यसाची), 'कथा' (मार्कंडेय), 'कलम' (चंद्रबली सिंह), 'ओर' (विजेंद्र), 'क्यों' (मोहन श्रोत्रिय और स्वयं प्रकाश), 'आरंभ' (नरेश सक्सेना और विनोद भारद्वाज), 'धरातल' (नंदकिशोर नवल), 'समासंभ' (भैरवप्रसाद गुप्त), 'इसलिए' (राजेश जोशी) और 'कसौटी' (नंदकिशोर नवल) जैसी श्रेष्ठ साहित्यिक पत्रिकाएँ अपने दौर की साहित्यिक पत्रकारिता का प्रतिनिधित्व करती हैं। कुछ पुरानी और प्रतिष्ठित लघु-पत्रिकाएँ तथा कई नई पत्रिकाएँ चंद अविस्मरणीय विशेषांक प्रकाशित कर धीरे-धीरे पृष्ठभूमि में चली गईं।

दैनिक समाचार-पत्रों में साहित्यिक पत्रकारिता

प्रायः सभी दैनिक, पाक्षिक और साप्ताहिक अखबारों में हमें छिट-पुट साहित्यिक रुझान उनके रविवारीय संस्करणों में तो दिखता है, लेकिन इस क्षेत्र में उनका कोई महत्त्वपूर्ण और उल्लेखनीय योगदान नहीं दिखता, अपवादस्वरूप प्रमुख प्रगतिशील दैनिक 'जनयुग' में न केवल यह साहित्यिक-विचारधारात्मक रुझान स्पष्ट नजर आता है, बल्कि उसका 'रविवारीय परिशिष्ट' मुख्यतः साहित्य को ही समर्पित होता था। कुल चार पृष्ठों के इस परिशिष्ट में एक विचारधारत्मक अग्रलेख और छोटे से बच्चों के कोने के अलावा शेष प्रायः तीन-साढ़े तीन पृष्ठ साहित्य को ही समर्पित होते थे।

'जनसत्ता' ने भी अपने रविवारीय परिशिष्ट में इस परंपरा का मंगलेश डबराल के संपादन में निर्वाह किया। इसी तरह जब तक राजेंद्र माथुर रहे, तब तक 'नवभारत टाइम्स' ने भी कुछ स्थान साहित्यिक पत्रकारिता के लिए दिया। लेकिन कालांतर में इस श्रेष्ठ परंपरा का अवसान हो गया, नब्बे के दशक के मध्य तक भूमंडलीकरण की आँधी में साहित्य और साहित्यिक पत्रकारिता के पैर उखड़ने लगे। धीरे-धीरे

आज हम एक ऐसे विचार-शून्य या कहें प्रायोजित मीडिया के प्रायोजित विचारों में डूबते-उतराते अपढ़ समाज और सांस्कृतिक-शून्यूता की ओर बह रहे हैं, एक ऐसा समाज जहाँ उपभोक्तावाद के दलदल की ओर ढकेलती अपसंस्कृति की गहरी ढलान है।

गांधी और वर्तमान पत्रकारिता

पिछले सौ सालों के इतिहास में अगर किसी व्यक्ति अथवा विचारधारा की प्रासंगिकता को लेकर सबसे ज्यादा चिंतन हुआ है तो वह गांधी और गांधीवाद है। "सत्य और अहिंसा के प्रतिमान बन चुके गांधी और उनके दर्शन की प्रासंगिकता न सिर्फ भारत, बल्कि अफ्रीका सहित दुनिया के तमाम देशों में आज भी कायम है। गांधी के सत्य-अहिंसा के नैतिक मूल्यों पर तो न जाने कितनी बहसें होती रही हैं, न जाने कितना कुछ लिखा जा चुका है, मगर सामयिक संदर्भ में उनके व्यक्तित्व का एक अन्य महत्त्वपूर्ण पक्ष भी बहुत विचारणीय है। वह पक्ष है पत्रकारिता संबंधी उनके सरोकार। अहिंसा के पथ-प्रदर्शक, सत्यनिष्ठ समाज-सुधारक और महात्मा के रूप में विश्व विख्यात गांधी सबसे पहले कुशल पत्रकार थे। उनकी पत्रकारिता की बारीकियों को समझने का प्रयास किया जाए तो वह व्यावहारिक पत्रकारिता के स्तंभों में अग्रणी नजर आते हैं। गांधी की पत्रकारिता भी उनके गांधीवादी सिद्धांतों के मानकों पर ही आधारित हैं, उनकी पत्रकारिता में उनके संघर्ष का बड़ा व्यावहारिक दृष्टिकोण नजर आता है। जिस आमजन, हरिजन एवं सामाजिक समानता के प्रति गांधी का रुझान उनके जीवन संघर्ष में दिखता है, बिल्कुल वैसा ही रुझान उनकी पत्रकारिता में भी देखा जा सकता है। गांधी का मानना था कि पत्रकारिता की बुनियाद सत्यवादिता के मूल चरित्र में निहित होती है। असत्य की तरफ उन्मुख होकर विशुद्ध व वास्तविक पत्रकारिता के उद्देश्यों को कभी प्राप्त नहीं किया जा सकता है।" गांधी का यह दृष्टिकोण इस बात की पुष्टि करता है कि उनकी पत्रकारिता और व्यावहारिक जीवन के सिद्धांतों में किसी भी तरह का दोहरापन नहीं है। निश्चित तौर पर अपने सिद्धांतों एवं पत्रकारिता के क्षेत्र में किए गए कार्यों के बीच का सामंजस्य ही गांधी को पत्रकारिता के महान् मार्गदर्शक के रूप में स्थापित करता है। पत्रकारिता में गांधी के योगदान की ऐतिहासिकता पर नजर डालें तो उनकी पत्रकारिता की शुरुआत ही विरोध की निडर अभिव्यक्ति के तौर पर हुई थी। जब गांधी अफ्रीका में

वकालत कर रहे थे, उसी दौरान वहाँ की एक अदालत ने उन्हें कोर्ट परिसर में पगड़ी पहनने से मना कर दिया था। अपने साथ हुए इस दोहरेपन का विरोध करते हुए गांधी ने डरबन के एक स्थानीय संपादक को चिट्ठी लिखकर अपना विरोध जाहिर किया, जिसको उस अखबार द्वारा बाकायदा प्रकाशित भी किया गया। अखबार को लिखे उस पत्र को गांधी की पत्रकारिता का पहला कदम माना जा सकता है, हालाँकि तत्कालीन दौर में गांधी को भारत में भी कोई नहीं जानता था। पत्रकारिता के प्रति गांधी की निष्ठा और विश्वास का ही परिणाम रहा कि अफ्रीका प्रवास के दौरान उन्होंने 'इंडियन ओपिनियन' के जरिए अपने विचारों और सिद्धांतों का प्रतिपादन करते हुए देशवासियों के हित में आवाज उठाई। यह गांधी की सत्यनिष्ठ और निर्भीक पत्रकारिता का असर ही था कि अफ्रीका जैसे देश में रंगभेद जैसी विषम परिस्थितियों के बावजूद पाँच अलग-अलग भारतीय भाषाओं में इस अखबार का प्रकाशन होता रहा। इसके प्रकाशन के साथ-साथ गांधी के निर्भीक स्वर अन्य अखबारों के संपादकीय पृष्ठों में भी गूँजने लगे थे। यह वह दौर था, जब मोहनदास करमचंद गांधी 'पत्रकार गांधी' के रूप में ख्याति अर्जित करने लगे थे। महात्मा गांधी ने 'इंडियन ओपिनियन' के माध्यम से अफ्रीका में रह रहे भारतीय मूल के लोगों की समस्याओं को शिद्दत से उठाया। उनकी पत्रकारिता के स्वर इतने निर्भीक रहे कि उनके लेखों से विचलित अफ्रीकी प्रशासन ने 1906 में उन्हें जोहान्सबर्ग में एक जेल में बंद कर दिया। लेकिन पत्रकारिता में निर्भीकता का अद्वितीय उदाहरण प्रस्तुत करते हुए गांधी ने जेल से ही संपादन कार्य जारी रखा। पत्रकारिता की पारदर्शिता कायम रखने का यह कठिन, किंतु बड़ा फैसला गांधी ही ले सकते थे कि संपादक रहते हुए उन्होंने कभी अखबार के लिए किसी से विज्ञापन की माँग नहीं की। उनके संपादकीय लेखों का असर उन दिनों की अफ्रीकी सरकारों पर भी खूब रहा; यही नहीं, भारत में अंग्रेजी हुकूमत पर भी उनके लेखों का व्यापक असर दिखने लगा था। गांधी की प्रखर लेखनी का लोहा मानते हुए एक अंग्रेजी लेखक ने यहाँ तक कहा है कि गांधी के संपादकीय लेखों के वाक्य 'थॉट फॉर द डे' के तौर पर इस्तेमाल किए जा सकते हैं।

गांधी की पत्रकारिता के मार्ग में भाषायी दायरे कभी अवरोधक नहीं बने, वह समय और अवसर के अनुकूल हिंदी, उर्दू और अंग्रेजी में लेखन करते थे। गांधी की नजर में पत्रकारिता का उद्देश्य जनजागरण था। वे जनमानस की समस्याओं को मुख्यधारा की पत्रकारिता में रखने के प्रबल पक्षधर थे। भारत आने के बाद गुलामी

की परिस्थितियों से रूबरू गांधी ने सत्य, अहिंसा के समानांतर पत्रकारिता एवं लेखन को भी अपना हथियार बनाया। उन्होंने स्व-संपादन में 'यंग इंडिया' का प्रकाशन शुरू किया, जो जनमानस के बीच बहुत लोकप्रिय था। बाद में इसका गुजराती संस्करण 'नवजीवन' के नाम से शुरू किया गया। समाज के निचले तबके के प्रति गांधी की चिंता उनकी पत्रकारिता में खुलकर सामने आती है। दलित-शोषित समाज की आवाज उठाने के उद्देश्य से उन्होंने समय-समय पर 'हरिजन' में विचारोत्तेजक लेख लिखे, जिसका तत्कालीन समाज पर व्यापक प्रभाव पड़ा। गांधी की पत्रकारिता के उस काल से लेकर आज की पत्रकारिता के बीच बदलावों का एक बड़ा दौर रहा है। सुविधाओं व संसाधनों के दृष्टि से आज की पत्रकारिता काफी हद तक सहज एवं सुलभ हो गई है। आज बेशक पत्रकारिता तकनीक संपन्न हो गई है, लेकिन वर्तमान पत्रकारिता के स्वरूप पर सवाल भी कुछ कम नहीं उठ रहे हैं। सबसे बड़ा सवाल तो यही उठता है कि आज की तेज रफ्तार जिंदगी में पत्रकारिता ने कहीं गांधीवादी पत्रकारिता के उन आदर्श मूल्यों को तो हाशिए पर नहीं ला दिया है, जिसके बिना 'पत्रकारिता' शब्द ही अर्थहीन नजर आता है? आज पत्रकारिता को लेकर जिस तरह के सवाल आए दिन उठते रहते हैं, ऐसे में क्या यहाँ भी गांधी प्रासंगिक नहीं हो जाते हैं? कहीं यह सच तो नहीं कि हमने अपनी सहूलियत और निजी हितों को ऊपर रखकर गांधी की पत्रकारिता के उन मूल्यों को सामने ही नहीं आने दिया, जिनका सामने आना वर्तमान पत्रकारिता के बिगड़ते स्वरूप के लिए सबसे जरूरी जान पड़ता है? गांधी द्वारा पत्रकारिता के क्षेत्र में जो आदर्श स्थापित किए गए, वे अपने आप में पत्रकारिता के स्थापित और प्रामाणिक सिद्धांत कहे जा सकते हैं। भारतीय ही नहीं, विश्व के पत्रकारिता जगत् को चाहिए कि वे गांधी को महज महात्मा तक सीमित न कर 'पत्रकार गांधी' के मूल्यों, आदर्शों व सिद्धांतों को भी पढ़ें, समझें और आत्मसात् करें। यह लोकतंत्र के चौथे स्तंभ का कल्याणकारी पक्ष है।

वर्तमान दौर में पत्रकारिता के लिए गांधी दर्शन की प्रासंगिकता तथा निष्कर्ष

वैश्विक स्तर पर व्याप्त हिंसा, मतभेद, बेरोजगारी, महँगाई तथा तनावपूर्ण वातावरण में आज बार-बार यह प्रश्न उठाया जा रहा है कि गांधी के सत्य व अहिंसा पर आधारित दर्शन और विचारों की आज कितनी प्रासंगिकता महसूस की जा रही है? यूँ तो गांधीवाद का विरोध करनेवालों ने, जिनमें दुर्भाग्यवश और किसी देश के लोग नहीं, बल्कि अधिकांशतः केवल भारतवासी ही शामिल हैं, ने गांधी के विचारों

की प्रासंगिकता को तब भी महसूस नहीं किया था, जबकि वे जीवित थे। गांधी से असहमति के इसी उन्माद ने उनकी हत्या तो कर दी, परंतु आज गांधी के विचारों से मतभेद रखनेवाली उन्हीं शक्तियों को भलीभाँति यह महसूस होने लगा है कि गांधी अपने विरोधियों के लिए दरअसल जीते-जी उतने हानिकारक नहीं थे, जितना कि हत्या के बाद साबित हो रहे हैं। और इसकी वजह केवल यही है कि जैसे-जैसे विश्व हिंसा, आर्थिक मंदी, भूख, बेरोजगारी और नफरत जैसे तमाम हालात में उलझता जा रहा है, वैसे-वैसे दुनिया को न केवल गांधी के दर्शन याद आ रहे हैं, बल्कि गांधी दर्शन को आत्मसात् करने की आवश्यकता भी बड़ी शिद्दत से महसूस की जाने लगी है। गांधी आज क्यों याद आ रहे हैं और गांधीवाद की प्रासंगिकता क्यों महसूस की जा रही है, इसके लिए हमें इतिहास की हाल की कुछ घटनाओं पर नजर डालनी होगी।

आज राजनीति में सक्रिय लोग अधिकांशतः सत्ता को हासिल करने के लक्ष्य को केंद्र में रखकर अपनी राजनैतिक बिसात बिछाते हैं। बजाय इसके कि यही तथाकथित राजनेता समाज-सेवा के माध्यम से विकास एवं प्रगति के नाम पर, जनकल्याण से जुड़े मुद्दों के आधार पर अशिक्षा व बेरोजगारी दूर करने के नाम पर स्वास्थ्य सेवाएँ मुहैया कराने, सड़क, बिजली व पानी जैसी मनुष्य की बुनियादी जरूरतों को पूरा करने के नाम पर मतदाताओं के बीच जाकर उनसे समर्थन की दरकार करें तथा अपने किए गए कार्यों के नाम पर जनसमर्थन जुटाने की कोशिशें करें। ठीक इसके विपरीत, अब बिना कर्म किए ही फल प्राप्त करने अर्थात् राजसत्ता को दबोचने का प्रयास किया जाने लगा है। इस 'शॉर्टकट' को अपनाने का दुष्परिणाम यही है कि आज पूरे भारत में सांप्रदायिकता फल-फूल रही है। दुनिया के अन्य कई देश भी इस समय सांप्रदायिकता तथा जातिवाद की पीड़ा से प्रभावित हैं। सत्ता जैसे फल को यथाशीघ्र एवं अवश्यंभावी रूप से हासिल करने के लिए कहीं सांप्रदायिक दंगे करवा दिए जाते हैं तो कहीं भाषा, जाति, वर्ग भेद की लकीरें खींच दी जाती हैं। अब तो भारत के एक राज्य विशेष के कुछ संकीर्ण मानसिकता के लोग पूरे उत्तर भारतीयों के विरुद्ध नफरत के बीज बो रहे हैं। दरअसल यह इनके द्वारा किया जानेवाला कर्म नहीं है, बल्कि राजसत्ता रूपी फल को प्राप्त करने हेतु इनकी स्थिति एक विषयांध व्यक्ति जैसी हो चुकी है। और एक विषयांध व्यक्ति नीतियों, सिद्धांतों, यहाँ तक कि मानवता को ही त्याग देता है तथा केवल लक्ष्य को अर्जित

करने के लिए निम्न-से-निम्न स्तर तक के फैसले लेने में नहीं हिचकिचाता। आज दुनिया के किसी भी देश में शांति मार्च का निकलना हो अथवा अत्याचार व हिंसा का विरोध किया जाना हो या हिंसा का जवाब अहिंसा से दिया जाना हो, ऐसे सभी अवसरों पर पूरी दुनिया को गांधीजी की याद आज भी आती है और हमेशा आती रहेगी। अत: यह कहने में कोई हर्ज नहीं कि गांधीजी, उनके विचार, उनका दर्शन तथा उनके सिद्धांत कल भी प्रासंगिक थे, आज भी हैं तथा रहती दुनिया तक सदैव प्रासंगिक रहेंगे।

संदर्भ

1. https://navbharattimes.indiatimes.com/metro/mumbai/otherAnews/gandhiAfoughtAhereAfirstAlawsuit/articleshow/52917072.cms
2. 'राष्ट्रीय सहारा' में प्रकाशित लेख, 2 अक्तूबर, 2013 पर पोस्ट किया गया, शिवाचार द्वारा शिवानंद द्विवेदी सहर।
3. https://www.gaonconnection.com/mehfil/gandhiAjiAneverAtookAadvertisement
4. https://navbharattimes.indiatimes.com/opinion/articleshow/6642666 .cms
5. http://badalav.com/gandhiAjournalismAandAextrimism/
6. http://hindi.webdunia.com/mahatmaAgandhiAspecial/bapuA114012900069_1.html
7. https://www.mkgandhi.org/articles/theAjournalistAinAgandhi.html
8. https://www.thehindu.com/thehindu/2001/06/12/stories/13120177. html
9. http:/ramachandraguha.in/archives/gandhiAtheAjournalistAtheAhindu.html
10. http://www.gandhiashramsevagram.org/gandhiAarticles/mahatma AgandhiAviewsAonAjournalism.php
11. http://www.newswriters.in/2017/05/05/literaryAjournalismAinAhindi/
12. http://heritagetimes.in/mauvliAbaqirA1857/

□

18

साझी संस्कृति और आजादी के आंदोलन की पत्रकारिता

—डॉ. मुदासिर सुल्तान

भारत की महान् संस्कृति अनेक प्रकार की सुरभि से युक्त है, इस कारण ही वह उसको विशिष्ट बनाती है। आजादी की जंग में यह साझा संस्कृति मुखर होकर प्रकट होती है। सन् 1857 का विद्रोह साधारण नहीं था। भारतीय स्वतंत्रता-प्रेमियों के पास न तो विधिवत् प्रशिक्षित सेना थी और न ही किसी एक व्यक्ति का नायकत्व। इससे यह सिद्ध होता है कि वह ऊपरी तौर पर भले ही असंगठित विद्रोह दिखाई देता हो, लेकिन यह प्रत्येक भारतीय की अंत:करण की आवाज के रूप में प्रकट हो रहा था। इस क्रांति में जो स्थान मेरठ के काली पल्टन मंदिर का रहा है, वही स्थान दिल्ली की जामा मसजिद का भी रहा है। दोनों पवित्र स्थान क्रांतिकारियों के लिए प्रेरक केंद्र बन चुके थे। पंडित और मौलवियों का समुच्चय इस क्रांति को अपने में विशिष्ट बनाता है। 10 मई, 1857 को मेरठ से चली क्रांति पूरे देश में फैलती चली गई। इसमें सभी ने समवेत स्वर में कहा कि 'अंग्रेजों भारत से बाहर जाओ।' यह बात दूसरी है कि क्रांति असफल रही, इसके अन्य कारण हो सकते हैं। लेकिन भारतीयों की संयुक्त भावना की सफलता से इनकार नहीं किया जा सकता।

इस क्रांति में हिंदू और मुसलिम विद्रोही सैनिकों तथा पुलिस फोर्स ने अंग्रेजों के विरुद्ध साझा मोर्चा गठित कर क्रांतिकारी घटनाओं को अंजाम दिया। सैनिकों के विद्रोह की खबर फैलते ही मेरठ की शहरी जनता और आसपास के गाँव के हजारों ग्रामीण मेरठ की सदर कोतवाली क्षेत्र में जमा हो गए। इसमें केवल हिंदू नहीं थे, मुसलिम भी बराबरी के थे। उस समय उनकी पहचान केवल भारतीय नागरिक की थी। इसी कोतवाली में धन सिंह कोतवाल प्रभारी पद पर कार्यरत थे। मेरठ की हिंदू-मुसलिम पुलिस बागी हो चुकी थी। धन सिंह कोतवाल क्रांतिकारी भीड़, सैनिक, मेरठ के शहरी, पुलिस और किसान में एक प्राकृतिक नेता के रूप में उभरे। मंदिरों तथा मसजिदों से क्रांति का आह्वान किया जाने लगा। जेल तोड़कर 836 कैदियों

को छुड़ा लिया गया और जेल में आग लगा दी। जेल से छुड़ाए कैदी भी क्रांति में शामिल हो गए। यह स्वयं में एक विशिष्ट घटना थी। पहली बार भारत में ऐसा हुआ कि मंदिरों तथा मसजिदों में क्रांतिकारियों के लिए लंगर लगने आरंभ हो गए। सबकी 'एक रोटी और एक भावना' का महान् दृश्य देश देख रहा था। रात में ही विद्रोही सैनिक दिल्ली कूच कर गए और विद्रोह मेरठ के देहात में फैल गया। मंगल पांडे 8 अप्रैल, 1857 को बैरकपुर, बंगाल में शहीद हो गए थे। मंगल पांडे ने चर्बीवाले कारतूसों के विरोध में अपने एक अफसर को 29 मार्च, 1857 को बैरकपुर छावनी, बंगाल में गोली से उड़ा दिया था। जिसके पश्चात् उन्हें गिरफ्तार कर बैरकपुर में 8 अप्रैल को फाँसी दे दी गई थी। यह एक जनक्रांति थी, जो मंगल पांडे से आरंभ होकर मेरठ तक आ चुकी थी।

धन सिंह गुर्जर की जो भूमिका मेरठ की जनक्रांति में रही, वही भूमिका मौलवी अहमदुल्लाह शाह की भी रही। उनका प्रारंभिक कार्यक्षेत्र फैजाबाद था। वे 1857 के भारतीय विद्रोह के प्रमुख व्यक्ति थे। मौलवी अहमदुल्लाह शाह को 'विद्रोह के लाइटहाउस' के रूप में जाना जाता था। जॉर्ज बरूस मॉलसन और थॉमस सीटन जैसे ब्रिटिश अधिकारियों ने अहमदुल्लाह की साहस, बहादुरी, व्यक्तिगत और संगठनात्मक क्षमताओं के बारे में उल्लेख किया है। जी.बी. मॉलसन ने भारतीय विद्रोह के इतिहास में अहमदुल्लाह का बार-बार उल्लेख किया, जो 1857 के भारतीय विद्रोह को कवर करते हुए 6 खंडों में लिखी गई पुस्तक है। थॉमस सीटन अहमदुल्लाह शाह का वर्णन करते हैं कि महान् क्षमताओं का एक आदमी, निर्विवाद साहस, कठोर दृढ़संकल्प और विद्रोहियों के बीच अब तक का सबसे अच्छा सैनिक। एक मुसलिम होने के नाते वह फैजाबाद की धार्मिक एकता और गंगा-जमुना संस्कृति का प्रतीक भी था। 1857 के विद्रोह में नाना साहिब और खान बहादुर खान जैसे अहमदुल्लाह के साथ लड़े। मौलवी का मानना था कि सशस्त्र विद्रोह की सफलता के लिए, लोगों का सहयोग बहुत महत्त्वपूर्ण था। उन्होंने दिल्ली, मेरठ, पटना, कलकत्ता और कई अन्य स्थानों की यात्रा की और आजादी के बीज बोए। मौलवी और फजल-ए-हक खैराबादी ने भी अंग्रेजों के खिलाफ जिहाद घोषित किया। उन्होंने 1857 में विद्रोह के विस्फोट से पहले भी अंग्रेजों के खिलाफ जिहाद की आवश्यकता के लिए 'फतेह इसलाम' नामक एक पुस्तिका लिखी थी। लेकिन यह पुस्तक

मुसलिमों को यह प्रेरित करने के लिए थी कि उनको हिंदुओं के साथ मिलकर अपनी मातृभूमि को स्वतंत्र कराना चाहिए।

भारत-भ्रमण के दौरान उन्होंने 'हिंदू-मुसलिम एकता समितियों' की स्थापना भी की। हिंदुओं में भी उनका बहुत आदर था, अत: उनकी प्रेरणा से हजारों हिंदू भी क्रांति का अंग बन गए। यहाँ यह उल्लेखनीय है कि अवध की विद्रोही सेना का नेतृत्व बरकत अहमद और मौलवी अहमदुल्लाह शाह ने किया था, लेकिन उसमें अधिकांश सैनिक हिंदू थे। चिनाट की लड़ाई में बरकत अहमद को विद्रोहियों का मुख्य सेना अधिकारी घोषित किया गया था। ब्रिटेनी सेना का नेतृत्व हेनरी मोंटगोमेरी लॉरेंस ने किया था, जिसका अंतत: रेजिडेंसी लखनऊ में निधन हो गया था। बरकत अहमद और मौलवी के नेतृत्व में विद्रोही सेना ने यह भयंकर लड़ाई जीती थी। अहमदुल्लाह शाह ने भी बेलीगढ़ पर हमला किया। यह विद्रोहियों के लिए एक बड़ी जीत थी। मौलवी ने वास्तविक अर्थ में महान् साहस और प्रतिद्वंद्विता के साथ लड़ाई लड़ी और इसके लिए वे अंग्रेजों को बेलीगढ़ में धकेलने में सफल रहे। फिर माची भवन का एक बड़ा घर भी उड़ा दिया गया था।

लखनऊ के विद्रोहियों ने कब्जा कर लिया था, वाजिद अली शाह के दस वर्षीय बेटे और बेगम हजरत महल को राजा घोषित कर दिया गया था। मौलवी ने नए प्रशासन का हिस्सा बनने का विरोध किया। वे महल की राजनीति से दूर चले गए और गोमती नदी से परे बदशा बाग में गमांडी सिंह और सूबेदार उमराव सिंह के 1,000 सैनिकों के साथ अपना शिविर स्थापित किया। कारण यह था कि हिंदू विद्रोही निरंतर बढ़ते जा रहे थे, तब उनका एक शिविर गोमती नदी के तट पर स्थापित किया गया। रसद का काम हिंदू-मुसलिम संयुक्त रूप से कर रहे थे। मुसलिम सामंतों ने भोजन सामग्री पहुँचाने का कार्य आरंभ किया। लखनऊ के पतन के बाद मौलवी अपने हिंदू साथियों के साथ शाहजहाँपुर आ गए और यहीं अपना आधार शिविर बनाया। इसका मुख्य कारण था—नाना साहिब का सहयोग करना। शाहजहाँपुर में नाना साहिब और खान बहादुर खान की सेना में मौलवी शामिल हो गए और अंग्रेजों पर हमला बोल दिया। जी.बी. मॉलसन के मुताबिक यह संदेह से परे है कि 1857 के विद्रोह के षड्यंत्र के पीछे मौलवी के मस्तिष्क और प्रयास महत्त्वपूर्ण थे। अभियान के दौरान रोटी का वितरण, 'चपाती आंदोलन' वास्तव में उनका दिमाग था। इस कालखंड में अनेक हिंदू मनीषी पत्रकारिता के माध्यम से

राष्ट्रवाद की सिंह गर्जना कर रहे थे, तो दूसरी ओर मुसलिम बुद्धिजीवी भी पत्रकारिता को माध्यम बनाकर सामाजिक चेतना का कार्य कर रहे थे। इसमें एक प्रमुख समाचार-पत्र था—'पयाम-ए-आजादी'। इसका प्रकाशन फरवरी 1857 में दिल्ली से किया गया। इसके संपादक क्रांतिकारी अजीमुल्ला खाँ और प्रकाशक बहादुर शाह जफर के पौत्र बेदार बख्त थे। प्रारंभ में इसका प्रकाशन केवल उर्दू में होता था, लेकिन एक-दो अंकों के बाद हिंदी में भी होने लगा। 'पयाम-ए-आजादी' में अंग्रेज सरकार के विरुद्ध सामग्री होती थी। पत्र ने दिल्ली की जनता में स्वतंत्रता की अग्नि को फैलाया। इसी पत्र में भारत का तत्कालीन राष्ट्रीय गीत भी छपा था, जिसकी कुछ पंक्तियाँ निम्नलिखित थीं—

'हम हैं इसके मालिक, हिंदुस्तान हमारा।
पाक वतन है, कौम का जन्नत से भी प्यारा॥
आज शहीदों ने तुझको, अहले वतन ललकारा।
तोड़ो गुलामी की जंजीरें, बरसाओ अंगारा॥'

ऐसा नहीं है कि इस जंग में केवल सैनिकों की भागीदारी ही थी। इस जंग में अनेक पत्रकार भी शहीद हुए। ये पत्रकार हिंदू भी थे तो मुसलिम भी थे। पर इस क्रांति में पत्रकारिता क्षेत्र के नायक बने थे—मौलवी मोहम्मद बाकर। वे 'देहली उर्दू अखबार' के संपादक थे। यह अखबार तोप के गोले की भाँति अंग्रेजों पर प्रहार करता था। इसी नाते अखबार और उसके संपादक पर बगावत को भड़काने का आरोप लगाया गया। महान् सेनानी मौलवी बाकर को दिल्ली में 14 सितंबर, 1857 को गिरफ्तार किया गया और मुकदमे का नाटक किए बिना ही 16 सितंबर, 1857 को कुख्यात अधिकारी मेजर हडसन ने फाँसी पर लटका दिया। भारत के राष्ट्रीय अभिलेखागार में इस अखबार के 8 मार्च, 1857 से 13 सितंबर, 1857 तक के अधिकतर अंक उपलब्ध हैं। दिल्ली की स्वतंत्रता के पहले के अंक भी काफी महत्त्व के हैं। इस समाचार-पत्र में बिना किसी धार्मिक मतभेद के सामग्री प्रकाशित होती थी। क्रांति करने के लिए हिंदू सिपाहियों को अर्जुन या भीम बनने की नसीहत दी जाती थी तो मुसलमान सिपाहियों को रुस्तम, चंगेज और हलाकू की तरह अंग्रेजों को समाप्त करने की बात कर रहा था। सिपाहियों के प्रति उसकी विशेष सहानुभूति तो दिखती ही है, तमाम खबरों को पढ़कर यह भी नजर आता है कि उसके पत्रकारों की सिपाहियों के बीच गहरी पैठ थी।

'देहली उर्दू अखबार' का विचार पक्ष भी काफी मजबूत था। अखबार हिंदू-मुसलिम एकता का प्रबल पैरोकार था। उसने कई मौकों पर अंग्रेजों की सांप्रदायिक तनाव फैलाने की चालों को बेनकाब कर हिंदुओं और मुसलमानों दोनों को खबरदार किया।

'जंग-ए-आजादी' में एक और नाम आता है, जिसको लगभग भुला दिया गया है। उसमें हिंदू-मुसलिम एकता के सर्वाधिक प्रयास किए। मौलाना अहमद शाह ने उन विषयों को समाप्त करने की पहल भी की, जिस कारण हिंदू-मुसलिम समाज में बैर था। उन्होंने अपने विश्वासी मित्र अमीर अली द्वारा राम जन्मभूमि को हिंदुओं को सौंप दिया था, जिसका महंत रामचरण दास को बनाया गया। परिस्थिति निराशाजनक थी, किंतु मौलवी अहमद शाह निरंतर लोगों में आशा का संचार कर रहे थे। अब युद्ध का मोर्चा खुद उन्होंने सँभाला। 22 दिसंबर को उन्होंने आलमबाग में जमी अंग्रेज सेना पर हमला किया। युद्ध में वे घायल हुए तथा उन्हें पीछे हटना पड़ा। अब बेगम हजरतमहल ने रणक्षेत्र में तलवार उठाई, किंतु अंग्रेजों की सहायता के लिए नई सेना आ गई, इसलिए उनको भी पीछे हटना पड़ा। आखिर 14 मार्च, 1858 को जनरल कॉलिन ने तीस हजार सैनिकों के साथ गोमती को पार कर उत्तर की ओर से लखनऊ पर आक्रमण किया और इसे जीतने में सफलता पाई। बेगम हजरतमहल तथा मौलवी अहमद शाह अंग्रेजों का घेरा तोड़कर बच निकले। जब तक वे जिंदा रहे, हिंदू-मुसलिम एकता का प्रयास करते रहे और अंग्रेजों से उनकी जंग जारी रही।

वैसे यह विद्रोह अपने लक्ष्य को प्राप्त नहीं कर सका। पर विश्व भर को यह संदेश अवश्य मिल गया कि भारत में हिंदू और मुसलिम मिलकर रहते हैं और वे देश पर आक्रमण होने पर एक हो जाते हैं। सन् 1857 का संग्राम एक साल से ज्यादा समय तक चला। इसे 1858 के मध्य में कुचला गया। मेरठ में विद्रोह भड़कने के चौदह महीने बाद 8 जुलाई, 1858 को आखिरकार कैनिंग ने घोषणा की कि विद्रोह को पूरी तरह दबा दिया गया है।

हालाँकि बहुत कम समय में आंदोलन देश के कई हिस्सों तक पहुँच गया, लेकिन देश के एक बड़े हिस्से पर इसका कोई असर नहीं पड़ा। खासतौर पर दोआब क्षेत्र में इसका असर नहीं रहा। दक्षिण के प्रांतों ने इसमें कोई हिस्सा नहीं लिया। अहम शासकों जैसे—सिंधिया, होल्कर, जोधपुर के राणा और अन्यों ने विद्रोह का

समर्थन नहीं किया। साथ ही भारतीय सैनिकों के पास भावना तो थी, लेकिन हथियारों का अभाव था।

यदि आजादी के इस अभियान में हिंदू दीपक की बाती बना तो मुसलिम तेल बना है। यह भारत राष्ट्र की पहचान है।

संदर्भ

1. न्यूज किल्क—रजनीश साहिल, अंक 11 नवंबर, 2014।
2. भारत का प्रथम स्वतंत्रता संग्राम—वीर सावरकर।
3. क्रांति के नायक—देवेश मित्र।
4. समय साक्ष्य—हेमंत कुमार जोशी, अंक 19 अगस्त, 2013।
5. 'जंग-ए-आजादी'—मौ. सलीम जैदी।
6. स्वतंत्रता संग्राम में सांप्रदायिक एकता : एक अध्ययन—कैलाश गुप्ता।

□

19

प्रथम स्वतंत्रता संग्राम और पूर्व की पत्रकारिता

—डॉ. गुंजन शर्मा

स्वतंत्रता मानव का स्वाभाविक भाव है। प्रकृति ने मानव को मर्यादाओं में, लेकिन निर्बंध जीवन-निर्वाह करने का अधिकार दिया है। मर्यादाओं का सृजन भी प्राकृतिक स्वतंत्रता को सुरक्षित रखने के लिए होता है। लेकिन जब सामाजिक, धार्मिक तथा राजनीतिक स्वतंत्रता पर कोई आघात होता है तो एक अंतराल के पश्चात् विद्रोह के स्वर मुखर होने लगते हैं। भारत में वास्तविक स्वतंत्रता का हनन 11वीं शताब्दी में होना आरंभ हो गया था। लेकिन उस समय अपनी अस्मिता को सुरक्षित रखने के लिए विभिन्न प्रकार के उपाय किए गए। वे भी जनसंचार का एक माध्यम ही थे। उस समय की पत्रकारिता तथा जनसंचार माध्यमों का स्वरूप वर्तमान से भिन्न था, इसलिए प्रचार-प्रसार के लिए परंपरागत माध्यमों का प्रयोग किया गया। विशेष रूप से प्रत्यक्ष संवाद की नीति का पालन मध्यकाल में किया गया। भक्ति आंदोलन को केवल इस दृष्टि से देखा जाता है कि वह अध्यात्म की एक चेतना थी, लेकिन उसके पीछे राष्ट्रीयता के प्रबल भाव थे, जिनको समझना आवश्यक हैं। प्रथम स्वतंत्रता संग्राम से पूर्व ही क्रांति की पूर्व पीठिका तैयार हो चुकी थी। भक्ति आंदोलन ने अध्यात्म के माध्यम से सांस्कृतिक श्रेष्ठता के भाव को उत्पन्न किया था, जो सन् 1857 से पूर्व की पत्रकारिता में अतीत के गौरवगान के रूप में दिखाई देती है। इसमें तनिक भी संदेह नहीं है कि साहित्य चेतना और सांस्कृतिक अभ्युदय भविष्य के इतिहास में रूपांतरित हो जाती है। इसी भाव को संदर्भित करते हुए प्रथम स्वतंत्रता संग्राम की पूर्व पत्रकारिता स्वतंत्रता की आत्मोत्सर्गी भावना का आधार बनी। इस महासमर को सारस्वत कर्म करनेवाले पत्रकारों तथा साहित्यकारों ने किस प्रकार प्रभावित किया, यह तत्कातीन घटनाओं के आधार पर देखा जा सकता है।

यह अटल सत्य है कि कोई भी क्रांति तब तक नहीं होती, जब तक समाज की संवेदनाएँ उद्वेलित न हों। यह निश्चित है कि पूर्व तथा समकालीन पत्रकारिता

कहीं-न-कहीं राष्ट्रीय समाज को अवश्य ही साम्राज्यवादी शक्तियों की शोषणकारी व्यवस्था के प्रति सचेत कर रही थी। क्रांति के लिए तत्कालीन कारण हो सकते हैं, लेकिन उसकी भावभूमि दशकों पहले ही निर्मित होनी आरंभ हो जाती है। पत्रकारिता समाज का दर्पण होती है। यह दर्पण अवतल या उत्तल दर्पण नहीं होता, यह समतल दर्पण होता है। समतल दर्पण से समाज की पीड़ा को अनुभूत करनेवाली पत्रकारिता का भी उल्लेखित महासमर में भावनात्मक योगदान रहा है, जिसको विस्मृत कर दिया गया। ऐसा नहीं है कि भारतीय जनता केवल अंग्रेजों के आने पर ही आक्रोशित हुई थी। इससे पहले भी अनेक क्रांति होती रहती थीं। दोआब के क्षेत्र में तत्कालीन व्यवस्था के प्रति रोष रक्तमय संघर्षों के रूप में देखा जा सकता है। प्रथम स्वतंत्रता संग्राम से पूर्व की पत्रकारिता के सामान्य अध्ययन से हमने यह पाया है कि सन् 1857 से कई दशक पहले से ही भारतीय पत्रकारिता औपनिवेशिक विकारों के कारण भारतीयों की दीन-हीन स्थिति पर निर्भय होकर लिखने लगी थी। जिस समय पं. युगल किशोर शुक्ल ने कलकत्ता से 'उदंत मार्तंड' का प्रकाशन आरंभ किया तो वह भी विदेशी साम्राज्य के प्रति एक क्रांति ही थी। उन्होंने बंगाल के बेरोजगार होते बुनकरों की पीड़ा को वाणी देने का प्रयास किया, साथ ही देश को यह भी बताया कि अंग्रेजों की अर्थनीति भारत को किस प्रकार खोखला कर रही है। अंग्रेजों के समर्थक माने जानेवाले राजा राममोहन रॉय ने 10 मई, 1829 को 'हिंदू हेराल्ड' का प्रकाशन आरंभ किया। यह पत्र अंग्रेजी भाषा में था। उनका उद्देश्य भारतीय जनमानस की पीड़ा को साम्राज्यवादी शक्ति तक पहुँचाना था। समाज को राष्ट्रीय चेतना प्रदान करने के लिए 'बंगदूत' प्रकाशित किया, जो विभिन्न भाषाओं में प्रकाशित होता था। सन् 1830 से प्रकाशित होनेवाले 'संवाद प्रभाकर' में बंकिम चंद्र चटर्जी द्वारा लिखित 'वंदे मातरम्' प्रथम बार प्रकाशित हुआ था, जो बाद में 'आनंद मठ' उपन्यास का एक हिस्सा बना। यह गीत कालांतर में क्रांतिकारियों के लिए प्रेरणा मंत्र बन गया। सन् 1852 में 'हिंदी-उर्दू अखबार' नामक एक समाचार-पत्र का प्रकाशन आरंभ हुआ। आजादी की लौ जगाने के लिए इसके संपादक को तोप से उड़ा दिया गया था। यह तो इतिहास प्रमाणित है कि 1857 के महासमर को उग्र करने में 'पयाम-ए-आजादी' नामक समाचार-पत्र का योगदान रहा। उसके संपादक मौलाना अब्दुल को फाँसी दे दी गई थी। ऐसे सैकड़ों पत्रकार हैं, जिन्होंने अपने प्राणों को सारस्वत कर्म करते हुए भारत भारती की वेदी पर उत्सर्ग कर दिया।

इस संगोष्ठी का एक ध्येय ऐसे महान् पत्रकारों को भी लोक-प्रतिष्ठा प्रदान करना है। कोई भी क्रांति अचानक नहीं होती। उसके लिए दीर्घकालीन वैचारिक ऊर्जा की आवश्यकता होती है। इसलिए यह मानना गलत हेगा कि तत्कालीन पत्रकारिता ने ही क्रांति को हवा दी। सच तो यह है कि समकालीन पत्रकारिता ने पूर्व विकसित भावों को तत्कालीन परिस्थितियों में प्रकट करने का कार्य किया। इसलिए हम कह सकते हैं कि पत्रकारिता ने आजादी की अग्निशिखा को अनवरत प्रज्वलित रखने में अपनी सक्रिय भूमिका का निर्वाह किया। 'पत्रकारों के पैरों के छालों से इतिहास लिखा जाता है,' यह कथन महादेवी वर्मा का है, जो क्रांति में पत्रकारों की भूमिका को प्रकट करता है। स्वाधीनता संग्राम का अर्थ राजनीतिक क्षेत्रा में विदेशी साम्राज्य से मात्र सशक्त टक्कर लेना ही नहीं था, बल्कि जनसाधारण को इस संग्राम के लिए प्रेरित करना भी था और इसी अहम कार्य को अंजाम दिया पत्रकारिता ने। पत्रकारों ने अपनी कलम के बल पर ऐसा माहौल तैयार किया कि सारा देश एक होकर अंग्रेजी सरकार के शोषण, अन्याय और दमनकारी नीतियों का विरोध करने के लिए एक साथ खड़ा हो गया। देशभक्ति की भावना के पीछे सांस्कृतिक राष्ट्रवाद की भावना की भूमिका होती है। पत्रकारिता ने इस भाव को भी प्रकट करने का महान् कार्य किया। देश की जनता को यह बताने का प्रयास किया कि वे विदेशियों से कई गुना श्रेष्ठ हैं। इस क्रांति में इस भाव का बहुत महत्त्व रहा है। इसलिए अकबर इलाहाबादी का यह कथन सत्य प्रतीत होता है कि—

खीचौं न कमानों को, न तलवार निकालो,
जब तोप मुकाबिल हो, तो अखबार निकालो।

प्रथम स्वतंत्रता संग्राम से पूर्व हिंदी में प्रकाशित होनेवाले समाचार-पत्रों ने संपूर्ण देश को एक सूत्र में बाँधने का कार्य किया। साथ ही सांप्रदायिक सौहार्द को भी विकसित करने में अपना योगदान दिया। इसकी शुरुआत 'उदंत मार्तंड' से मानी जाती है, जोकि 30 मई, 1826 को कलकत्ता के कोलू टोला मोहल्ले से पं. युगल किशोर शुक्ल के संपादन में प्रारंभ हुआ। इस पत्र की आयु दीर्घ नहीं थी, लेकिन अल्प जीवन में ही उसने समाज को उत्तेजित करने का कार्य किया। यह साप्ताहिक पत्र कुछ वर्ष ही चल पाया और इसका अंतिम अंक 4 दिसंबर, 1827 को प्रकाशित हुआ वहीं राजा राममोहन रॉय ने जनता की दुर्दशा और संकटों को जनता की भाषा में अभिव्यक्त करने के लिए 10 मई, 1829 को कलकत्ता से 'हिंदू हेराल्ड' का

प्रकाशन शुरू किया, जिसके 'बंगदूत' नाम से बांग्ला, हिंदी और फारसी में तीन संस्करण अलग से प्रकाशित होते थे, लेकिन यह अखबार भी शीघ्र ही बंद हो गया। 28 जनवरी, 1830 को 'संवाद प्रभाकर' पत्र का प्रकाशन शुरू हुआ। इस पत्र ने बंकिम चंद चटर्जी जैसे लेखक को स्थापित करने में अहम भूमिका निभाई। इस पत्र ने ईस्ट इंडिया कंपनी का जमकर विरोध किया। इसी क्रम में राजा शिवप्रसाद 'सितारे हिंद' की मदद से गोविंद रघुनाथ धत्ते ने 1845 में 'बनारस अखबार', प्रेम नारायण ने इंदौर से 6 मार्च, 1848 को 'मालवा अखबार', 1850 में तारामोहन मैत्रोय ने काशी से 'सुधाकर पत्र', 1852 में 'बुद्धि/प्रकाश', 'सुधावर्षण', 'धर्मप्रकाश', 'प्रजाहित', 'ज्ञान प्रकाश' आदि पत्र प्रकाशित हुए।

उस समय की पत्रकारिता व्यवसाय न होकर एक मिशन थी, चाहे उसका लक्ष्य देश की जनता के भीतर आजादी की भावना का संचार करना हो या फिर धर्म के प्रति जागरूक करना, लेकिन इन सबका परिणाम स्वतंत्र राष्ट्र की परिकल्पना ही रहा। वैसे विदेशी साम्राज्यवादी शक्तियों के अत्याचारों के विरोध में मध्य काल के कवि मुखर हो चुके थे। गोस्वामी तुलसीदास ने 'दोहावली' और 'कवितावली' में तुर्क अत्याचारों का संकेत दिया है। यह केवल इस अर्थ में नहीं लिया जा सकता कि इससे स्वतंत्रता आंदोलन का कोई सबंध नहीं है। यदि शोषण, राष्ट्रीय अस्मिता पर प्रहार, धार्मिक भेदभाव आदि को प्रकट किया जा रहा है तो यह ऐसे शासन के प्रति असहमति है। असहमति ही आजादी की भावना है। इस असहमति को प्रकट करने का अभिप्राय स्वतंत्रता के लिए भावभूमि तैयार करना भी है। जहाँ तक 19वीं शताब्दी की पत्रकारिता का प्रशन है, वह भी गोस्वामी तुलसीदास की भाव चेतना के निकट है। प्रारंभिक पत्रकारिता भी भारतीयों की दीनता को प्रकट करती है। इसका अर्थ यह है कि तत्कालीन पत्रकारों के लिए अंग्रेजी साम्राज्य विश्वसनीय नहीं था। यदि प्रथम स्वतंत्रता समर के पश्चात् की पत्रकारिता पर भी नजर डालें तो वह स्पष्ट आजादी की माँग नहीं करती, लेकिन अंग्रेजों की भारत लूट को प्रकट करती है। प्रथम स्वतंत्रता संग्राम से पहले 1857 में 'पयाम-ए-आजादी' का प्रकाशन आरंभ हुआ। यह स्पष्टतः अंग्रेज विरोधी था। इस विरोध की सजा भी मिली। उसके संपादक मौलाना अब्दुल को फाँसी दे दी गई। प्रथम स्वतंत्रता समर के पश्चात् विदेशी शासन यह समझ गया था कि भारत में क्रांति की भूमिका तैयार करने में समाचार-पत्रों की भूमिका है। इस कारण, विशेषकर हिंदी व क्षेत्रीय अखबार इन पर दबाव बनाने

के लिए 1878 में 'वर्नाक्युलर प्रेस ऐक्ट' बनाया गया। इस ऐक्ट के तहत संपादकों पर भारी जुरमाने व जेल भेजने की काररवाई ने जोर पकड़ा, लेकिन उसी गति से पत्रकारों व अखबारों की संख्या में भी वृद्धि होती चली गई। यह एक वैचारिक क्रांति का कालखंड था। देश में अनेक सामाजिक परिमार्जन के प्रयास भी हो रहे थे। सन् 1881 में विष्णुशास्त्री व बाल गंगाधर तिलक ने 'केसरी' व 'मराठा' का प्रकाशन शुरू किया। 1884 में हरिश चंद्रिक स्वराज्य तथा मदनमोहन मालवीय के संपादन में 1885 में 'हिंदोस्थान' प्रकाशित हुआ। उस समय समाचार-पत्र निकलना सरल कार्य नहीं था। 'स्वराज्य' के संपादक पद के लिए हुआ यह विज्ञापन इस बात को प्रमाणित करता है कि अंग्रेजी शासन में समाचार-पत्रों की क्या स्थिति थी। 'चाहिए स्वराज्य के लिए एक संपादक, वेतन दो सूखी रोटियाँ, एक गिलास ठंडा पानी और प्रत्येक संपादकीय के लिए दस साल जेल।'

भारत में गजनवी के आने के पश्चात् से ही राष्ट्रीय अस्मिता को सुरक्षित रखने के प्रयास आरंभ हो गए थे, लेकिन ये प्रयास सांस्कृतिक चेतना के माध्यम से हुए थे। भक्तिकालीन संत काव्य का लेखन केवल परमात्मा के लिए बात नहीं है, वह आजादी का एक स्वर भी है।

संदर्भ

1. 'विश्व संग्राम', अंक 15 मार्च, 2006 में प्रकाशित देशराज का आलेख।
2. 'हिंदू सभा वार्त्ता', अंक 7 फरवरी, 2003।
3. 'भारत की महान् नारी', आशा रानी व्होरा।
4. 'आजादी की लड़ाई में महिलाएँ', प्रताप सिंह निर्मल।
5. 'प्रथम स्वतंत्रता संग्राम', वीर सावरकर।
6. 'दैनिक पब्लिक एशिया', अंक 15 अगस्त, 1996 में प्रकाशित 'नारी क्रांतिकारी' आलेख।

□

20

स्वतंत्रता संग्राम और समकालीन पत्रकारिता

—डॉ. कुलदीप कुमार

1857 के प्रथम स्वतंत्रता संग्राम से लेकर 1947 में देश को स्वतंत्रता मिलने तक की पृष्ठभूमि तैयार करने में समाचार पत्र-पत्रिकाओं का महत्त्वपूर्ण योगदान रहा है। देश के कई महान् नेता व स्वतंत्रता संग्राम सेनानी पहले पत्रकार रहे हैं। देश की आजादी में भारत मित्र, अभ्युदय, प्रताप, नृसिंह, केसरी, रणभेरी, बिहार बंधु, नागरी निरंद, मतवाला, हिमालय आदि समाचार पत्र-पत्रिकाओं का अविस्मरणीय योगदान रहा है। स्वतंत्रता प्राप्ति का काल पत्रकारों के संघर्ष का काल रहा है। 1857 के प्रथम स्वतंत्रता संग्राम के पूर्व ही भारतीय जनमानस में आजादी की अलख जगाने के लिए राष्ट्रवीरों ने कमर कस ली थी। जन-जन तक आजादी की अलख जगाने के लिए उन्होंने पत्रकारिता का प्रयोग प्रारंभ किया। 'भारतेंदु युग' के दौरान ही राष्ट्र जागरण की चिनगारी पत्रकारिता के जरिए फूटने लगी और देखते-ही-देखते वह दावानल बन गई। स्वतंत्रता आंदोलन में राजनेताओं के साथ-साथ पत्रकारों को भी कठिन संघर्ष करना पड़ा। बिना किसी साधन संपन्नता के अखबारों द्वारा अंग्रेजों की राजसत्ता का विरोध करना अतुल्य साहस का परिचायक था। अपने त्याग, तपस्या और साधना के जरिए पत्रकार अनवरत अपने कार्य में जुटे रहे। स्वतंत्रता की बलिवेदी पर अपने जीवन का बलिदान देने में भी पत्रकार किसी से पीछे नहीं रहे। उस समय समाचार पत्र-पत्रिकाओं के रिपोर्टर, प्रूफ रीडर, संपादक, प्रिंटर, हॉकर का कार्य स्वयं पत्रकार ही करते थे। ब्रिटिश सरकार की दमनकारी नीतियों के बावजूद राष्ट्रभक्ति का यह सिलसिला लगातार चलता रहा और लोगों को अपने विचारों से अवगत कराया जाता रहा। समाचार-पत्र और पत्रिकाओं को छापने के लिए धन का अभाव सबके आड़े आ रहा था। पाठक पैसा देने के लिए तैयार नहीं होते थे तो प्रेस संचालक भी अंग्रेजों की सख्ती की वजह से छापने से कतराते थे। इसके बाद भी देश को आजाद कराने का पत्रकारों का जज्बा कम नहीं हुआ और वे कष्ट सहकर भी आजादी की अलख जगाते रहे।

भारतीयों से कम नहीं रहे अंग्रेज

केवल भारतीयों ने ही नहीं, अंग्रेजों ने भी लोगों को ब्रिटिश हुकूमत की गतिविधियों से अवगत कराने के लिए समाचार-पत्र निकाले। 1764 में इंग्लैंड से आए एक व्यापारी विलियम बोल्ट्स ने प्रथम विज्ञापन प्रसारित किया कि अंग्रेज शासकों की गतिविधियाँ जनता को बताने के लिए पत्र निकालना चाहता हूँ। यह देखकर अंग्रेज शासक चिढ़ गए और उन्होंने वोल्ट्स को भारत से निर्वासित कर ब्रिटेन वापस भेज दिया। यहीं से अंग्रेज शासकों का पत्रकारों व पत्रकारिता के खिलाफ दमन का सिलसिला शुरू हो गया। इसके बाद जेम्स ऑगस्टस हिक्की ने 1780 में कलकत्ता से 'बंगाल गजट' एंड 'कलकत्ता जनरल एडवरटाइजर' या 'हिक्की गजट' का प्रकाशन शुरू किया। यह भारत का पहला समाचार-पत्र है। 'हिक्की गजट' अंग्रेज सरकार का कटु आलोचक बन गया। इससे उस समय का गवर्नर जनरल वारेन हेस्टिंग्स बुरी तरह से बौखला गया। वह अंग्रेज सरकार की आलोचना बिल्कुल बरदाश्त नहीं कर पाता था। उसने 11 नवंबर, 1780 को 'हिक्की गजट' को डाक से भेजने के अधिकार छीन लिये। इससे भी 'हिक्की गजट' के प्रकाशक जेम्स ऑगस्टस के हौसले पस्त नहीं हुए और तेजी से अंग्रेजों के खिलाफ अभियान शुरू कर दिया। वारेन हेस्टिंग्स ने जेम्स ऑगस्टस हिक्की को पहले तो जेल भेजा और बाद में भारत से निर्वासित कर दिया। हिक्की के साथी पत्रकार विलियम हुआनी को भी भारत से इंग्लैंड निर्वासित कर दिया गया। इसके बाद अंग्रेजों ने समाचार-पत्र निकालने के लिए लाइसेंस लेना अनिवार्य कर दिया। एक अन्य अंग्रेज इंफ्रेस ने बिना लाइसेंस लिये ही मद्रास से 'इंडिया हेराल्ड' समाचार-पत्र का प्रकाशन शुरू किया। इससे अंग्रेज बौखला गए और उन्होंने इंफ्रेस को भी निर्वासित करके ब्रिटेन भेज दिया। इसके बाद तो समाचार-पत्रों का प्रकाशन तेजी से होने लगा। 18वीं शताब्दी के आखिर तक दो दर्जन अंग्रेजी भाषा के समाचार-पत्र प्रकाशित होने लगे। इनमें 'बॉम्बे कॅरियर', 'बंगाल हरकारू', 'बॉम्बे हेराल्ड', 'कलकत्ता कॅरियर', 'मॉर्निंग पोस्ट', 'ओरियंट स्टार', 'इंडिया गजट', 'एशियाटिक मिरर' आदि प्रमुख थे। जितनी मात्रा में समाचार-पत्रों का प्रकाशन शुरू हुआ, उसी अनुपात में अंग्रेजों ने पत्रकारों के खिलाफ दमनकारी काररवाई तेज कर दी।

प्रथम प्रेस कानून बना

पत्रकारों पर अंकुश लगाने के लिए 1799 में लॉर्ड वेलस्ली ने प्रथम प्रेस कानून बनाया, जिसमें प्रकाशन से पूर्व समाचारों को सेंसर करना अनिवार्य कर दिया गया। समाचार-पत्र के अंत में मुद्रक का नाम व पता स्पष्ट रूप से छापा जाए। पत्र के मालिक व संपादक का नाम, पता एवं आवास का पूर्ण विवरण सरकार को दिया जाएगा। सरकारी सेक्रेटरी को दिखाए बिना कोई सामग्री नहीं छापी जाएगी। प्रकाशन रविवार को बंद रहेगा। अभी तक सभी पत्र अंग्रेजी भाषा में अंग्रेजों द्वारा ही निकाले जा रहे थे। सरकार क्रुद्ध होकर उन्हें निर्वासन का दंड देती आ रही थी। लॉर्ड हेस्टिंग्स के समय में सेंसर की प्रथा व रविवार को प्रकाशन पर प्रतिबंध समाप्त कर दिया गया, लेकिन सरकारी आचरण के खिलाफ छापने पर प्रतिबंध लागू रहा।

भारतीय भाषाओं के समाचार-पत्र

अंग्रेजी के बाद भारतीय भाषाओं में भी समाचार-पत्रों का प्रकाशन शुरू हो गया। कलकत्ता से 1818 में 'कलकत्ता जर्नल', 'बंगाल गजट', 'दिग्दर्शन', 1819 में 'फ्रेंड ऑफ इंडिया', 1822 में 'ब्रह्मनिकल मैगजीन', 'संवाद कौमुदी', 'मिरातुल अखबार' आदि प्रमुख थे। इनमें से 'कलकत्ता जर्नल' व 'संवाद कौमुदी' का संपादन भारतीय नवजागरण के प्रणेता राजा राममोहन राय कर रहे थे। यह दोनों समाचार-पत्र अंग्रेजों के खिलाफ आग उगल रहे थे। इससे अंग्रेज बौखला गए और 4 अप्रैल, 1823 में फिर से कड़े प्रेस कानून लागू हो गए। नए कानूनों में लाइसेंस के लिए पत्र, पत्रिका, पुस्तक, मुद्रक, प्रकाशन, प्रेस मालिक का पूर्ण विवरण देना अनिवार्य हो गया। बिना लाइसेंस प्रकाशन पर प्रकाशन को चार माह कैद व 400 रुपए जुरमाना होने लगा। प्रिंटिंग प्रेस के लिए भी लाइसेंस अनिवार्य कर दिया गया। ऐसा नहीं होने पर 6 माह सजा व 100 रुपए जुरमाना लागू हुआ। प्रकाशन रुकनेवाले पत्र के वितरण करनेवाले पर भी दो माह की सजा व 1,000 रुपए जुरमाना लगाया गया। इससे समाचार-पत्र एक-एक करके बंद होने लगे। इन नियमों का भी देश भर में उग्र विरोध हुआ। 1835 में इन नियमों को समाप्त कर दिया गया। 1839 तक उदार नियमों के कारण समाचार-पत्र पत्रिकाओं की संख्या बढ़ती चली गई। कलकत्ता के अतिरिक्त देश के अन्य हिस्सों से भी समाचार-पत्रों का प्रकाशन शुरू हुआ।

इस प्रकार 1857 के प्रथम स्वतंत्रता संग्राम के लिए पूरे भारत में पत्रकारिता के जरिए एक माहौल तैयार कर दिया गया। पूरे देश में स्वतंत्रता की चाह रखनेवाले लोग एकजुट होने लगे। खासकर अंग्रेजों द्वारा सुअर व गाय की चर्बी वाले कारतूसों के खिलाफ सैनिकों को एकजुट करने में भी पत्रों की अहम भूमिका रही। इसी का नतीजा रहा कि बैरकपुर में अमर शहीद मंगल पांडेय के नेतृत्व में विद्रोह हुआ तो 10 मई, 1857 को मेरठ से प्रथम स्वतंत्रता संग्राम की चिनगारी फूट पड़ी, जो पूरे देश में ज्वाला बनकर फैल गई। हालाँकि 13 जून, 1857 को लॉर्ड कैनिंग ने समाचार-पत्रों पर कड़े कानून लागू कर दिए। 'रेगुलेशन ऑफ प्रिंटिंग प्रेस एंड न्यूजपेपर्स ऐक्ट 1876' के अनुसार प्रेस की स्वतंत्रता समाप्त कर दी गई। इन प्रावधानों का 'स्टेट्समैन', 'पायोनियर', 'अमृत बाजार पत्रिका' आदि ने विरोध किया।

हिंदी का 'उदंत मार्तंड'

अभी तक प्रकाशित हुए समाचार-पत्र अंग्रेजी भाषा में थे। हिंदी का प्रथम समाचार-पत्र 1826 में पं. युगल किशोर ने कलकत्ता से 'उदंत मार्तंड' निकाला। यह समाचार-पत्र अधिक समय तक नहीं चल पाया और बंद हो गया। इसके बाद 'बिहार बंधु', 'कवि वचन सुधा', 'हरिश्चंद्र मैगजीन', 'ब्राह्मण', 'भारत मित्र', 'सार सुधानिधि', 'हिंदी प्रदीप' आदि समाचार पत्र-पत्रिकाओं का प्रकाशन हुआ। भारतीय समाचार-पत्रों पर शिकंजा कसने के लिए अंग्रेजों ने 1878 में वर्नाकुलर प्रेस ऐक्ट लागू किया। घबराए अंग्रेजों ने घृणा व द्रोह उत्पन्न करनेवाले प्रकाशन पर प्रतिबंध लागू कर दिया। अंग्रेजी समाचार-पत्रों पर यह प्रतिबंध लागू नहीं हुए। 1889 में अंग्रेजों ने कानून और कड़े कर दिए। 1898 में राष्ट्रीय जागरण की लहर को रोकने के लिए अंग्रेजों ने राजद्रोह अधिनियम लागू कर दिया। तब तक देश के कोने-कोने से पत्र निकलने लगे थे। मेरठ से 'शाहना-ए-हिंद', 'अनीस-ए-हिंद', इटावा से 'अनीस-ए-हिंद', लखनऊ से 'हिंदुस्तानी अवध विहार', 'विद्या विनोद', इटावा से 'अलवसीर' आदि प्रकाशित हुए। 1910 में प्रेस ऐक्ट लागू किया गया। 1905 के बंगाल विभाजन के खिलाफ समाचार-पत्रों ने लोगों को जागरूक किया। इसके बाद गोपाल कृष्ण गोखले, लोकमान्य तिलक, लाला लाजपत राय, महात्मा गांधी, विष्णु शास्त्री चिलूणकर ने पत्रकारिता के जरिए अंग्रेजों के खिलाफ

अभियान चलाया। गणेश शंकर विद्यार्थी के 'प्रताप' समाचार-पत्र ने लोगों को जगाने का कार्य किया। यह सिलसिला 1947 में भारत को स्वतंत्रता मिलने तक चलता रहा।

सामाजिक कुरीतियों के खिलाफ भी उतरे समाचार-पत्र

समाचार-पत्रों ने न केवल ब्रिटिश साम्राज्य के खिलाफ लोगों में जनजागरण किया, बल्कि समाज सुधार की दिशा में भी उल्लेखनीय कार्य किया। स्वतंत्रता के लिए राष्ट्रीय चेतना का प्रसार करने के साथ ही समाज में व्याप्त कुरीतियों के प्रति भी आवाज उठाई। प्रसिद्ध समाज-सुधारक राजा राममोहन रॉय ने 'कलकत्ता जर्नल', 'संवाद कौमुदी', 'बंगाल हेराल्ड', 'मिरातुल', 'ब्रह्मनिकल मैगजीन' के जरिए सती प्रथा और बाल विवाह के खिलाफ जनजागरण किया। धार्मिक व सामाजिक समस्याओं पर लोगों को जागरूक किया। राजा राममोहन रॉय कहते थे कि 'मेरा उद्देश्य मात्र इतना है कि जनता के सामने ऐसे बौद्धिक निबंध उपस्थित करूँ, जो उनके अनुभव को बढ़ाएँ और सामाजिक प्रगति में सहायक सिद्ध हों। मैं अपनी शक्ति भर शासकों को उनकी प्रजा की परिस्थितियों का सही परिचय देना चाहता हूँ और प्रजा को उनके शासकों द्वारा स्थापित विधि व्यवस्था से परिचित कराना चाहता हूँ, ताकि जनता को शासन अधिकाधिक सुविधा दे सके। जनता उन उपायों से अवगत हो सके, जिनके द्वारा शासकों से सुरक्षा पाई जा सके और अपनी उचित माँगें पूरी कराई जा सकें।' उन्होंने दिसंबर 1823 में लॉर्ड एमहर्स्ट को पत्र लिखकर अंग्रेजी शिक्षा के प्रसार हेतु व्यवस्था करने का अनुरोध किया था, ताकि अंग्रेजी को अपनाकर भारतवासी विश्व की गतिविधियों से अवगत हो सकें और मुक्ति का महत्त्व समझें। मुंबई में 1890 में अंग्रेजी साप्ताहिक 'इंडियन सोशल रिफॉर्मर' ने समाज सुधार को अपना मुख्य लक्ष्य बनाकर कार्य किया। महात्मा गांधी ने पत्रकारिता के जरिए समाज में व्याप्त छुआछूत पर करारे प्रहार किए। उन्होंने 'यंग इंडिया' और 'हरिजन' का संपादन किया। डॉ. भीमराम आंबेडकर ने समाज सुधार को अपना पहला लक्ष्य बनाकर कार्य किया।

'पयाम-ए-आजादी' व युगांतर

स्वतंत्रता आंदोलन में पत्रकारिता का योगदान भुलाया नहीं जा सकता। स्वतंत्रता आंदोलन के अग्रणी नेता अजीमुल्ला खान ने 8 फरवरी, 1857 को दिल्ली

से 'पयाम-ए-आजादी' समाचार-पत्र शुरू किया। इस समाचार-पत्र ने अपनी प्रखर व तेजस्वनी वाणी से जनता में स्वतंत्रता की भावना भर दी। इस पत्र से घबराकर ब्रिटिश सरकार ने इसे बंद कराने में कोई कसर नहीं छोड़ी। 'पयाम-ए-आजादी' पत्र की प्रति मिलने पर संबंधित व्यक्ति को गोली से उड़ा दिया जाता था। वरिंद्र घोष ने 'युगांतर' समाचार-पत्र के जरिए अंग्रेजों के खिलाफ जमकर आग उगली। अंग्रेजों के साथ-साथ कोई भी जान नहीं पाता था कि इस पत्र का संपादक कौन है ? अनेक व्यक्तियों ने अपने आप को पत्र का संपादक घोषित किया और जेल गए। 'युगांतर' ने एक अंक में बम बनाने की विधि बताई थी। अंग्रेजों ने दमनकारी कानून बनाकर इस पत्र को बंद किया।

एक से अधिक भाषा में निकले समाचार-पत्र

राष्ट्रीय जागरण की अलख जगानेवाले समाचार-पत्र केवल हिंदी या अंग्रेजी में ही प्रकाशित नहीं हुए, बल्कि इन्होंने एक से अधिक भाषाओं को अपनाया। हिंदी और उर्दू भाषा को समाचार-पत्रों ने बखूबी अपनाया। ऐसे समाचार-पत्रों में भरतपुर से 'मजहरूल सरूर', दिल्ली से 'पयाम-ए-आजादी', लाहौर से 'ज्ञान प्रदायिनी', प्रयाग से 'जबलपुर समाचार', लखनऊ से 'सरिश्ते तालीम', अजमेर से 'राजपूताना गजट', ललितपुर से 'बुंदेलखंड अखबार', आगरा से 'सर्वहित कारक', मिर्जापुर से 'खैर ख्वाहे हिंद', प्रयाग से 'जगत् समाचार', आगरा से 'जगत् आशना', लखनऊ से 'हिंदुस्तानी', फर्रुखाबाद से 'परचा धर्मसभा' प्रकाशित हुए। कलकत्ता से हिंदी व बांग्ला भाषा में 'समाचार सुधावर्षण', अमृतसर से हिंदी, उर्दू व गुरुमुखी में 'हिंदी प्रकाश', आगरा से संस्कृत व हिंदी में 'मर्यादा परिपाटी' समाचार-पत्र प्रकाशित हुए। कलकत्ता से प्रकाशित 'इंडियन सन' हिंदी, फारसी, अंग्रेजी, बांग्ला व उर्दू में निकला। नागपुर से 'नागपुर गजट हिंदू', उर्दू, मराठी में निकला। 'बंगदूत' अखबार बांग्ला, फारसी, हिंदी व अंग्रेजी में छपता था। इसी तरह से बंबई से गुजराती में 'बॉम्बे समाचार', 'रस्त गोफ्तार', 'अखबारे सौदागर', 'जामे जमशेद' प्रकाशित हुए। बंबई से मराठी में 'मुंबई समाचार', पूना से 'ज्ञान प्रकाश', बुरहानपुर से 'सुबोध सिंधु' समाचार-पत्र निकले।

स्वतंत्रता आंदोलन में पत्रकारिता के सरोकार

स्वतंत्रता आंदोलन में अधिकांश समाचार-पत्रों ने अंग्रेजों के विरुद्ध जनमत

को तैयार करने में अपना योगदान दिया, जबकि कुछ समाचार-पत्रों ने अंग्रेजी राज का समर्थन किया। राष्ट्रवादी पत्रकारों के महत्त्व को देखते हुए दीनबंधु सी.एफ. एंड्रयूज ने लाला लाजपत राय से कहा कि वे भारत को एक ऐसा दैनिक पत्र प्रदान करें, जो भारतीय जनता के लिए वैसा ही करे, जैसाकि सी.पी. स्कॉट के 'मैनचेस्टर गार्डियन' ने ब्रिटिश जनमत के लिए किया। इस पर लाला लाजपत राय ने 1904 में एक राष्ट्रवादी दैनिक पत्र 'द पंजाबी' का शुभारंभ कर दिया। इस समाचार-पत्र ने अपने प्रथम अंक से ही बता दिया कि उसका मकसद ब्रिटिश हुकूमत से भारतमाता की मुक्ति के लिए देश के जनमानस को जाग्रत् करना और राजनीतिक चेतना पैदा करना है। लाला लाजपत राय ने 'यंग इंडिया', 'यूनाइटेड स्टेट ऑफ अमेरिका', 'ए हिंदूज इंप्रेशंस एंड स्टडी', 'इंग्लैंड डैट टू इंडिया', 'पॉलिटिकल फ्यूचर ऑफ इंडिया' जैसे ग्रंथों के माध्यम से जनता को आजादी की लड़ाई के लिए प्रेरित किया और राष्ट्रवादी पत्रकारिता की नींव डाली। इसी बीच कुछ अंग्रेजों के भक्त समाचार-पत्र भी अपना कार्य करने में जुटे थे। लाहौर से प्रकाशित एक प्रमुख समाचार-पत्र के संपादक ने कुछ छात्रों के गुप्त नाम से प्रकाशित लेख की मूल पांडुलिपि गवर्नमेंट कॉलेज के प्रिंसिपल को सौंप दी। प्रिंसिपल ने क्रोधित होकर छात्रों को प्रताड़ित किया। वर्तमान में भी मीडिया का एक वर्ग राष्ट्रवादी भावनाओं के खिलाफ होकर कार्य कर रहा है। अभिव्यक्ति की आजादी के नाम पर देश को छति पहुँचाने के कार्य किए जा रहे हैं। आज के इन प्रगतिशील मीडिया संस्थानों को लाला लाजपत राय, महामना मदनमोहन मालवीय, विपिनचंद्र पाल, गणेश शंकर विद्यार्थी, बाल गंगाधर तिलक आदि महान् पत्रकारों से पत्रकारिता के आदर्श मूल्य सीखने की आवश्यकता है।

मिशन के लिए पत्रकारों ने गँवाई जान

आजादी की जंग में क्रांतिकारियों के साथ ही पत्रकारों ने भी अपने जीवन को होम कर दिया। हैदराबाद से प्रकाशित होनेवाले उर्दू अखबार इमरोज के संपादक शोएब उल्ला खान ने हैदराबाद के अंतिम निजाम मीर उस्मान अली की हुकूमत के दौरान अपनी लेखनी से सच्चाई बयान की थी। भारत में विलय से इनकार करनेवाले निजाम ने अपनी जनता पर खूब अत्याचार किए। उनकी लेखनी से निजात के रजाकार खासे चिढ़े हुए थे। एक दिन रजाकारों ने कार्यालय में घुसकर

शोएब उल्ला खान का हाथ काट दिया। अधिक खून बहने के कारण उनकी मृत्यु हो गई। इसी तरह से कानपुर में महान् पत्रकार 'गणेश शंकर विद्यार्थी' शहीद हो गए। उनके अप्रतिम योगदान के लिए केंद्रीय मानव संसाधन विकास मंत्रालय ने उत्कृष्ट पत्रकारिता के लिए 'गणेश शंकर विद्यार्थी पुरस्कार' शुरू किया है। इनके अलावा दर्जनों पत्रकारों ने अपने मिशन के लिए अपना जीवन न्योछावर कर दिया।

कलकत्ता, काशी, लाहौर और प्रयाग का योगदान

स्वतंत्रता के आंदोलन में हिंदी, अंग्रेजी, उर्दू, मराठी, बांग्ला, पंजाबी और गुजराती आदि सभी भाषाओं के समाचार-पत्रों ने अपना अहम योगदान दिया। इसमें प्रमुख योगदान कलकत्ता, काशी, लाहौर व प्रयाग से प्रकाशित होनेवाले समाचार-पत्रों का रहा। हिंदी पत्रकारिता का प्रारंभ कोलकाता से हुआ, लेकिन उसके शक्तिसंवर्धन का श्रेय धर्म-संस्कृति की पुरातन नगरी काशी और प्रयाग को है। यहाँ की पत्रकारिता ने समूचे देश में अपनी धाक ही नहीं जमाई, वरन् स्वतंत्रता संग्राम में भी अग्रणी भूमिका भी निभाई। लाहौर भी पत्रकारिता का प्रमुख केंद्र बनकर उभरा। मुंबई से प्रकाशित समाचार-पत्रों ने भी इसमें महत्त्वपूर्ण भूमिका निभाई। बाबूराम विष्णु पराड़कर ने अपने विचारों के जरिए अंग्रेजों के खिलाफ लोगों में जागरूकता भरने का विलक्षण कार्य किया।

राष्ट्रीय पत्रकारिता के अग्रदूत लोकमान्य तिलक

लोकमान्य बाल गंगाधर तिलक का नाम क्रांतिकारी पत्रकारों की सूची में सर्वप्रथम आता है। लोकमान्य ने ही भारत में राष्ट्रीय पत्रकारिता की नींव रखी। 1881 में मराठी भाषा में 'केसरी' और अंग्रेजी में 'मराठा' नामक साप्ताहिक अखबारों से जुड़े। कोल्हापुर के दीवान के बारे में लिखने के कारण उन पर मानहानि का केस हुआ। 1896 देश में भारी आकाल पड़ने और प्लेग की महामारी फैलने पर अंग्रेजों ने घर-घर की तलाशी शुरू कर दी। इस पर लोकमान्य तिलक ने इस मनमाने व्यवहार और लापरवाही से क्षुब्ध होकर 'केसरी' के माध्यम से सरकार की कड़ी आलोचना की, जिसके कारण अंग्रेजी सरकार ने उन पर लोगों को गुमराह करने, सरकार के खिलाफ लोगों को भड़काने और आंतरिक शांति को भंग करने जैसे मुकदमे दर्ज किए। इस वजह से उन्हें कारावास भुगतना पड़ा। 1905 में उन्होंने बंगाल अधिवेशन में 'बंग-भंग' आंदोलन का नेतृत्व किया और अपने लेखों द्वारा लोगों को इस

आंदोलन से जोड़ा। 1918 में रानी विक्टोरिया के खिलाफ तीखे संपादकीय लेख लिखने के कारण उन पर मानहानि का मुकदमा चला और कारावास की सजा हुई। महात्मा गांधी ने उन्हें 'आधुनिक भारत के निर्माता' और जवाहरलाल नेहरू ने 'भारतीय क्रांति के जनक' की संज्ञा दी।

संदर्भ

1. डॉ. के.एन.पी. श्रीवास्तव, 'अभिव्यक्ति'—हिंदी.ओआरजी वेबसाइट, 10 अगस्त, 2009।
2. अरविंद जयतिलक, समाचार4मीडिया.कॉम वेबसाइट, 30 मई, 2016।
3. पवन तिवारी, 'साहित्यकार' फेसबुक लेख, 6 फरवरी, 2016।
4. डॉ. वशिष्ट नारायण सिंह, 'हिंदी विवेक' वेबसाइट, 9 जनवरी, 2016।
5. अभिषेक सिंह राव, आर्टिकल हिंदी वेबसाइट, 2018।

□

21

1857 का समाजशास्त्रीय अध्ययन एवं पत्रकारिता : एक विवेचना

—प्रीति सिंह

किसी भी देश की सामाजिक संरचना उस देश में उदित होनेवाले विभिन्न जनांदोलनों तथा अभियानों के कारण दिशा तय करती है। भारतीय इतिहास के विभिन्न युगांतकारी वैचारिक आवेगों की पृष्ठभूमि में सामाजिक कारण रहे हैं। चाहे 15वीं से आरंभ हुआ भक्ति आंदोलन हो या 19वीं शताब्दी के उत्तरार्ध में आर्य समाज की जनचेतना, इन दोनों के पीछे देश के सामाजिक कारण ही थे। जहाँ तक प्रथम स्वतंत्रता संग्राम 1857 का विषय है, इसके पीछे राष्ट्रवादी तत्त्वों की अभिप्रेरणा कम, सामाजिक संरचना में स्थापित मूल्यों के प्रति आग्रह की भावना अधिक सक्रिय थी। यहाँ यह स्पष्ट करना होगा कि जो सैनिक अंग्रेजी साम्राज्य की शक्ति बनने के लिए उनकी सेना में भरती हुए थे, वे अचानक विद्रोही कैसे और क्यों हो गए ? क्या इसके पीछे लोकचेतना अभियान था या फिर सामाजिक संरचना पर होनेवाले आघात की प्रतिक्रिया ?

यह सही है कि 11वीं शताब्दी से 1757 तक प्लासी युद्ध से पहले देश के विशाल भूभाग पर पश्चिमी एशिया के आक्रमणकारियों का नियंत्रण रहा, लेकिन उन्होंने धर्मांतरण तथा देवस्थलों के विध्वंस के बाद भी यहाँ की आर्थिक तथा सामाजिक संरचना के मूल स्रोत को नष्ट करने का प्रयास नहीं किया। अंग्रेजों द्वारा प्राचीन भारतीय संस्कृति के प्रति संगठित दुष्प्रचार आरंभ किया जाने लगा। भारतीय आस्था केंद्रों पर आपत्तिजनक टिप्पणी की जाने लगी। ईसाई धर्म-प्रचारकों ने भारतीयों का चरित्र हनन करना आरंभ कर दिया। निश्चित ही इसकी प्रतिक्रिया होनी स्वाभाविक थी। उल्लेखनीय यह भी है कि सन् 1813 तक अंग्रेजों ने भारत के सामाजिक, धार्मिक एवं सांस्कृतिक जीवन में हस्तक्षेप की नीति अपनाई, लेकिन इसके पश्चात् ब्रिटिश साम्राज्यवादी शक्तियों के व्यवहार तथा कार्यशैली में अंतर आने लगा। इसका मुख्य कारण यूरोप के देशों में होनेवाले आंतरिक परिवर्तन थे। वह तीन प्रकार के वैचारिक बदलाव का सामना कर रहा था—पहला, औद्योगिक

क्रांति के पश्चात् पश्चिम के मूल सामाजिक ढाँचे में आया नकारात्मक प्रभाव। दूसरा, फ्रांस की क्रांति के बाद राजशाही का विरोध तथा लोकतांत्रिक भावना का प्रस्थापन। तीसरा, परिवर्तन एशिया तथा अफ्रीका के देशों में सर्व ईसाई अभियान चलाने की महत्त्वाकांक्षा। इसी महत्त्वाकांक्षा ने भारत के परंपरागत स्वरूप को परिवर्तित करने का प्रयास किया और अनेक ऐसे नियम बनाए, जो भारतीयों के लिए स्वीकार्य नहीं थे।

यूरोप की कथित बौद्धिक क्रांति, जो केवल तर्क को ही महत्त्व देती है, उसने विचारधारा, मान्यताओं तथा नैतिकता के नवीन मानकों का निर्माण किया। उसके मानकों से भारतीय संस्कृति के उच्च आदर्शों को नकारात्मक तरीके से प्रस्तुत किया जाने लगा। भारतीयों की आस्थागत वैयक्तिक स्वतंत्रता पर प्रहार करना आरंभ कर दिया। भारतीय समाज का एक वर्ग पश्चिमी जगत् को विभिन्न वैचारिक क्रांतियों से अवगत हो चुका था, वह अपने समाज के नैसर्गिक अस्तित्व और उसकी अस्मिता के प्रति गंभीर होने लगा था। भारतीय यह समझ चुके थे कि ब्रिटिश औपनिवेशिक शक्ति उसके धर्म, जो उसके समाज की मूल प्राण शक्ति है, को अपमानित कर रहा है और उसको नष्ट करना चाहते हैं। देश के कुछ भागों में सामाजिक समरसता को लेकर कुछ अभियान चले। इन अभियानों ने देश की संस्कृति तथा मानवतावाद के प्रति आस्था को और गहरा किया। भारतीय यह समझ चुके थे कि किसी भी मनुष्य को यह अधिकार नहीं है कि वह व्यक्तिगत आनंद के लिए किसी दूसरे मनुष्य का अहित करे। इससे मानवतावाद को हानि पहुँचती है। मानवतावाद के सिद्धांत से स्वतंत्रता, समाजवाद एवं वैयक्तिकता के सिद्धांतों को प्रोत्साहन मिला। यह एक निश्चित सत्य है कि भारत प्राचीन काल से अपनी अस्मिता के प्रति अति जागरूक देश रहा है। इसका ही परिणाम है कि राष्ट्रीय मूल्यों के प्रति जागरूकता सदा देश में रही है।

यह सनातन नियम है कि व्यक्ति का बौद्धिक विकास निरंतर होनेवाली एक प्रक्रिया है। यह प्रक्रिया ही सामाजिक संरचना का आधार बनती है। समय के साथ प्रत्येक समाज में कुछ-न-कुछ परिवर्तन होता है। मनुष्य में यह क्षमता है कि वह अपनी परिस्थितियों एवं आवश्यकताओं के अनुरूप प्रकृति एवं समाज को परिवर्तित कर सकता है। भारतीय सामाजिक संरचना और उसके संस्कार सदा आध्यात्मिक रहे हैं और उसके भीतर राष्ट्रीयता के तत्त्व भी सम्मिलित रहे

हैं। इसी कारण आजादी की जंग में संस्कृति संरक्षण और अभिरक्षा के भाव भी क्रांतिकारियों में थे।

सन् 1857 क्रांति के पीछे यही सामाजिक अवधारणा रही है, जो अंग्रेजों के अनवरत प्रहारों के कारण जन्म ले रही थी। इस क्रांति का समग्र मूल्यांकन करते हैं तो सामाजिक आग्रहों के कारण ही राष्ट्रीयता का विकास हुआ। यहाँ सामाजिक मान्यताएँ प्रथम थीं, जबकि राष्ट्रीयता की भावना द्वितीयक। चर्बी के कारतूस का भ्रामक प्रचार क्रांति का मूलाधार बना। कारतूसों में चर्बी का होना राष्ट्रीय अस्मिता का प्रश्न नहीं है। यह विशुद्ध रूप से सामाजिक आस्था से जुड़ा विषय है। भारतीय सैनिकों की परंपरागत आस्था यह स्वीकार करने को तैयार नहीं थी कि वे जिस कारतूस को अपने दाँतों से खोलें, उसमें वर्जित पशु की चर्बी लगी है। इससे स्पष्ट हो जाता है कि प्रथम स्वतंत्रता संग्राम का प्रेरकबल भारतीय सामाजिक संरचना के आधारभूत विश्वास पर प्रहार का परिणाम है। यदि हम इसे समाजशास्त्रीय अध्ययन तथा अनुसंधान के मानकों की कसौटी पर देखते हैं तो यह प्रमाणित होता है कि यदि किसी समाज के मूल चरित्र पर प्रहार किया जाता है तो वह समाज अपने जीवन के मूल्य पर उस चरित्र की रक्षा के लिए संघर्ष के लिए तैयार रहता है।

समाजशास्त्र मानव समूह को जैविक अनुरूपता के संदर्भ में देखता है। सन् 1857 की क्रांति को भी उसके जैविक अनुरूपता पर निरंतर हो रहे प्रहारों की प्रतिक्रिया माना जाता है। समाज के कुछ संस्थागत प्रतिमान होते हैं, अंग्रेजों ने उन प्रतिमानों को नष्ट करने का प्रयास किया। अंग्रेजों के आने से पहले भारत में प्रति चार सौ की आबादी पर पाठशाला होती थी। विश्व में साक्षरता की दर सबसे ऊँची थी। लेकिन अंग्रेजों ने भारत की उस परंपरागत शिक्षण संस्थाओं को नष्ट कर दिया। जिस कारण देश में निरक्षरता में वृद्धि हुई और वह सांस्कृतिक ज्ञान, जो भारतीय समाज के स्वरूप का निर्धारण करता था, उससे समाज वंचित होना आरंभ हो गया। इसी प्रकार समाज के अंत:संबंधों को नष्ट करने को प्रयास आरंभ किए गए, ताकि हिंदू समाज सामूहिक शक्ति के साथ खड़ा न हो सके। 19वीं शताब्दी के प्रथम दशक में ही अंग्रेजों ने अपनी सुविधा के अनुसार भारत में सामाजिक पहचान की स्थापना करनी आरंभ कर दी। हिंदू समाज में जातिवाद के बीज बोने का प्रयास किया और भारतीय समाज को उच्च तथा निम्न जातियों में विभक्त किया। यह सबकुछ अंग्रेजों ने अपने मतलब के लिए किया, ताकि भारत जैसे देश पर वे

आसानी से शासन कर सकें। जातिवाद अंग्रेजों से पहले भी था, लेकिन जातीय घृणा के भाव नहीं थे, सब एक-दूसरे के सहयोगी थे। लेकिन अंग्रेजों ने इसे घृणा में बदल दिया। इसके लिए भारतीय धर्मग्रंथों का सहारा लिया गया और उनके गलत अनुवाद तथा प्रक्षिप्त अंशों को प्रमाण के रूप में प्रचारित किया गया। यह धीरे-धीरे भारत की नियति बन गई, कुछ ही दशकों में अपनी योजना को इस प्रकार से प्रचारित किया कि वह लोकविश्वास होता चला गया। इससे यह कहा जा सकता है कि अंग्रेजों ने भारतीय समाजशास्त्र का पहला और परिभाषित मसौदा लिखा था, जो साजिशों से भरा हुआ था। आर्य-द्रविड़ का काल्पनिक सिद्धांत, जो प्रमाणित नहीं हो सका, उसको भारतीय मन पर हावी करने का प्रयास हुआ। भारतीय जन की कल्पना में इस साजिश को इतनी गहराई से उकेरा गया है कि अब तक इसे सच माना जाता है।

भारतीय समाज की मूल विशेषता उसके सांस्कृतिक मूल्यों तथा राष्ट्रीयता में समन्वय की भावना में निहित है; यही कारण है कि जब-जब देश में विदेशी आक्रमणकारियों के विरोध में संघर्ष हुआ तो उसकी भूमिका धर्म ही रही; यह हम 1857 के स्वतंत्रता समर में देख सकते हैं।

यही कारण है कि सन् 1857 के विद्रोह में हम स्पष्ट सामाजिक विभाजन देख सकते हैं। इस विभाजन के कारण ही यह महान् क्रांति असफल रही। इस क्रांति की मुख्य शक्ति आम आदमी की भावनाएँ थीं, जो अपनी परंपराओं तथा संरचना को खंडित होते हुए देख रही थीं, लेकिन समाज का वह वर्ग, जो शक्तिसंपन्न था, जिस पर सामाजिक संरचना पर हो रहे आघातों का प्रभाव नहीं था, या वे अंग्रेजों से मैत्री भाव रखते थे, उन्होंने क्रांति में किसी प्रकार का साथ नहीं दिया और वे अंग्रेजों के साथ खड़े दिखाई दिए। भारत का बौद्धिक समाज अंग्रेजों के साथ रहा और जब क्रांतिकारियों का दमन चक्र चला तो वे उनके सहयोगी बनें। कुल मिलाकर सन् 1857 का विद्रोह सामाजिक कारणों से हुआ तो असफल भी सामाजिक कारणों से ही हुआ। अनेक देसी राजाओं ने अंग्रेजों के साथ अपनी सेना भेजकर भारतीयों के साथ जघन्य अत्याचार किए। इसलिए मैं यह मानती हूँ कि सन् 1857 की क्रांति का प्रथम पक्ष सामाजिक ही है। समग्र भारतीयता, जिसे हम राष्ट्रीयता भी कह सकते हैं, वह कहीं दिखाई नहीं दी।

यह सत्य है कि 1857 का विद्रोह विभिन्न कारणों का परिणाम था। लेकिन इसके मूल में वे सामाजिक आग्रह थे, जो राजनैतिक, सांस्कृतिक और आर्थिक पक्ष

को कमजोर कर रहे थे। इस विप्लव में समाज के विभिन्न समूहों, जैसे बुनकर समाज की सक्रियता इसलिए दिखाई दी, क्योंकि उनका परंपरागत कार्य वस्त्र निर्माण अंग्रेजों की व्यापारिक नीति के कारण बंद हो गया था और वे बेरोजगारी की स्थिति में आ गए थे। सामाजिक संगठन का यह एक आर्थिक कारण था। वाल्मीकि समाज धर्म परिवर्तन से रुष्ट था। इसलिए उन्होंने अंग्रेजों के विरूद्ध सामाजिक सामूहिकता का परिचय दिया। अन्य वर्गों के भी अपने भिन्न-भिन्न कारण थे, जो एक-दूसरे में समाहित होकर एक विशाल क्रांति बन गए। कुछ मुसलिम समूह इसलिए परेशान थे कि मुगल सम्राट् बहादुर शाह जफर की शक्तियों को कम कर दिया गया था। वे पुनः दिल्ली के सिंहासन पर मुसलिम शासक को प्रतिष्ठित करना चाहते थे। इस क्रांति के कारणों का अवलोकन करने से यह ज्ञात होता है कि प्रत्यक्ष तौर पर कोई भी कारण दिखाई दे, उसके पीछे सामाजिक संरचना को सुरक्षित रखने के भाव अधिक सक्रिय थे।

10 मई, 1857 ई. को मेरठ से क्रांति की ज्वाला भड़की, जो धीरे-धीरे पूरे भारत में फैल गई। शुरुआत में ये सिर्फ एक सैन्य विद्रोह था, लेकिन बाद में इसने एक जनव्यापी आंदोलन का रूप ले लिया। अंग्रेजों के शासन के समय भारत की सामाजिक संरचना में कुछ बदलाव देखने को मिले, जिसने हिंदुस्तानियों को लड़ाई करने के लिए मजबूर कर दिया। किसानों पर बेजा अत्याचार किए गए और महिलाओं पर भी कोड़े बरसाए गए। राजा-महाराजाओं ने अपनी मिल्कियत को बचाने के लिए अंग्रेजों से हाथ मिला लिये और अपनी प्रजा पर अत्याचार करने शुरू कर दिए। उस समय प्रचलित कुरीतियों ने भी 1857 ई. की क्रांति को भड़काने का काम किया। लेकिन अगर उस समय मध्यम वर्ग या कहें कि शिक्षित वर्ग ने साथ दिया होता तो यह पहला स्वतंत्रता संग्राम सफल हो जाता।

पश्चिमी सभ्यता भारत में लगातार अपने पैर पसार रही थी, जिसे लेकर समाज के एक बड़े वर्ग में आक्रोश था। 1850 में ब्रिटिश सरकार ने हिंदुओं के उत्तराधिकार कानून में बदलाव किया और नियम यह कर दिया गया कि क्रिश्चियन धर्म अपनानेवाला हिंदू ही अपने पूर्वजों की संपत्ति का हकदार बन सकता था। साथ ही यह भी धारणा थी कि उस समय अंग्रेज हिंदुस्तानियों को धोखे से ईसाई बनाना चाहते थे, हालाँकि कुछ ही कंपनी अधिकारी धर्म परिवर्तन के कार्य में लगे हुए थे। वहीं लॉर्ड डलहौजी की राज्य हड़पने की नीति के अंतर्गत अनेक राज्य, जैसे—

झाँसी, अवध, सतारा और संबलपुर को अंग्रेजी राज्य में मिला लिया गया तथा इनके उत्तराधिकारी राजा से अंग्रेजी पेंशन पानेवाले कर्मचारी बन गए। धीरे-धीरे अंग्रेजों द्वारा शाही घरानों की बेइज्जती की जाने लगी।

अंग्रेजों ने हिंदुओं और मुसलमानों के बहुत से रिवाजों को गैर-कानूनी घोषित कर दिया, जोकि अंग्रेजों द्वारा असामाजिक माने जाते थे। इसमें सती प्रथा पर रोक लगाना भी शामिल था। हालाँकि सिखों ने यह प्रथा बहुत पहले बंद कर थी और बंगाल के समाज-सुधारक राजा राममोहन रॉय इस प्रथा को बंद करने के पक्ष में पहले से ही प्रचार कर रहे थे। अंग्रेजों ने बाल विवाह प्रथा तथा कन्या भ्रूण हत्या पर भी रोक लगाई, जोकि उस समय के लोगों को नागवार गुजरी। प्रथम स्वतंत्रता संग्राम को किसान आंदोलन से भी जोड़कर देखा जाता है। दरअसल पूर्व के समय में भारत में जमींदारी प्रथा थी और अंग्रेजों ने भी किसानों को जमींदारों की दया पर छोड़ दिया। अंग्रेजों ने लगान बहुत बढ़ा दिया और बेगार तथा अन्य तरीकों से किसानों का शोषण करना शुरू कर दिया। कई बार किसानों को कर्ज के चलते अपनी जमीन से भी हाथ धोना पड़ता था। इन समस्याओं के कारण समाज के हर वर्ग में अंसतोष व्याप्त था। यदि हम 20वीं शताब्दी के वैचारिक अभियान को देखें तो वह 1857 की परिस्थिति से उत्पन्न विचारों से अनुप्रेरित था; इस संदर्भ में सरदार भगत सिंह के उस लेख को देखा जा सकता है, जिसमें उन्होंने क्रांति की अवधारणा के राजनीतिक, सामाजिक और आर्थिक पक्ष को स्पष्ट किया था। 1857 ई. के इस विद्रोह में शिक्षित वर्ग ने हिस्सा नहीं लिया। व्यापारियों और शिक्षित वर्ग ने कलकत्ता एवं बंबई में सभाएँ कर अंग्रेजों की सफलता के लिए प्रार्थना भी की थी। अगर शिक्षित वर्ग ने अपने लेखन कला और भाषणों से लोगों को प्रोत्साहित किया होता तो शायद 1857 ई. की क्रांति भारत के इतिहास में स्वतंत्रता के लिए अंतिम लड़ाई होती। भारत में आजादी के लिए रक्तमय क्रांति का समर्थन सरदार भगत सिंह ने अपने एक लेख में किया था, जिसका स्वरूप हमें सन् 1857 के विद्रोह में दिखाई दिया।

समाचार-पत्र

हिंदूवादी संगठन 'धर्म सभा' के मुखपत्र 'समाचार चंद्रिका' ने एक छात्र पर द्वेषपूर्ण ढंग से हमला किया था। छात्र का दोष केवल इतना था कि उसने एक मुसलिम बेकरीवाले की दुकान से बिस्कुट खरीद लिये थे। अखबार का आरोप था

कि वह युवक राजा राममोहन रॉय के प्रगतिशील खेमे का है। इसके जवाब में राजा राममोहन रॉय के समर्थक अखबार 'संवाद कौमुदी' ने लिखा था कि युवक का ब्रह्म समाज से कोई रिश्ता नहीं है। 'संवाद कौमुदी' की मानें तो छात्र ने कुछ भी गलत नहीं किया था। अखबार ने 'समाचार चंद्रिका' पर आरोप लगाया था कि उसका कट्टरपंथी हिंदू संगठन से संबंध है।

कारतूस का मुद्दा

चर्बी वाले कारतूस ने भी 1857 ई. में हो रही हलचल में आग का काम किया। जिस समय नए एनफील्ड रायफल का सेना में भी इस्तेमाल शुरू हुआ तो बताया गया कि इनके कारतूसों पर चर्बी सनी कागज का खोल चढ़ा होता था और इसे पहले दाँतों से काटना होता था। कहा जाता है कि इसमें गाय और सुअर की चर्बी का इस्तेमाल किया गया, जिसने हिंदू और मुसलमान सिपाहियों को भड़काने का काम किया। यह माना गया कि उनका धर्म भ्रष्ट करने के लिए ईस्ट इंडिया कंपनी की यह कोई चाल थी।

सहायक संधि

सहायक संधि का अर्थ है—आपस में सहायता के लिए की जानेवाले संधि। अंग्रेज इस संधि से भारत के राजाओं की सहायता करने का दिखावा कर रहे थे, इसके पीछे अंग्रेजों का उद्श्ये भारत के राजाओं की शक्ति को कमजोर करना था। सहायक संधि को स्वीकार करनेवाले राज्यों का विदेश नीति के बारे में सारे अधिकार कंपनी के पास थे। संधि करनेवाले राज्य से किसी भी यूरोपीय या अंग्रेजों के दुश्मनों की सहायता नहीं करेगा। इसके साथ ही संधि को स्वीकार करनेवाली रियासत कंपनी की एक सेना को रखेगा, जिसका सारा खर्च राज्य को देना होगा। यदि सेना का खर्चा देने में राज्य असमर्थ है तो वह अपना कोई भी क्षेत्र कंपनी को देना होगा। लॉर्ड वेलेस्ली ने इस संधि का ऐसा जाल बनाया था, जिससे किसी भी रियासत के बाहर आने की संभावना लगभग नहीं रहती थी। सहायक संधि को सबसे पहले हैदराबाद के निजाम ने स्वीकार किया। इसके बाद अवध के राजा ने भी अंग्रेजों से दोस्ती के प्रभाव में सहायक संधि को स्वीकार कर लिया। मैसूर के शासक टीपू सुल्तान ने अंग्रेजों से युद्ध किया, जिसमें उसकी मृत्यु हो गई, जिसके बाद वाडियार वंश के नाबालिग को शासक बनाया गया और इस तरह मैसूर को इस संधि को मानना पड़ा।

मराठा, कर्नाटक, तंजौर व सूरत जैसे कई अन्य छोटे राज्यों को भी सहायक संधि को मानना पड़ा। इस संधि से भारतीय राज्यों का अपना गौरव खत्म हो गया और राज्य धीरे-धीरे कमजोर होते चले गए।

1857 ई. में ही हम आजाद हो जाते, अगर उन 21 स्वार्थी राजाओं ने अंग्रेजों का साथ न दिया होता। जयपुर, बीकानेर, मारवाड़, रामपुर, कपूरथला, नाभा, भोपाल, सिरोही, मेवाड़, पटियाला, सिरमौर, अलवर, भरतपुर, बूँदी, जावरा, बीजावार, अजयगढ़, रीवा, केंदुझाड़, हैदराबाद, कश्मीर, नेपाल की राजशाही क्षेत्र के अन्य छोटे राज्य रहे, जिन्होंने अंग्रेजों के साथ मिलकर 2 वर्ष, 2 महीने और 1 सप्ताह में इस संग्राम को ध्वस्त कर दिया।

सन् 1857 की क्रांति सामाजिक कारणों से ही हुई और सामाजिक कारणों से ही विफल हुई। इसमें देश के परंपरागत समाज ने ही भाग लिया, लेकिन जो वर्ग अंग्रेजी शासन के द्वारा हित पोषित था, वह इस क्रांति से दूर रहा। क्रांतिकारियों का दमन अंग्रेजों के द्वारा कम तथा उन लोगों के द्वारा अधिक किया गया, जो तथाकथित भारतीय थे। वस्तुतः यह क्रांति सुविधाभोगी समाज तथा सुविधाओं से विहीन समाज के मध्य एक संघर्ष था।

संदर्भ

1. 'भारतीय क्रांतिकारी आंदोलन का इतिहास', लेखक, मन्मथ नाथ गुप्त।
2. 'पीपुल्ज', लाहौर, अंक 29 जुलाई, 1931।
3. 'भारत का प्रथम स्वतंत्रता समर', लेखक, वीर सावरकर।
4. 'भारतीय संस्कृति और कला', डॉ. वाचस्पति।
5. 'भारतीय संस्कृति के चार अध्याय', रामधारी सिंह दिनकर।
6. 'किरती', सितंबर 1927।
7. 'भारतीय संस्कृति का आधार : धर्म, समन्वय और आचार', सुशील कुमार शर्मा, वेब दुनिया।

□

22

युगानुरूप चिंतन से भविष्य का निर्माण

—प्रो. जयप्रकाश

मुझे यह कहने में संकोच नहीं है कि पत्रकारिता से मेरा कोई संबंध नहीं है। मैं हिंदी भाषा का शिक्षक रहा हूँ। गलती से एक बार 'दैनिक भास्कर' का सलाहकार बना दिया गया। वर्तमान पत्रकारिता को भीतर से देखा, एक विचित्र अनुभव हुआ, न देखता तो अच्छा होता। पत्रकारिता के बारे में जो भ्रम की स्थिति थी, वह बनी रहती। आपातकाल में यही मीडिया, जो आज अभिव्यक्ति के नाम पर कुछ भी करने को तैयार रहता है, उसके कथित सूरमा जितने भी थे, झुकने को कहा, रेंग पड़े। मैं विद्रोह शब्द का इस्तेमाल नहीं कर रहा हूँ और न गदर का। जिस क्षेत्र में मैं रोजी-रोटी कमा रहा हूँ, वहाँ दो पार्टियाँ बनीं। एक को गदर पार्टी कहते थे और एक को कूका विद्रोह। मेरा कर्मक्षेत्र पंजाब, वीरों की धरा रहा है। क्रांति की भूमिका भी यहीं लिखी गई। भारत में लगातार विदेशी जातियाँ आती रही हैं; भारतीय अस्मिता को नष्ट करने के प्रयास होते रहे। लेकिन संगठित प्रयास नहीं किया गया। पर अंग्रेजों के विरोध में संगठित विद्रोह हुआ। धर्मांतरण मुगल, अफगान भी किया करते थे, भारतीय अस्मिता को खंडित करने का प्रयास भी किया गया। उसका मूल कारण यह भी था कि अन्य विदेशियों ने देश की अर्थव्यवस्था पर प्रहार नहीं किया। यह प्रहार केवल अंग्रेजों ने किया।

जातियाँ तो कई आईं इस देश में, समाजशास्त्र बताता है कि जब दो प्रजातियाँ अपनी-अपनी संस्कृति को साथ लेकर आमने-सामने आती हैं या तो उनमें टकराव होता है या आपस में मिल जाती हैं। जब अंग्रेजों ने कभी हिंदुस्तान की प्रशस्ति में कोई गीत नहीं गाया, मुझे लगता है कि उन्होंने भी आकर धर्म परिवर्तन किया, उनके खिलाफ विद्रोह करना चाहिए। जिन्होंने धर्म परिवर्तन नहीं किया, प्रजाति परिवर्तन नहीं किया, उन्होंने हमारी अस्मिता को खरीदना चाहा, उनके खिलाफ विरोध हुआ, उन्हें देश से बाहर निकाला गया। 1857 में अंग्रेज सामने है, जज सामने है, खरीद-खरौद करके और उसी समय और वर्षित राजनीति का पैसा चला जाता है। मैं राजनीति की

चर्चा करने नहीं आया हूँ, लेकिन यह स्पष्ट करना भी चाहता हूँ कि स्वतंत्रता और समानता की बात करनेवाले वामपंथी विचारक यह भी समझ लें कि कार्ल मार्क्स ने भारत में अंग्रेजों के आधिपत्य को पूँजीवादी सोच का परिणाम नहीं कहा था। वे यह मानते थे कि भारतीयों को दास बने रहने की आदत है और वे केवल अपने स्वामी का चयन करते हैं। डॉ. रामविलास शर्मा जैसे महान् विचारक तथा साहित्यकार कार्ल मार्क्स के पक्ष में खड़े हो जाते हैं। रामविलास शर्मा कहते हैं कि जब मजदूर वर्ग तैयार होगा तो भारत में भी अनुशासन स्थायी रूप से लागू करने का रास्ता खुल जाएगा। इसलिए कामना करते हैं, जो ठीक है या गलत, यह आपके विवेक पर सौंपता हूँ।

भारत में एक पत्रकार की चर्चा शायद ही होती हो। अगर आप जान भी जाएँगे कि पंजाब में कुछ शिक्षा संस्थाएँ हैं, उनके नाम के सामने 'देवानिया' शब्द लगा है। चंडीगढ़ में न जाने कितने शहर में और उनके स्थापना करनेवाले पं. सत्यानंद अग्निहोत्री थे, इनका जन्म 1885 में हुआ। सिविल इंजीनियरिंग की प्रवेश के लिए की परीक्षा उनसे कहा गया। अगर प्रवेश परीक्षा दोगे तो एडमिशन मिलेगा, उन्होंने प्रवेश परीक्षा दी, 16 साल की उम्र में एडमिशन मिल गया। उनको लगा कि देश में काफी कुरीतियाँ फैली हुई हैं—कोई अपने को हिंदू मानता है, कोई मुसलमान मानता है, कोई सिख मानता है, कोई ईसाई मानता है। दूसरी कुरीति लगी, विवाह करो तो दहेज दो। तीसरी, लड़कियों को पढ़ाओ नहीं, घर की नौकरानी बनाकर रखो। चौथी, मनुष्य-मनुष्य के बीच में दुर्व्यवहार फैलाओ। इन चार कुरीतियों के खिलाफ उन्होंने आंदोलन शुरू किया और दो अखबार निकाले, जिनकी चर्चा मैं सोचता हूँ कि उनकी पत्रकारिता को दिशा देने की थी। एक उर्दू का अखबार था तथा दूसरा हिंदी का अखबार था और मेरा आप सबसे आग्रह है कि अगर पुरानी फाइल मिले तो उन्हें ढूँढ़ निकालिए, उन्हें संबोधित कीजिए और देखिए कि उसमें क्या है ? इन अखबारों के माध्यम से जो काम राजा राममोहन रॉय कर रहे थे। समाज कर रहा था, पंजाब में अग्निहोत्रीजी कर रहे थे, वह एक पूरा समाज जो है, वह अच्छी सोच की तरफ बढ़े, अच्छी सूचनाएँ सबको मिलती रहें। 1857 का इतिहास सदैव अधूरा रहता है। इतिहास कभी पूरा नहीं होता, ऐतिहासिक पीढ़ी को याद रखता है, कभी इतिहास मौखिक रह जाता है, कभी वह हमें मानवता के साथ जोड़ता है। हम कैसे इतिहास को देखते हैं, कैसे पत्रकारिता को वहाँ तक ले जाएँगे और इन कुरीतियों से मुक्ति दे सकेंगे, यह प्रश्न है, जिनके लिए मुझे लगता है कि नई पीढ़ी को सामने आना होगा, लड़ना होगा।

□

23

प्रथम स्वतंत्रता संग्राम, उपेक्षित नायिकाएँ तथा पत्रकारिता

—बीनम यादव

भारतीय स्वतंत्रता के महासमर में नारी समाज के योगदान को द्वितीयक श्रेणी में रखा गया है, जबकि सत्य सह है कि कोई भी क्रांति बिना महिलाओं के त्याग और बलिदान के पूर्ण नहीं होती। यदि नारी किसी क्रांति में प्रत्यक्ष रूप से भाग नहीं भी लेती, इसके पश्चात् भी उसको सर्वाधिक बलिदान देना होता है। उदाहरण के तौर पर, सरदार भगत सिंह तथा रामप्रसाद बिस्मिल की माताओं के कष्टों को देखा जा सकता है। दुर्गाभाभी का त्यागमय जीवन भारतीय क्रांति के इतिहास का अनुकरणीय पृष्ठ है। प्रथम स्वतंत्रता संग्राम में भारतीय महिलाओं का भी वही योगदान रहा, जितना कि पुरुषों का। यह सत्य है कि जब नारी क्रांति में प्रत्यक्ष भाग लेकर दुर्गा का रूप धारण करती है तो इतिहास की वे महानायिका बन जाती हैं। भारतीय संस्कृति के संस्कार हैं कि नारी के त्यागमय जीवन के कारण ही उसको आदि शक्ति माना गया है। महर्षि मनु अपनी संहिता 'मनु स्मृति' में लिखते हैं कि जो समाज स्त्री का आदर करता है, वह स्वर्ग है और जहाँ स्त्री का अपमान होता है, वहाँ किए गए सत्कर्म भी खत्म हो जाते हैं। साथ ही वे यह भी लिखते हैं—'यत्त नारी पूज्यन्ते रमन्ते तत्र देवता' कि जहाँ नारी का सम्मान होता है, वहाँ ही देवता निवास करते हैं। भारतीय संस्कृति में नारी के प्रति यह भावना उसके त्यागमय जीवन को मान्यता प्रदान करना है।

भारत के प्राचीन ग्रंथों में नारी को राष्ट्र की रक्षिका के रूप में भी देखा तथा वर्णित किया गया है। अथर्ववेद के मंत्र में नारी को परिभाषित करते हुए कहा गया है—"नारी तू नारायणी, हे नारी, तू समाज की आधारशिला है। तेरे लिए हम सुखदायक अचल शिलाखंड को रखते हैं, इस शिलाखंड के ऊपर खड़ी हो, यह तुझे दृढ़ता का पाठ पढ़ाएगा, इस शिलाखंड के अनुरूप तू भी वर्चस्विनी बन, जिससे संसार में आनंदपूर्वक रह सके। तेरी आयु सुदीर्घ हो, ताकि हम तेरे तेज को पा सकें।" यह नारी को गौरवान्वित करने की सबसे उत्तम प्रार्थना है। भारतीय धर्मग्रंथों में नारी को अबला नहीं, सबला बनाने का संकल्प लिया गया है। साथ ही उसका आत्मबल

जाग्रत् करने लिए उसको शक्तिस्वरूपा के रूप में प्रतिष्ठित किया गया। यजुर्वेद के एक मंत्र के अनुसार नारी शक्ति का महाकोष है, उसके उत्तम गुणों से यह जग प्रकाशित है। ऋषि कहते हैं कि 'हे नारी, तू स्वयं को पहचान, तू शेरनी है। हे नारी, तू अविद्या आदि दोषों पर शेरनी की तरह टूटनेवाली है, तू दिव्य गुणों के प्रचार के लिए स्वयं को शुद्ध कर। हे नारी, तू दुष्कर्मों एवं दुर्व्यसनों को शेरनी के समान विध्वस्त करनेवाली है, सभी के हित के लिए तू दिव्य गुणों को धारण कर।'

ऋग्वेद में वीरत्व को नारी का स्वाभाविक गुण बताया गया है। वह राष्ट्र की रक्षा के लिए सदैव तत्पर रहती है। इस भाव को प्रकट करते हुए ऋषि कहते हैं कि 'हे नारी, जैसे तू शत्रु से खंडित न होनेवाली, सदा अडिग रहनेवाली वीरांगना है, वैसे ही तेरे पुत्र भी अद्वितीय वीर हैं, जो महान् कार्यों का बीड़ा उठानेवाले हैं। वे स्वप्न में भी पाप का विचार अपने मन में नहीं आने देते, फिर पाप आचरण तो क्या ही करेंगे! वे द्वेषी शत्रु से भी लोहा लेना जानते हैं, क्योंकि तुम माँ हो।'

भारतीय स्वतंत्रता आंदोलन में नारी महानायिका का जो शौर्य दिखाई देता है, वह भारत की युगों-युगों पुरानी प्रेरणा का प्रतिफल है। युद्ध भूमि में नारी भी पुरुषों के साथ रही है और उसने अपने वीरत्व से शत्रुओं को अचंभित कर दिया है। भारत की भूमि में वीरत्व स्वाभाविक है, इसलिए इसे 'वीर प्रसूता भूमि' कहा गया है। यजुर्वेद के एक प्रसंग में तत्त्वदर्शी नारी को संबोधित करते हुए कहते हैं कि 'हे नारी, तू सुख देनेवाली है, तू सुदृढ़ स्थितिवाली है, तू क्षात्र बल की भंडार है, तू साहस का उद्गम है। तेरा स्थान समाज में गौरवशाली है।'

यह हमारे लिए गर्व का विषय हो सकता है कि जब-जब धर्म या राष्ट्र पर कोई संकट आया, नारी शक्ति ने पूर्ण निष्ठा के साथ अपना सर्वस्व बलिदान करने का प्रण लिया। सन् 1857 के पहले स्वतंत्रता समर से लेकर 1947 में देश आजाद होने तक ये महिलाएँ डटी रहीं और विदेशी साम्राज्य की नींव को खोखला कर दिया। विश्व इतिहास में भारत की महान् वीरांगनाओं का नाम आता है। इन महान् नारी वीरों में कुछ ऐसी भी हैं, जो बहुत कम चर्चित हैं। किन्नूर की रानी चेन्नम्मा उन भारतीय शासकों में से हैं, जिन्होंने देश की स्वतंत्रता के लिए सबसे पहली लड़ाई लड़ी थी। 1857 के विद्रोह से 33 साल पहले ही दक्षिण के राज्य कर्नाटक में शस्त्रों से लैस सेना के साथ रानी ने अंग्रेजों से लड़ाई की और वीरगति को प्राप्त हुईं। आज भी उन्हें कर्नाटक की सबसे बहादुर महिला के नाम से याद किया जाता है। दुःख है कि उनको रानी

लक्ष्मीबाई के समकक्ष नहीं रखा जाता। उन्हें भी पर्याप्त सम्मान दिया जाना चाहिए।

हम अपने अध्ययन में सन् 1857 के विद्रोह में नारी समाज की भूमिका की विवेचना कर रहे हैं। हमने अपने शोध-पत्र में सीमित नारियों को सम्मिलित किया है, लेकिन उनका संदर्भ बहुत व्यापक है।

सबसे महत्त्वपूर्ण बात यह है कि चाहे नारी प्रत्यक्ष विद्रोह में शामिल हो या नहीं, लेकिन उसका जीवन सर्वाधिक प्रभावित होता है, चाहे वह एक माँ हो, बहन हो, चाहे पत्नी हो। भारत में आजादी की वास्तविक जंग महिलाओं द्वारा लड़ी गई, चाहे घर पर या घर से बाहर रंगभूमि पर। इसका उदाहरण पश्चिमी उत्तर प्रदेश के अनेक ग्रामीण क्षेत्रों में दंतकथाओं तथा ऐतिहासिक प्रमाणों के आधार पर मिल जाता है। केवल सामान्य परिवार ही नहीं, अपितु प्रथम स्वतंत्रता संग्राम में वेश्यालय भी क्रांति के सूत्रधार बन गए थे। वे भी महिलाएँ ही थीं, भले ही समाज उनको गिरी नजर से देखता हो, लेकिन उन्होंने यह सिद्ध कर दिया था कि हम कैसे भी हैं, लेकिन पहले भारतीय हैं। अंग्रेज अधिकारी रुडयार्ड किपलिंग ने अपनी पुस्तक 'ऑन द सिटी वॉल' में 1857 के विद्रोह में वेश्यालयों की भूमिका पर विस्तार से लिखा है। वे लिखते हैं कि मेरठ सहित अन्य शहरों की नगरवधुओं ने अपने ग्राहकों के साथ सैनिकों को भी विद्रोह करने के लिए प्रेरित किया था।

वेश्यालयों को क्रांति का केंद्र बनाने का आरंभ सर्वप्रथम मेरठ में हुआ था। इसमें फरीदा नाम की वेश्या की महत्त्वपूर्ण भूमिका है। उसने सैनिकों तथा अपने सामान्य ग्राहकों को ताना देते हुए कहा था कि तुम कैसे मर्द हो, जो उन अंग्रेजों की गुलामी कर रहे हो, जो तुम्हारे धर्म को समाप्त करने पर लगे हैं ? फरीदा ने मेरठ शहर में अपनी कुछ साथियों सहित भ्रमण किया और महिलाओं तथा पुरुषों को विद्रोह के लिए प्रेरित किया। क्रांति के असफल होने पर अंग्रेजी सेना ने मेरठ के कोठों को लूटना आरंभ कर दिया। फरीदा कहाँ गई, इसकी जानकारी उपलब्ध नहीं है। केवल मेरठ में ही नहीं, बल्कि देश के अन्य भागों में भी सन् 1857 के बाद अंग्रेज सरकार ने इन कोठों पर अपनी पूरी ताकत से प्रहार किया। वैसे तो भारत भर में आजादी की इस जंग में महिलाओं का प्रत्यक्ष योगदान रहा है, लेकिन पश्चिमी उत्तर प्रदेश से क्रांति की इस अग्नि को प्रज्वलित किया गया था तो यहाँ के ग्रामीण अंचलों की नारी शक्ति भी हाथों में बंदूक लेकर मैदान में आ गई थी। विशेषकर मेरठ, मुजफ्फरनगर की ग्रामीण महिलाओं ने न केवल अपने पतियों तथा पुत्रों को इस जंग में जाने के लिए

प्रेरित किया, वरन् वे स्वयं भी सक्रिय भूमिका में रहीं। कुछ स्त्री विद्रोहियों के नाम हैं—आशा देवी, बख्तावरी देवी, भगवती देवी त्यागी, इंद्र कौर, जमीला खान, मन कौर, रहीमी, राज कौर, शोभना देवी और उम्दा। इन सबने लड़ते हुए अपने प्राणों की कुरबानी दे दी। लेकिन ये केवल अकेली नहीं थीं, उस समय मेरठ जनपद का क्षेत्र बहुत व्यापक था। मेरठ के पांचली, घाट, दुहाई, खरखैदा, बेगमाबाद, सरधना आदि गाँवों की महिलाओं ने संगठित होकर अंग्रेजों पर हमला किया तथा क्रांतिकारियों को रसद पहुँचाने का काम किया। पांचली गाँव पर अंग्रेजों ने सर्वाधिक अत्याचार किए। कोतवाल धन सिंह, जो क्रांति का पुरोधा माना जाता है, यह ग्राम उसकी जन्मभूमि था। अंग्रेजी सेना ने इस ग्राम पर अनेक बार आक्रमण किए। पुरुषों को या तो अंग्रेजों द्वारा मार दिया गया था या फिर कैद कर लिया गया था, इस स्थिति में गाँवों की महिलाओं ने ही मोर्चा सँभाला। अपने छोटे बच्चों को अपने लहँगों में छिपाकर युद्ध किया। पांचली गाँव की महिलाओं का बलिदान अपने आप में अनुकरणीय है। भारत वीर सपूतों की धरती है और यहाँ आजादी की लड़ाई में कई वीरांगनाओं ने भी अपना बलिदान दिया था। इसकी मिट्टी से होनहार, बहादुर सपूत भी पैदा हुए हैं और सुता भी। भारत तकरीबन एक सदी तक अंग्रेजों का गुलाम रहा। इन गुलामी की बेड़ियों को काटने के लिए हिंदुस्तान की वीरांगनाओं ने अपनी जान की बाजी लगा दी। 1857 के पहले स्वातंत्र्य समर से लेकर 1947 में देश आजाद होने तक ये महिलाएँ डटी रहीं और जब आजाद भारत की अपनी लोकतांत्रिक सरकार बनी, उस वक्त भी नए भारत के नींव निर्माण में उन्होंने अपना शत-प्रतिशत योगदान दिया। उन वीरांगनाओं, जिनका बलिदान देशनिर्माण में उसका योगदान रहा है, हम सदा उनके ऋणी रहेंगे। कित्तूर की रानी चेन्नम्मा उन भारतीय शासकों में से हैं, जिन्होंने देश की स्वतंत्रता के लिए सबसे पहली लड़ाई लड़ी थी।

इसमें एक अंतर अवश्य है कि चाहे रानी लक्ष्मीबाई हो या फिर रानी चेन्नम्मा, ये दोनों अपने राज्य के लिए जंग कर रही थीं, लेकिन पांचली या उत्तर प्रदेश के किसी गाँव की नारी को कोई राज नहीं चाहिए था, वे केवल राष्ट्रीय गौरव के लिए आत्मबलिदान देने को तैयार थीं। फिर भी किसी के मूल्य को कम नहीं किया जा सकता। भारत के आजादी के इतिहास में ऐसे कई उदाहरण दर्ज हैं, जिनके मुताबिक महिलाओं की संघर्षों और आंदोलनों में महत्त्वपूर्ण भूमिका रही है, इसी लिहाज से इस बात की टोह लेने की कोशिश की गई कि 19वीं सदी के दुनिया के सबसे बड़े विद्रोह

कहे जानेवाले 1857 के संग्राम में महिलाओं की क्या भूमिका रही ? ऊपर स्पष्ट किया जा चुका है कि मेरठ तथा उसके निकटवर्ती ग्रामों में महिलाओं ने सामाजिक प्रतिबंधों को त्यागकर एक निष्ठावान सैनिक की भाँति कार्य किया।

जैसाकि पहले कहा जा चुका है कि मेरठ तथा उसके निकटवर्ती जनपदों के कोठों ने भी कांति की ज्वाला में आहुति दी। यह आहुति मध्य उत्तर प्रदेश तक पहुँच गई थी। जब रानी लक्ष्मीबाई अंग्रेजों से युद्ध कर रही थीं, उस समय कोठों पर भी भारतमाता की जय के नारे लग रहे थे। सबसे बड़ी जंग कानपुर में लड़ी गई। इस जंग की नायिका अजीजन बाई थी, जिसको इतिहास ने भुला ही दिया। वह एक पारंगत नृत्यांगना थी और कानपुर तथा उसके आसपास उसका नाम काफी प्रचलित था। वह नाना साहेब से बहुत प्रभावित थी। उसमें कानपुर में खुलेआम पुरुष के वस्त्र धारण कर अंग्रेजों को भारत से भगाने का आह्वान किया। अजीजन बाई कोई सामंत नहीं थी, व्यक्तिगत तौर पर अंग्रेजी साम्राज्य से उसको कोई कठिनाई नहीं थी। लेकिन वह भारतमाता का अपमान सहन नहीं कर पाई। अजीजन बाई एक साथ दो बंदूकें लेकर चलती थी। उसके साथ सैकड़ों सैनिकों की टीम थी। जब नाना साहेब ने कानपुर को अंग्रेजों से मुक्त करा दिया और विजय जुलूस निकाला तो वह सबसे आगे घोड़े पर सवार होकर जुलूस का नेतृत्व कर रही थी। इस कारण वह अंग्रेजों की नजर में आ गई। वह शम्सुद्दीन नामक एक सैनिक से प्रेम करती थी, उसको भी उसने विद्रोह के लिए प्रेरित किया, जो अंत तक अजीजन के साथ रहा। अजीजन कानपुर में तैनात दूसरी घुड़सवार सेना की चहेती थीं। वह शम्सुद्दीन के माध्यम से कानपुर में अंग्रेजों की गतिविधियों पर नजर रखती थी। उनका घर कांतिकारी सैनिकों के मिलने का मुख्य स्थान बन गया था। उन्होंने औरतों का एक दस्ता भी बनाया, जो निडरतापूर्व सशस्त्र जवानों की हौसला आफजाई करता था। उनके जख्मों पर मरहम पट्टी करता था और उन्हें हथियार और गोला-बारूद मुहैया कराता था। जब अंग्रेजी सेना ने कानपुर की घेराबंदी कर ली तो वह घोड़े पर सवार होकर जंग में उतर गई थी। जंग के मैदान में ही अंग्रेजों से लड़ते हुए उसने वीरगति प्राप्त की।

प्रश्न यह है कि लखनऊ क्रांति में हजरतमहल का नाम अधिक प्रचलित है, लेकिन पिछड़ों के बीच से निकली वे महिलाएँ, जिन्होंने अपना सर्वस्व देश के लिए बलिदान कर दिया, महान् नायिका होने पर भी उनको वह सम्मान नहीं दिया जा सका, जिसकी वे अधिकारी थीं ? देश में पिछले कुछ दशकों में राजनीतिक और सामाजिक

रूप से तेज हुए दलित आंदोलन ने जरूर इन नामों को लोगों के बीच प्रचारित किया और इनकी कई पाषाण या कांस्य प्रतिमाएँ उत्तर भारत के कुछ चौराहों पर देखने को मिल जाती हैं। सवाल यह है कि देशभक्ति का पैमाना क्या है? क्यों ऊदा देवी जैसी महान् वीरांगना को उपेक्षित कर दिया गया? ऊदा देवी एक अच्छी निशानेबाज और वीरांगना थीं।

लखनऊ में हुई सबसे भीषण लड़ाइयों में से एक, नवंबर 1857 में सिकंदर बाग में हुई थी। सिकंदर बाग में विद्रोहियों ने डेरा डाल रखा था। यह बाग रेजीडेंसी में फँसे हुए यूरोपियनों को बचाने निकले कमांडर कोलिन कैंपबेल के रास्ते में पड़ता था। यहाँ एक खूनी लड़ाई हुई, जिसमें हजारों भारतीय सैनिक शहीद हुए थे।

अंग्रेजों को आवाज से यह पता चला कि कोई पेड़ पर चढ़कर धड़ाधड़ गोलियाँ दाग रहा है। जब उन्होंने पेड़ को काटकर गिराया, तब जाकर उन्हें पता चला कि फायरिंग करनेवाला कोई आदमी नहीं, बल्कि एक औरत है, जिसकी पहचान बाद में ऊदा देवी के तौर पर की गई। ऊदा देवी पासी समुदाय से ताल्लुक रखती थीं। उनकी मूर्ति आज लखनऊ के सिकंदर बाग के बाहर स्थित चौक की शोभा बढ़ा रही है।

अंग्रेज लेखक फोर्ब्स मिशेल ने 'प्रेमिनिसेंसेज ऑफ द ग्रेट म्यूटिनी' में ऊदा देवी के बारे में लिखा है कि वे पुराने पैटर्न की दो भारी कैवलरी पिस्तौल से लैस थीं, इनमें से एक अंत तक उनकी बेल्ट में ही थी, जिसमें गोलियाँ भरी हुई थीं, उनकी थैली शहीद होने तक गोली-बारूद से आधी भरी हुई थी। हमले से पहले पेड़ पर सावधानी से बनाए गए अपने मचान पर से उन्होंने आधा दर्जन से ज्यादा विरोधियों को मौत के घाट उतार दिया था। अंग्रेजों द्वारा पकड़े जाने पर उनको फाँसी दे दी गई थी।

अवध की बेगम हजरत महल, जिन्होंने विद्रोह के दौरान एक खास भूमिका निभाई और अपनी सूझ-बूझ, समझदारी के लिए एक अलग जगह और पहचान हासिल की।

दिल्ली के विद्रोह में बेगम जीनत महल की भूमिका को भी नहीं भुलाया जा सकता। जीनत महल यानी अंतिम मुगल बादशाह बहादुर शाह जफर की पत्नी ने भी विद्रोह में सैनिकों का नेतृत्व किया।

यह सही है कि राजपरिवार की महिलाओं को इतिहास में अधिक महत्त्व दिया गया है, जबकि सामान्य नायिकाएँ वह सम्मान प्राप्त नहीं कर सकीं, जो उन्हें मिलना चाहिए था। जहाँ तक रानी लक्ष्मीबाई का प्रश्न है, वे किसी भी मूल्य पर अंग्रेजों से

लड़ने को तैयार नहीं थीं। वे चाहती थीं कि अंग्रेजों से समझौता हो जाए, पर नहीं हुआ। उधर विद्रोही सैनिकों ने उन पर दबाव बनाया कि वे संघर्ष करें। इसके बाद भी वे हमारे लिए अन्य कारणों से सम्मान करने योग्य हैं। लक्ष्मीबाई जन्म से किसी बड़े घराने की नहीं थीं और विधवा होते हुए उन्होंने शासन की बागडोर सँभाली, संघर्ष में हिस्सा लिया, जो एक आसान बात नहीं थी। साथ ही जिस वीरता के साथ उन्होंने युद्ध किया, वह जंग के इतिहास की प्रशंसनीय घटना है। दलित समुदायों की औरतों की भी इसमें उल्लेखनीय भागीदारी रही है। धर्म और राष्ट्र के लिए अपने प्राणों को दे देना भारतीय इतिहास की विलक्षण घटना है। ऐसी ही एक और दलित वीरांगना थीं, मुजफ्फरनगर जिले के मुंदभर गाँव की महाबीरी देवी। महाबीरी ने 22 औरतों का एक दस्ता बनाया। 1857 में इस दस्ते ने कई अंग्रेज सैनिकों पर हमला किया और उन्हें मार गिराया। ये सारी औरतें पकड़ी गईं और शहीद हुईं। इन पर विशेष शोध-कार्य की आवश्यकता है।

भारतीय पत्रकारिता तथा इतिहास लेखन में उन क्रांतिकारियों को पूरी तरह से अवहेलित कर दिया गया है, जो वंचित समाज से संबंधित थे या फिर राजपरिवार से उनका कोई संबंध नहीं था। अनेक महिलाओं के त्याग को अतिशय रूप से प्रस्तुत किया गया, जैसे जीनत महल का योगदान। उनका योगदान किसी वंचित समाज की नायिका से काफी कम था, फिर भी इतिहास लेखकों तथा पत्रकारिता ने उनको अतिशय गौरवान्वित किया। इस शोध-पत्र का यही निष्कर्ष है कि अभी तक हजारों महिला क्रांतिकारियों तथा आत्मबलिदानियों का नाम प्रकाश में नहीं आया है, उन पर विस्तृत शोध की आवश्यकता है।

संदर्भ

1. भारत का प्रथम स्वतंत्रता समर—वीर सावरकर।
2. आजादी की जंग की भूमिका—डॉ. तपेश्वर प्रसाद।
3. दलित वीरांगनाएँ—किशन सिह गौतम।
4. बहुजन समाज और स्वतंत्रता आंदोलन—प्रकाश विप्लवी।
5. भारत की महान् नारी—देवदत्त कौशिक।

□□□